中国海洋问题丛书 / 丛书主编 谭征

国际河流河口

地缘政治与中国权益思考

GUOJI HELIU HEKOU

DIYUAN ZHENGZHI YU ZHONGGUO QUANYI SIKAO

李志斐◎编著

海洋出版社

2014 · 北京

图书在版编目(CIP)数据

国际河流河口：地缘政治与中国权益思考/李志斐编著. —北京：海洋出版社，2014.7
(中国海洋问题丛书)
ISBN 978-7-5027-8879-7

Ⅰ. ①国… Ⅱ. ①李… Ⅲ. ①国际河流-河口-问题-中国 Ⅳ. ①D993.3

中国版本图书馆 CIP 数据核字(2014)第 159670 号

责任编辑：唱学静
责任印制：赵麟苏

海洋出版社 出版发行
http://www.oceanpress.com.cn
北京市海淀区大慧寺路 8 号　邮编：100081
北京画中画印刷有限公司印刷
2014 年 7 月第 1 版　2014 年 7 月第 1 次印刷
开本：787mm×1092mm　1/16　印张：15.75
字数：275 千字　定价：48.00 元
发行部：010-62132549　邮购部：010-68038093
总编室：010-62114335

序

河流如生命，河流孕育文明，河流连接着陆地与海洋！

中国是世界上河流丰富的国度，连接“远亲近邻”的国际河流数量更是排在世界第三的位置。

变化的国际河流线见证了中国丢失国土时忍受的屈辱，见证了国人争取权益时历经的沧桑！

河口是河流的终端，是连接河流与海洋的结合部，是陆地国家主权权益向海洋的延伸，是海洋国家海洋权益的重要支点。当历史的车轮已经驶入21世纪第二个十年，奋起的中国人民需要创造更多辉煌与价值的时候，中国国际河流河口所面临的“南失海岛，北无出海权”的窘境，已经到了必须认识它、面对它、解决它的时刻。

为何国际河流河口如此值得重视？

河流是水资源的重要载体，为了获取足够的水源，人类社会早在公元前4500年前就开始为水而战。而对于现在的中国，因对国际河流境内水资源的利用，就被扣上了“中国水威胁论”的帽子，水问题成为了影响中国周边安全环境构建的又一议题。

2500年前，希腊著名的海洋学家狄米斯托克利曾预言，“谁控制了海洋，谁就控制了一切”。如今，全球化的发展，能源的短缺，海洋的重要性已经凸显得淋漓尽致，三面环海的中国，海权意识在权益不断遭受侵蚀的残酷背景下慢慢增长。

入海口丢失、海域被瓜分、岛礁被侵占、资源被掠夺……中国的河口权益及延伸出来的海洋权益面临着严峻的挑战。中国是海陆兼备的大国，国力和海上经济利益在发展，2012年，中国提出了“建设海洋强国”的海洋战略总目标，意料之中的遭到了美国和周边国家的直面阻挠，海上争端接踵而至，短短两年就达到了又一个新高峰。海上安全问题的焦灼提醒着中国，不仅要关注周边国家在美国的“撺掇”之下发生的分化组合，更要内省自己的海洋政策是否有致命的缺陷。客观地说，从新中国成立至今，中国始终缺少一个完整的海洋战略，中国的海上安全政策多属于应急反应型，缺乏统一的战略和目标。未来，中国面临的紧迫任务就是制定能够实现对涉及国家利益的海域行使事实控制权的海上安全战略，只有这样，中国的海洋权益才能获得维护，中国的海洋大国之梦才有可能实现。

因此，本书从战略的高度，从政治、经济、安全的视角，探究中国的国际河流河口问题，意在告诉国人：它们虽处边陲之地，但事关中国之核心利益；意在告诉世界：中国的目光已经投向浩瀚的国际海洋，韬光养晦正在转变为创造性介入和积极作为。如何维护在国际河流河口上中国的广泛战略利益，已经成为未来政治与经济发展中的重要课题。

目　次

第一章　中国国际河流与河口的分布与现状

国际河流有多少

河流与生命

“我知道河流，我知道那如天地般古老的河流，它们比人类血管中流淌的鲜血更为古老。我听到亚伯·林肯（Abel Lincoln）南下新奥尔良时密西西比河的歌唱，我看到它那泥泞的胸膛在落日中融成一片金碧辉煌。我知道河流，我的灵魂变得和河流一样深邃。”这些赞美河流的诗句出自兰斯顿·休斯的成名作《黑人谈河流》。早在人类到来之前，江河湖海的足迹已遍布地球，为人类的繁衍生息带来了充足的物质条件。据历史记载，原始人依傍着河流生存，渐渐学会了生存的技能，农耕渔业，随着人口的增多，形成了最初的小城镇，逐步扩张领土，建成了各个国家。

“君不见黄河之水天上来，奔流到海不复回……”李白的佳句流传了近千年，却依然可现黄河的气魄与雄伟，描绘了黄河母亲的波澜壮阔，奔流不息，一泻千里的壮观情景。当时我们感叹她那纳百川的胸襟时，更感谢她孕育了我们世世代代的生命。无法想象没有河流，没有水资源，我们的生活又会是哪番状况？且不说可以生存多久，至少是感觉生命少了许多的颜色。站在黄河岸边，思索我们的生活种种，也许会被她豁达而折服，更想像她一样，唱一首生命的赞歌。这是我们的生活，与河流密不可分，无时无刻地流淌波动着。她记载着我们几千年来的文明，也将继续传承下去。

古文明与国际河流

纵观世界，文明发源地无一例外，都在河流附近。四大文明古国——古巴比伦、古埃及、古代中国、古印度是四个人类文明最早诞生的地区。其中，古巴比伦发源于两河流域即底格里斯河和幼发拉底河流域，古埃及发源于尼罗河流域，古代中国发源于黄河流域，古印度发源于印度河与恒河流域。河流地区肥沃的土地，为我们繁衍生息提供着便利，提供足够的水去灌溉农田，如果没有水的惠泽，又何谈生存。随着早期农业的发展，人们早耕晚织的生活，商业逐步兴起。

古巴比伦作为人们所熟知的历史最悠久的古代东方国家之一，是西方文明的摇篮。公元前 18 世纪，汉谟拉比统一了两河流域，建立了统一的中央集权制的国家——古巴比伦王国。

古埃及起初在尼罗河流域，后逐步发展至目前的埃及领域。纵贯埃及全境的尼罗河，为两岸农业的发展提供了肥沃的黑土地，丰富的矿物质孕育着植物的生长，古希腊历史学家希罗多德说“埃及是尼罗河的赠礼”。

古代中国发源于黄河，黄河流域多平原，土壤肥沃，历经千年，孕育了伟大的华夏文明。母亲河黄河谱写着中国人的智慧与文明，哺育了我们华夏儿女。

古代印度，位于南亚地区，地理位置与古代中国较近。对于中国人来说，并不陌生，西游记中去西天取经的目的地，便是印度了。依赖印度河与恒河发展起来的古印度，于公元前 2500—前 1500 年，由达罗毗荼人创造了哈拉巴文化，特别是在佛教文化方面的贡献显著。古印度人从事农业，驯养家畜，渔猎采集，刀耕火种，世世代代繁衍生息，在这一片沃土上建立了灿烂辉煌的古代文明。

历史前进与国际河流

文明的更迭，历史的前进，文明古国留给世人的不仅仅是为后人参观游览与膜拜的古迹，或许更多的是展示人类的前进，国家制度的发展。当今，国与国之间对于河流的争夺早已不是新闻。

目前，非洲是世界上水资源缺失最严重的地区，其中有 19 个国家没有安全的饮用水，普通用水已受到限制。尼泊尔作为世界上最炎热的国家之一，同时也是水资源覆盖率最低的地区之一，尼泊尔的普通居民，每天要到几千米以外的水井打水成为了重要的工作之一，农业无力发展，更不用说工业了。据联合国教科文组织统计，每年因缺水造成 6 000 多万人的死亡，约有 3 亿多的非洲人民因缺水而过着贫困的生活。未来的十几年中，因缺水致死的人数将进一步上升，农业产量继续减少，水资源危机会日趋严峻。

南亚是世界上水资源争夺最严重的地区之一，印度与巴基斯坦的河流战从未停缓，巴基斯坦反对印度政府修建大坝，担心会减少流向巴境内的河水，造成水资源的分配不合理。有研究表明，印巴两国冲突随着温室效应加强，水资源更加匮乏将会愈演愈烈。

全球其他地区水资源的争议也从未停止，莱茵河是欧洲最为重要的一条国际河流，流经多个国家和地区，曾因瑞士一家化学公司将剧毒农药排入莱茵河而导致下游国家无法正常用水，德国与法国等其他国家联名抗议，要求瑞士政府赔偿。约旦、以色列、黎巴嫩在约旦河问题上争论不休；叙利亚、土耳其、伊拉克、伊朗在底格里斯河与幼发拉底河的资源利用上，存在着严重的分歧；尼罗河流经非洲的10个国家，埃塞俄比亚、苏丹、埃及等国之间在水资源上的冲突已是愈演愈烈。

据瑞士达沃斯年会公布的一份报告称，地球将面临“水资源破产”，由于工业的发展，导致环境污染，农业、工业用水以及废水不当处理，造成干净水源的短缺。估计未来20年，水资源将与石油一样，成为投资市场的新宠。当水资源成为各国之间争夺的标的物时，那么势必比石油之争更残酷，更现实。

当然，水资源的争夺不止是只有冲突一面，水资源或将成为和平的助力。法新社曾报道称：“水曾经一直是干旱的中东地区战争的根源之一，但有时候，水也会成为阿拉伯国家和以色列合作的重要催化剂。”曾经参与中东和平进程的以色列水利专家乌里萨米尔称：“如果政治上愿意和平，水资源不是问题，如果政治上想发生战争，会有很多理由。”全球化的今天，国家之间的利益纠葛越来越多，战争无法从根本上解决水资源问题，谈判与协商一些水资源问题或许不仅可以解决水争议，也会带动国家和地区经济的增长与发展。

国际河流的国际划分

据联合国2003年发布的公报显示：“世界上有261个流域跨越两个或更多国家的政治疆界。这些国际流域占地球陆地面积的45.3%，影响到约40%的世界人口，占全球河流量近60%。共有145个国家有部分领土在国际流域内。有21个国家全境都在国际流域内。有19条河流流域分布在五个或更多国家。多瑙河流域分布在17个国家。”

国际河流是指，对所有国家开放航行的多国河流。国际河流在流经本国领土的范围的河段属于该国的主权领土。国际河流流经两个或两个以上国家，即一条河流并不完全处于一国境内，国际河流的法律制度与地位主要是由国际条约制定的，而其管理是由条约成立的专门机构组织进行，国际河流允许所有国家的商船航行。

国际河流的管辖权有两种，首先，分隔两个国家的河流，沿岸国只能负责管理本岸水域，两边的沿岸国的船舶可以自由航行，但有关河水的使用与管理等事项需由沿岸国共同协商决定。其次，各段分属于沿岸国所有的水域，对于本国领土范围内的水域完全具有排他性。除了国际条约规定的制度外，沿岸国有权拒绝非沿岸国的船只在其国水域自由航行，虽然沿岸国对本国境内的一段河流具有一定的管辖权，但其在使用时，同样应做到不可损害其他上下游国的利益。

而多国河流是指流经两个或两个以上国家，各国分别对位于本国的流域拥有主权，但对于涉及各国的航行、使用等相关利益时，一般是由有关国家协商解决，并非由国际条约约束。各国不得造成境内河段的堵塞与改道，以影响其他上下游国家的利益。多国河流一般只对所有的沿岸国家开放，对于非沿岸国家，未经许可不得自由航行。

世界著名的国际河流

莱茵河，全长约 1 232 千米，流域面积约 17 万平方千米，是欧洲一条著名的国际河流，除了伏尔加河、多瑙河外，莱茵河是欧洲第三大河，同时也是欧洲最长的河流之一。莱茵河发源于瑞士境内的阿尔卑斯山区，途中流经的国家分别为瑞士、德国、法国、意大利、列支敦士登、奥地利、卢森堡、比利时，最后由荷兰流入北海，是一条真正的国际河流。莱茵河在德国境内有超过 1 000 千米的河道，由于莱茵河的侵蚀与地层的上升，提高了河道的高度，形成了莱茵河谷。河谷附近风景怡人的葡萄庄园与古老神秘的城堡于 2002 年列入了世界遗产。

多瑙河，全长为 2 857 千米，流域面积为 81.7 万平方千米，欧洲的第二大河流。发源于德国，流经德国、奥地利、斯洛伐克、匈牙利、克罗地亚、塞尔维亚、罗马尼亚、保加利亚、摩尔多瓦和乌克兰等 10 多个中欧及东欧国家，最后从多瑙河三角洲注入黑海，是流经国家最多的河流。多瑙河对沿岸各国的经济发展有着重要影响，以其最有利的方式提供水资源，供应工农业及渔业的发展。多瑙河孕育着欧洲的文化，由著名的音乐家小约翰·施特劳斯创作的圆舞曲《蓝色多瑙河》人尽皆知。

湄公河，全长为 4 180 千米，流域面积为 79.5 万平方千米，是世界上第十长河。起源于中国的青海省，主要流经中国的云南省、缅甸、泰国、老挝、柬埔寨和越南，最后注入南海。由于湄公河在旱季与雨季时水量变化较大，在主干流上形成了瀑布，对航运造成了极大的影响。湄公河的水量补给主要来源于雪山融水与区域内降水，其中以降水为主，大约占补给水量的一半多。5月份雨季来临，水位上涨，直至9月份达到高峰。历史上，葡萄牙与西班牙人在湄公河流域范围内进行最初的探险与贸易往来，但直到19世纪中期，法国人才重视起来，进行系统的开发与大型的贸易活动。湄公河河中最大的瀑布是孔瀑布，也是世界上最大的瀑布，雨季来临时，场景十分壮观，等到旱季河水退去时，此流域会形成数以百计的小岛与沙洲，所以这片流域被人们美称为“四千美岛”。

尼罗河，全长6 650千米，流域面积为340万平方千米，是非洲三大河流之一，主要流经非洲的东部与北部地区。尼罗河起源于非洲，流经坦桑尼亚、苏丹共和国、南苏丹、乌干达、刚果共和国、肯尼亚、埃塞俄比亚、卢旺达、布隆迪、埃及。尼罗河从苏丹向北流经埃及，所经之处尽是沙漠地区。古代埃及的文明发展主要是依傍于尼罗河流域，历史记载，古埃及的遗址在尼罗河畔都有迹可寻，尼罗河不仅为埃及带来的了丰足的食物与贸易生活，而且为稳定埃及国家的政治生活提供了重要的保障。埃及作为享誉国际的旅游胜地，与其历史的发展是分不开的。长期以来，尼罗河的开发与利用都成为了一个重要的政治议题，河沿岸的其他国家对于埃及的过分的霸权支配怨声载道，尼罗河的流域计划成为了稳定尼罗河流域国家和平与发展的最重要的一个规划。

黑龙江，全长4 478千米，流域面积为185.5万平方千米，是世界上较少的未受污染河流之一，被称为中国北方的母亲河。黑龙江有两大源头，南部起源于我国的内蒙古的额尔古纳河，北部起源于蒙古人民共和国与俄罗斯境内的石勒喀河，两河在恩和哈达山下汇合，称为黑龙江。由于黑龙江流经黑土地，水质纯净且微黑，江水蜿蜒如龙，被称为黑龙江也是名副其实。黑龙江沿线地区曾盛产沙金，于清朝时期达到鼎盛，推动了经济的发展。由于其地理位置的独特，周围山岭高耸、森林繁茂、土壤肥沃、生物种类多，农、林、牧业等均得到较好的发展，是中国不可缺少的煤炭、林业、石油、粮食基地。值得注目的是，黑龙江内鱼类资源丰富，种类超过了100多种，甚至多于欧洲大河多瑙河，其中20多种鱼类都具有商业价值。松花江是黑龙江的最大支流，也是中国东北地区一个较大的淡水鱼场。冬季来临时，气温一度低于30℃，冰冻期长达5个月之久，由于在河岸附近发电厂热水注入河中，远远望去，江面雾蒙蒙一片，蒸汽凝结于岸边的松枝上，形成了一串串晶莹剔透的冰花，满树的玉银枝条，景色宜人，享誉全国的“树挂”奇景，吸引众多的海内外游客。

尼日尔河，全长4 184千米，流域面积为209万平方千米，非洲第三大河。起源于几内亚边境的富塔贾隆高原，流经几内亚、尼日尔、贝宁、尼日利亚、马里。与其他的国际河流相比，尼日尔河有广阔的尼日尔三角洲，该地区的地域平缓，每年9—11月汛期来临时，常发生洪水，但洪水在此地区却为农业与渔业的发展提供有利条件。在漫长的河流水系中，捕鱼作为一项重要的专业活动，不仅为人们带来生存的食物，更是长期以来的生活方式，但随着三角洲地区开采石油的力度加大，严重影响了人们的基本生活，造成了河流的大面积污染，到处可见死鱼的残骸。

刚果河，全长4 700千米，流域面积为401.45万平方千米，是非洲第二大河，仅次于尼罗河，而流域面积是仅次于亚马孙河，居于世界第二，在此河域范围内形成第二大热带雨林。热带雨林中生物资源特别丰富，在河流与湖泊当中有着各种珍贵的鱼类、鸟类、非洲森林象等，这些都是非洲地区特有的品种，引来世界各地人的探险。由于刚果河的下游较短，穿过一段长约100千米的大峡谷，此处河面较窄，在山地与盆地之间形成了许多瀑布，其中最为著名的是李文斯顿瀑布，也是世界上流量最大的瀑布，场面可谓壮观，令人叹为观止。

亚马孙河，全长6 400千米，流域面积为705万平方千米，是世界上第二长河，总流量相当于7条长江的流量。起源于安第斯山脉区中一个高海拔的小溪，流经的国家有巴西、秘鲁、哥伦比亚。世界最大的热带雨林位于安第斯山以东的地区，成为生物学家、植物学家的自然性科学研究室，雨林内的动植物多样，仅仅鸟类的总数就占全世界总量的五分之一，同时汇集了众多的昆虫与哺乳动物。在全球温室效应的今天，防止污染与人为破坏的呼声越来越高，保护亚马逊热带雨林成为了一个全球议题。

赞比西河，全长为2 574千米，流域面积为139万平方千米，是非洲第四长河。赞比西河起源于赞比亚的西北部，与刚果河的源头距离较近，流经的国家有赞比亚、刚果民主共和国、安哥拉、纳米比亚、坦桑尼亚、津巴布韦、莫桑比克、博茨瓦纳。赞比西河谷的居民生活主要是以农业为主，上游地区的平原为农业的发展提供了先天的便利。由于赞比西河流域处于热带草原气候，主要沿岸的植被多为稀树草原，还有一种较为稀少的岸边植被。赞比西河大部分的河段都经过海拔较高的南非高原，形成的瀑布与急流多达70多处，由于较大的落差，这里的水力发电资源特别丰富，在主干流上有四座大水电站，分别是维多利亚瀑布水电站、巴托卡水电站、卡里巴水电站、卡布拉巴萨水电站。

圣劳伦斯河，全长1 197千米，流域面积为103万平方千米，是北美的一条河流。圣劳伦斯河起源于安大略湖，流经的国家为加拿大与美国，最后注入大西洋的圣劳伦斯湾。圣劳伦斯河不仅是美国与加拿大的国际航道，而且是与西欧等国家连接的国际航道。航道对美国与加拿大的经济起到了推动作用，源于建设此航道时发现大量的铁矿石，之前加拿大一直进口美国的铁矿，随着铁矿石的开采，加拿大将其作为第二大宗商品出口美国。除了铁矿石，谷物与煤也是经常往返于航道的两类大宗商品，因此五大湖—圣劳伦斯水系堪称为世界贸易最繁忙的路线之一。

中国国际河流的分布

中国河流的基本概况

中国的陆域国土面积为960多万平方千米，仅次于俄罗斯与加拿大，排名第三，而我国的陆地边界为2.2万千米，与15个国家接壤，几乎与这些邻国都有河流相通。中国是一个河流与湖泊众多的国家，然而区域的分布并不均衡，其规律为，东部地区河流等水资源较为丰富，而西部内陆地区的河流等水资源较为紧缺。在这些水资源中蕴藏着丰富的自然资源，其中河流流域面积在1万平方千米以上的河流有79条，流域面积在1 000平方千米以上的河流有1 580条，流域面积在100千米以上的河流有5万多条。

中国水资源分布具有如下两个特点：首先，东西部地区的差异化。东部地区的陆地面积为617万平方千米，占全国总陆地面积的比重为64.4%，而河流等水资源占全国总水量的95.36%。西部地区的陆地面积占全国总陆地面积的比重为35.6%，而河流等水资源量占全国总量的4.64%。由数据可以看出，东西部地区的陆地面积与河流等水资源量相较悬殊，严重失衡。其次，南北部地区的失衡。南部地区的陆地面积占全国总陆地面积的比重为36%以上，北部地区的陆地面积的比重为28%；南部地区的河流等水资源量为80.9%，而北部地区仅为14%左右，南北部地区的水资源比例差异大。

中国的河流分布不均，按流向可以划分为外流河和内流河两类。一类为注入海洋的外流河。由于我国的地形等因素的影响，几乎所有的外流河都是自西向东的趋势，黄河、长江、珠江、海河、淮河、怒江、额尔齐斯河、钱塘江、雅鲁藏布江、黑龙江分别注入了太平洋、印度洋、北冰洋水系，长江是世界上最长的河流之一，也是中国第一大河。外流河的主要干流发源于三个地区，第一是青藏高原，主要包括有黄河、长江、怒江、澜沧江等河流，这些河流不仅是中国的著名江河，而且大部分也是国际性河流，如印度河、湄公河、怒江都发源于此地区。第二是云贵高原与大兴安岭地区，主要包括有海河、黑龙江等河流。第三是长白山地区，主要包括有鸭绿江、图们江等，由于这些河流距海较近，水资源相对于其他河流来讲更为丰富。一类为注入内陆湖泊、沙漠等的内流河。中国的内流河主要是集中于新疆塔里木盆地、北疆地区及河西走廊等，较为著名的内流河有塔里木河、伊犁河、黑河等。内流河主要源于雪山地区，河流的上游流域面积较大，雪融水的补给量较为充足，但随着下游地区进入荒漠地带，雨水的补给量少，沿路的蒸发使部分河流出现了流量骤减，甚至出现断流现象。内流河的流域面积占全国面积约为三分之一，水资源量占全国的比重却不到5%，而外流河的流域面积占全国面积约为三分之二，但水资源量占全国的比重高达95%，可以看出，结构比例失衡。

历史与我国河流的边界线

中国国际河流漫长的边界线是有悠久的历史的，中国西南地区边界线相对稳定，几百年来并没有太大的变化，而北方的国际河流问题却一直纷争不断。近代，列强国家的入侵使我国沦为殖民地半封建社会，签订的割地赔款等一系列丧权辱国的不平等条约，导致我国河流流域主权的丧失。

在甲午战争战败后，清政府签订了《马关条约》，这是继《南京条约》以来最严重的不平等条约，在西方列强的压力下，承认朝鲜完全的“独立自主”，其实质是让日本完全控制朝鲜，而后割让辽东半岛、台湾及所有附属岛屿和澎湖列岛给日本，对中国社会造成了非常严重的危害，进一步加深了半殖民地的程度。我国领土边界线发生了很大的变化，相当于将领土所拥有的一系列的资源也拱手相让，形成了如今现有领土与河流边界线。中国领土的变化导致了国际河流线的曲折变化，河流水系的纷争部分是由于历史遗留问题造成的。而我国建国以后，本着和平共处五项原则与互让友好协商的理念，相继与朝鲜、缅甸、尼泊尔等国家签订了一系列边界条约，解决我国与周边邻国的边界线问题。

自人类出现，人类文明的发展就与河流密不可分，河流孕育人类文明的同时，人类对河流的依赖程度也日渐增加，随着人类文明的进步，科学技术的发展，人类在很大程度上改变了河流地貌的形态。我国河流流域作为自然地理系统中重要一环，上至长江大河，下至小溪，都成为了我国地理研究学者探索的主要内容，研究人类与河流之间的关系，对分析人类生活的变化十分的必要。

水资源是人类个体生存、繁衍与发展不可或缺的条件，而河流又是获取水资源的重要载体，人类历史的发展，便是人类与河流相互作用的历史，人类文明与河流关系可以从以下几个阶段得出，第一是石器时代与农业文明时代，人类近水而居，取水饮用，简单的引水灌溉，河流力量远远超越了人类的驾驭能力，人类只有消极的适应，以拜河神等迷信手段免去灾难。第二是工业文明时代，人类修建大坝与水库，进行河道与航道的整治，大规模的引水调治，人类可以从根本上认识与改变河流，为人类所用。第三是后工业化时代与知识经济时代，人类在利用河流的同时，也意识到河流资源的不可再生性，如何可持续性地利用水资源成为了当务之急，保护河流的观念也出现并慢慢建立起一套保护河流的体系，真正做成人类文明发展与河流的可持续性和谐相处，共存共荣。

中国的国际河流

中国国际河流的数量在世界上名列前茅，其中国际河流有 40 多条，每年流出境外的水资源量达到了 4 000 亿立方米，占我国河川年径流总量的 40% 左右，有 15 条主要的国际河流。中国国际河流不仅会影响到中国内部的经济和社会发展并同时影响着与中国共享国际河流的亚洲地区国家，如缅甸、老挝、泰国、柬埔寨、越南、俄罗斯等 15 个国家与中国 9 省区、2000 多万的人口的跨境合作。

过去几十年，中国对于国际河流的认识尚且不足，只是停留在航运的发展与边界划分方面，对于有效的利用与开发并无系统化的方案。随着对外开放力度的加大，国际河流成为了区域间合作的重要话题，虽然已有成功的实例出现，如“图们江合作为主体的东北亚经济合作圈”与“澜沧江—湄公河为主体的大湄公河次区域经济合作”，但由于起步较晚，也并没有从根本上基于国际的角度深入分析，有些力不从心，因此，需要加强国际河流的研究、管理等相关事宜。

近些年来，全球化的趋势明显，国际河流作为国际合作的一部分成为国际社会交流的重要论题，如维护生物多样性、控制水域污染、共享水资源的利益、国际之间的区域合作等，受到国际社会普遍的重视。

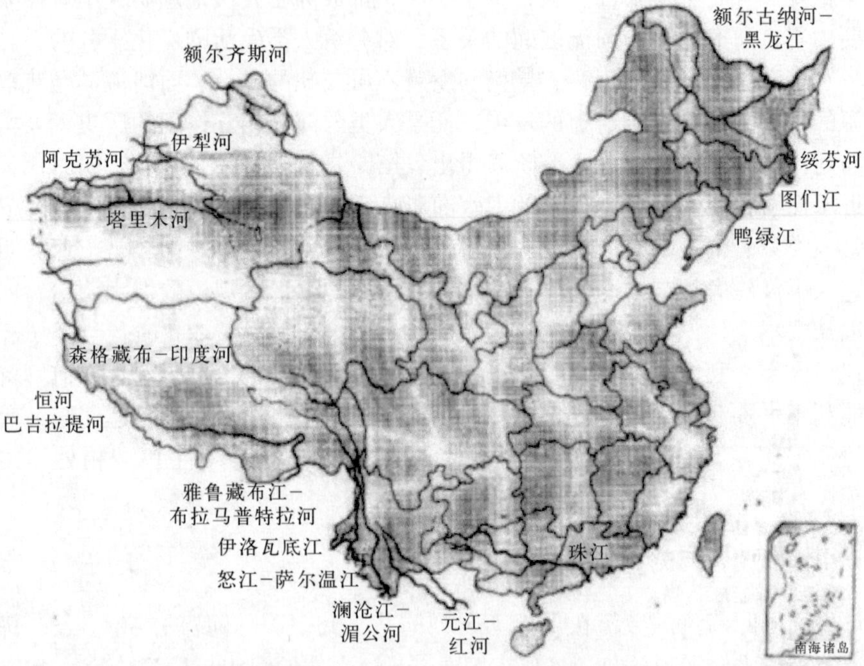

图 1.1　中国的国际河流（中华人民共和国自然地理图，1965）

按照国际河流的地区分布，可以分为以下 3 个地区。

(1) 东北地区。我国东北地区的国际河流主要是边界河流为主，界河线长达 5 000 千米，包括有 10 条界河与 3 个界湖，分别为黑龙江、鸭绿江、图们江、绥芬河等。中国与俄国关于联合开发黑龙江已达成了初步意见；中国与朝鲜关于鸭绿江的开发也已初见成效，共建成了四座水电站。但我国针对国际河流方面的工作力度不够，出现了国土流失严重现象。与此同时，也存在着一系列的问题，如兴建水利工程时所引起的水运、水利工程淹没补偿等问题。黑龙江流域包括蒙古、中国、俄罗斯，其中黑龙江、额尔古纳河、乌苏里江为中俄界河，兴凯湖为中俄界湖。黑龙江流域水资源与水能资源丰富，中国一侧水资源量 1 352 亿立方米，黑龙江干流水力资源理论蕴藏量 608 万千瓦。鸭绿江为中国、朝鲜界河，降水量达 870 毫米，水资源与水力资源均丰富，中国境内产水量 162 亿立方米。图们江为中国、朝鲜、俄罗斯界河，总长 520 千米，其中 505 千米为中、朝界河，中国境内多年平均径流量 51 亿立方米，水能资源 44 万千瓦。①

（2）西北地区。我国西北地区的国际河流主要来自于新疆境内，地处于西北干旱地区，所以水资源显得尤其珍贵，如何有效的划分水资源的权益成为了主要问题，但由于该地区的边界与分水岭并不明朗，所以水资源的分配较为复杂。此地区的境外入水的国际河流量主要有阿克苏河、乌伦古河等，流入水量为 80 多亿立方米，向境外出水的国际河流量主要有额敏河、额尔齐斯河—鄂毕河，出水量为 200 多亿立方米。出入境的水量占西北地区总水量的 30% 以上。

表 1.1　中国国际河流分布

地区	河名	流域面积（万平方千米）		干流长（千米）		所属水系	发源地	流经国家
		总面积	中国境内	总长	中国境内			
东北地区	黑龙江	185.5	89.11	4 444	3 474	太平洋	蒙古	蒙古、中国、俄罗斯
	鸭绿江	6.19	3.25	795	795	太平洋	中国吉林	中国、朝鲜
	图们江	3.32	2.29	505.4	490.4	太平洋	中国吉林	中国、朝鲜、俄罗斯
	绥芬河	1.73	1.00	443	258	太平洋	中国吉林	中国、俄罗斯
西南地区	伊洛瓦底江	41	4.33	2 714	178.6	印度洋	中国西藏	中国、缅甸
	怒江—萨尔温江	32.5	13.78	3 240	1 540	印度洋	中国西藏	中国、缅甸、泰国
	澜沧江—湄公河	81	16.70	4 880	2 395	太平洋	青海	中国、缅甸、老挝、泰国、柬埔寨、越南
	珠江	45.37	44.21	2 214	2 214	太平洋	中国云南	中国、越南
	雅鲁藏布江—布拉马普特拉河	62.2	33	3 100	2 070	印度洋	中国西藏	中国、不丹、印度、锡金、孟加拉国
	巴吉拉提河—恒河	105	5.2	2 527	49	印度洋	中国西藏	中国、尼泊尔、印度、孟加拉国
	森格藏布—印度河	103.4	5.29	2 900	419	印度洋	中国西藏	中国、印度、巴基斯坦、阿富汗
	元江—红河	15.8	7.9	1 185	677	太平洋	中国云南	中国、越南、老挝

① http://blog.sina.com.cn/s/blog_4ea17b9b01000ah8.html

续表

地区	河名	流域面积（万平方千米）		干流长（千米）		所属水系	发源地	流经国家
		总面积	中国境内	总长	中国境内			
西北地区	额尔齐斯河—鄂毕河	164	5. 37	4 248	633	北冰洋	中国新疆	中国、哈萨克斯坦、俄罗斯
	伊犁河	15. 12	5. 6	1 236	442	巴尔喀什湖	哈萨克斯坦	哈萨克斯坦、中国
	塔里木河	43. 55	41. 48	2 421	449	塔里木河	吉尔吉斯斯坦	中国、吉尔吉斯斯坦、塔吉克斯坦
	咸海	123. 1	0. 19				中国/阿富汗	土库曼斯坦、乌兹别克斯坦、哈萨克斯坦、塔吉克斯坦、吉尔吉斯斯坦、阿富汗、中国、巴基斯坦

（数据来源："世界江河数据库"，中国水利国际合作与科技网，http：//www. cws. net. cn/riverdata/）

新疆最大的出境河流为伊犁河、额尔齐斯河。两河径流量占全疆地表径流总量的三分之一，出、入境河川径流量分别占全疆国际河流总出、入境量的90%以上和27%以上。额尔齐斯河主流发源于阿尔泰山中国境内，为中国、哈萨克斯坦跨界河流，境内河长633千米、集水面积5. 7万平方千米。水资源量大约94亿立方米。伊犁河发源于中国与哈萨克斯坦边境地区天山，为两国跨界河流，水资源量大约为160亿立方米。额尔齐斯河、伊犁河两河情况复杂且相似：主流由中国出境，部分源头又在境外，并且还有部分支流为界河。还有额敏河，发源于中国，流入哈萨克斯坦，注入阿拉湖，境内产水量约23亿立方米。阿克苏河发源于吉尔吉斯斯坦，是天山南坡最大的河流，流入水量占全疆入境水量的56%。阿克苏河是塔里木河的主要源流，据阿拉尔水文站（1958—1995）实测资料统计，阿克苏河流入塔河平均年径流量为34. 9亿立方米，占塔河干流总径流量的74. 6%以上。①

（3）西南地区。西南地区国际河流主要源于中国的青藏高原，海拔较高，

① http：//blog. sina. com. cn/s/blog_ 4ea17b9b01000ah8. html

所以水能资源较大，是我国西南地区重要的水电站基地，被誉为中华民族的“水塔”，甚至是亚洲“水塔”。该地区主要的国际河流有印度河、雅鲁藏布江—布拉马普特拉河、怒江、元江—红河、澜沧江—湄公河等。

按照自然地带划分，中国的国际河流又可以分为以下几类。

（1）寒温带、中温带森林地带河流。主要是指黑龙江、鸭绿江、绥芬河等。由于这些河流处于我国的北方，地理位置处于高纬度地区，气温较低，冬季漫长寒冷，有些地区的河流封冻期最少为 3 个月，个别河流甚至长达半年之久。部分河流段，特别是流域面积在 3 000 平方千米以下的，却有数月的断流期。

河流补给水量主要是积雪融化。每年的 3、4 月为春汛期，而 7—9 月份为夏汛期，其中春汛期的补给水量占总初给水量的 20% 左右。但蒸发的损耗小，年径流的系数较高，较少都在 50 毫米以上，在长白山地区的年径流高达 600 毫米。具体于每一地区，积雪解冻融化的时间也不尽相同。其中，三江平原周围的河流由于受到沼泽等因素的影响，最大的径流量出现在 10 月份或是 4 月份左右，而最小流量主要集中于冬季 2 月份。小兴安岭周围的河流的最大径流量出现在 4、5 月份，但春汛期与夏汛期在时间上来看，几乎是相连的。但长白山周围的河流在春汛与夏汛期流水量分化的较为明显，有高低水位之分。

（2）中温带荒漠与半荒漠地带的河流。荒漠地带的河流主要是指新疆的阿克苏河支流、帕米尔阿克苏河等。此地带的高山海拔较高，天山等地达到 6 000 米以上，而公格尔山等地达到 7 000 米以上。河流的补给水源主要为冰雪融水，占总年径流量的 50%，而地下水的补给量只占 20% 左右，补给水源发生在夏季汛期来临时节，这个时期的径水量占全年的 70% 左右。半荒漠地带的河流主要是指额敏河、伊犁河、额尔齐斯河、乌伦古河等。由于这些河流主要发源于山地，如阿尔泰山、阿拉套山、哈尔克山等，其自然景观所呈现出垂直性规律。虽然处于半荒漠地区，但个别地区的降水量也十分丰沛，如新疆是我国的干旱区，但由于其周边的河谷敞开使得西方湿润气流大量流入，被西北与东南走向的阿尔泰山脉拦截，形成降水，据估计，此地带的年降水量一度超过 800 毫米。额敏河与乌伦古河上游周围的山体并不高，所以其年降水量为 300 毫米左右，布尔津河与巩乃斯河上游的年降水量较前者高，可以达到 800 毫米左右的年降水量。可以看出上述地带的补给水量中，降水占有一定的比重，而不是单单是靠雪山融水，但由于其地区位置仍处于高纬度及山体附近，所以仍以雪融水补给为主，降水为辅，其中，积雪融水占总补给水量的 40% 以上。阿尔泰山的汛期是指 5—7 月份，其补给的水量占年总径流量的 60% 以上。额敏河流域由于源头山体较高，积雪融化的时期为 4—6 月份，由于流量较大，在短时间内形成了洪大的汛峰。

（3）青藏高原森林、草原与草甸地带的河流。主要是指森格藏布、雅鲁藏布江、怒江、澜沧江等。此地区的河流位于青藏高原，其中又可分为两个地区，一是位于青藏高原的西南地区，这里高山耸立，季风很难穿越过喜马拉雅山，使这个地区的降水很少，但地下水的补给量大，占全年径流量的 30% 以上，每月的径流量的表现也不同，水量补给量最多的月与最少的月相差 7 倍之多。同时，也有部分高山融水，特别是夏季汛期的到来，可达到年径流量的 30% 左右，而冬季处于冰冻期，水量补给较少。其二，位于喜马拉雅山山东南部的地带，由于地势高低起伏较大，山峰与谷地相差 3 000 米以上，形成了世界第一大峡谷的奇观。这个地区的补给水源主要是雨水，高山阻截了水汽，形成了大量的降水，占全年径流量的 50% 以上，成为我国西部地区降水最为丰富的地点。本地带主要是受季风的控制，四季的降水量较为平均，但总体来看，夏季的降水较多，河流的补给水量较大。

（4）热带与亚热带河流。主要是指元江、澜沧江、怒江等河流。此地区的河流补给水为降水，主要是受西南与东南季风影响，而又以东南季风带来的降水为主，西南季风登陆晚，结束早，而东南季风则相反，登陆早，但结束晚些，补给水量大，东部地区的汛期可长达半年之久，其中 5—6 月份的补给水量占全年径流量的 40% 以上。

由以上对河流的分类可以看出，河流是气候的产物，地区差异带来了河流水资源的不同，而水资源的区分又影响着人类不同的生活方式。为了更有效地方便我们的生活，应该加深对河流的认识，对水资源的利用，对我国的持续发展提供便利。

我国的国际河流的特点与开发情况

我国的国际河流概括起来有以下两个特点。第一，中国国际河流的数量位列世界第三，中国的 15 条重要的国际河流影响着亚洲乃至亚欧大陆，如印度河、澜沧江—湄公河、额尔齐斯河—鄂毕河。中国可谓是世界大河的发源地。中国国际河流历经数个不同的自然地带，东南西北分布比较均匀，且补给水量较为多样化，以雨水的供给为主，冰山融雪为辅，以夏季汛期径流量为主，春季的雪融水为辅。国际河流在我国的河流的年径水量为 10 000 亿立方米左右，占全国年径流量的 40% 左右，这个比重在世界其他国家是很少见的。第二，由于中国国际河流多数位于上游地带，高低起伏较大，形成了天然的水利资源条件，蕴藏着丰富的资源，在河流附近形成的功能体系，如渔业、航运、水电站、旅游等多方面，为我国经济的可持续发展提供坚实的后续保障。由于河流流经地带处于高山峻岭，当地的居民的生活环境较为恶劣、比较贫困，且在整个开发与管理过程中，往往会面临着资金、技术、人才等方面的难题。

我国利用国际河流的程度并不高，几乎处于半开发状态，入境河流有少量的开发，但出境河流基本仍保持着自然的状态。处于我国境内的国际河流的开发程度远不如其他国家的利用率，开发落后的原因可以分为两个方面，首先是认识度不够，缺少资金与技术，由于缺少前期的研究，资料并不完全，监测技术也相对落后；其次是我国国际河流大都发源于高山地区，海拔较高，无形之中为开发形成了障碍。

基于以上情况，首先应以收集国际河流的基础信息为主。国际河流分属于不同的国家，我国应做好与其他国家资料的收集、分析，维护好我国河流资源，与其他国家做好双边或多边的谈判与合作工作，本着互惠互利的方式，建立水文检测系统，引进高科技手段，开展对河流的上下流以及支流的水量等方面的调查、研究，为利用与开发河流做好充分的准备工作。其次是在开发国际河流的基础上，以协调发展为依据，本着合理利用水资源，保持长效发展，既不能进行掠夺性的开发，从而造成自然生态环境的破坏与恶化，也不可损害与制约其他共享国的利益。同时，要做好河岸的修复工程，在人为改变水资源的情况下，防止国土等资源的流失。最后，以公平、公正、合理、互利为发展思路，推动国际河流的开发利用，利用国际河流间形成的国际通道，加强国际间合作，促进流域社会与经济发展，合理利用，多方受益，互利共荣。从目前情况来看，仅仅通过谈判是不能做到完备的，应定期定时地加强多方位信息的交流，共同受益，而不是产生不必要的矛盾。

中国国际河口的分布与基本状况

河流的终段是河流和受水体的结合地段，受水体可能是海洋、湖泊、水库和河流等，因而河口可分为入海河口、入湖河口、入库河口和支流河口等。就入海河口而言，它是一个半封闭的海岸水体，与海洋自由沟通，海水在其中被陆域来水所冲淡。入海河口的许多特性影响着近海水域，且由于水体运动的连续性，测验方法和分析技术上的相似，往往把河口和其邻近海岸作为海岸带的组成部分，加以整体分析研究。可实际上应根据外在的差异，一般把河口分为河流近口段、河口段和河口外海滨，河流近口段展示出更多的是河流特性，而末段的河口外海滨表现出更多的是海洋特性，河口段则兼具上述两者的共性，是河流和海洋性共同作用的结果。

河口的研究涉及了社会经济问题。河流输出物对河口的填充，使三角洲不断推进和扩展。五六千年来，长江口建造了3万多平方千米的三角洲，黄河三角洲造陆速度为每年23.5平方千米。肥沃的土壤，丰富的水资源，使三角洲成为重要的农业基地。天然三角洲的湿地需要疏干，需要防范洪水大潮的侵袭。农业所需的灌溉用水，都直接受到河口动力因素和泥沙运动因素的影响。河流带来丰富的营养物质，经过河口，汇注海洋，使河口的近海水域常为重要的渔场，如长江口外的舟山渔场、吕四渔场等。河口不稳定的动力因素，盐度和温度的变化，都直接影响鱼类的洄游路线和产卵场位置的变化。同时，镶嵌的盐水也影响着生物群落的分布。河口蕴藏着丰富的潮汐能源，又便于内地和外海的交通，故普遍在河口建港。正因为如此，世界上80%的大城市都分布在河口区。然而河口的动力因素和泥沙运动复杂，而且普遍存在拦门沙，必须整治和疏浚，以维护航道的水深，这也是水运事业中的关键问题。特别是船舶向大吨位方向发展，此问题就显得更加突出。此外，在河口区的城市建设中，有关供水、排污和环境保护等问题，日益受到关注。

河口研究还涉及国家的安全利益问题，尤其是入海河口，它们不仅是陆地国家主权权益向海洋的延伸，也是国家海洋权益的重要支撑点，它们在未来的海洋战略中具有重要的意义。早在2500年前，希腊海洋学者狄米斯托克利就预言，“谁控制了海洋，谁就控制了一切”。随着全球化的发展，人口爆炸、能源短缺已经成为人类社会发展的瓶颈，海洋权益的重要性日益凸显。然而近现代以来，中国对河口权益不甚重视，入海口丢失、海域被瓜分、岛礁被侵占、资源被掠夺……中国河口权益的维护面临严峻形势。因此，作为海陆兼备的大国，中国在河口上有着广泛的战略利益，着眼长远，统筹兼顾，维护和拓展中国的河口权益已经迫在眉睫。

中国国际河口之鸭绿江

鸭绿江的干流全长为795千米，流域面积为3.25平方千米，是我国北部地区与朝鲜的界河，发源于长白山，流经吉林省市县地区与浑江汇合后途经辽宁省市地区，最后注入黄海。

鸭绿江在吉林省内的主要支流有哈呢河，其流域面积 1 000 平方千米以上；浑江，流域面积 5 000 平方千米以上，其作为鸭绿江流域面积最大的一条支流，在吉林省内流域面积占总面积的近 60%，其上、中游在吉林省内，下游河段为吉林与辽宁的界河；在辽宁省内的主要支流为富尔江河，源于辽宁省的新宾县，向南流，成为吉林与辽宁的界河，吉林省内的流域面积为 636 平方千米，占整个流域面积的 35%。下表为鸭绿江干流河道长度与流域面积。

表 1.2 鸭绿江干流河道长度与流域面积

地区	距离河源的长度（千米）	控制面积（平方千米）
长白水文站	99	2 211
虚川江口上、下	107	不详
十三道湾水文站	190	15 667
八道沟水文站	不详	16 747
集安水文站	492	24 979
渭源坝址	541	37 602
浑江河口	578	不详
水丰坝址	699	52 912
太平湾坝址	729	53 576
江海分界线	795	64 471

鸭绿江流域受大地构造影响，上游的山区为新化夏系第二隆起带，中下游为平原新化夏系第二下沉带，干流流域的岩层在中、下游地区可现，高山耸立，地势起伏较大，自东向西递减。上游河段，属于高山区，断臂悬崖，山势陡峭，河谷深；中游河段，有居民耕种生活于此，已建成了三座水电站，分别为水丰水电站、云峰水电站、渭源水电站。虎山以下至江海线为河口段，河流两岸为平地，分布着城市群，江中岛屿多。

丹东市位于鸭绿江河口地区，与朝鲜隔江相望，是中国最大的边境城市。由于其地理位置的独特性，丹东是东北亚中心地带，是东北亚经济圈与环渤海经济圈的相交点；与俄罗斯、朝鲜的国际列车也由此经过，丹东成为了中国东北部最便捷的货物集散地；由于此地区江河密集，鸭绿江与太平洋水系、沿海水系汇集，大小河流近 1 000 条，全境森林覆盖率高，矿藏资源丰富，景色优美。

鸭绿江属于山区河流，中国一侧的河段由砾石组成，汛期洪水冲刷，导致部分沿岸产生了较大的变化，1964 年统计的浑江口的中国所属岛屿有 57 个，但随着自然变化，到 1972 年时新增加了 17 个，原有岛屿减少了 22 个，中国河道段发生了局部的变形。鸭绿江吉林省段的地下水资源占全省地下水总资源的 10% 左右，而辽宁段的地下水资源占全省地下水总资源的 11% 以上。鸭绿江流域的暴雨对河口城市丹东、宽甸一带影响较为严重，雨量自下游向上游逐减，多发生在 6—9 月份，由暴雨形成了大洪水现象多集中于 7—8 月。

鸭绿江流域中国一侧主要包括有吉林省白山、通化、临江市、通化县、江源县、集安市、长白朝鲜族自治县。辽宁省的丹东市及桓仁县、东港市、宽甸、凤城，总人口达 120 多万。辽宁省鸭绿江流域的水资源是全省最为丰富的地区，社会经济发展的潜力较大，流域面积占全省面积达到 11% 以上，占全省总水量的 28% 以上。

中国国际河口之图们江

图们江干流全长为 505. 4 千米，流域面积为 3. 32 万平方千米，在我国境内长为 490. 4 千米，流域面积为 2. 29 万平方千米，发源于长白山的主峰。图们江流域在中国的主要支流为红旗河、密江、珲春河、嘎呀河等，在朝鲜的主要支流为延面川、城川江、西头水等。长白山作为图们江的源头，位于中国与朝鲜的边界，同时也是鸭绿江与松花江的源头。图们江流域的水资源补给是以地下水为主，合理利用与开发地下水系工程在很大程度上弥补了该地区地表径流量的不足。

图们江干流可以分为三段，上游段为源头至南坪段，穿行于长白山岭之中，支流较多，有中国的红旗河、朝鲜的西头水和城川江等；中游为南坪到甩湾子段，主干流河道为 212 千米，包括的水系为嘎呀河水系，流经有岭谷地区，中低山地。河水在峡谷间流动，落差较大，为图们江流域能源最为丰富的河段，此河段土质肥沃适于耕地，成为图们江流域经济与文化发展最为发达的地区；下游为甩湾子段以下，包括有珲春河、五龙川等水系，此段主干长为 146 千米。河段入珲春河河谷平原，河谷的两岸水流平稳、河面开阔，而珲春河以下段，河谷水流较急、河谷面较窄。综上所述，图们江流域受到长白山自然条件的限制，干支流河流上游呈直线下降、中游峡滩间杂、下游河道平缓。

表 1.3 图们江主要的支流

河名	注入位置	注入点与河口距离（千米）	河道长度（千米）	流域面积（平方千米）	河口径流量（亿立方米）
红旗河	左岸	439.5	36	940	3.50
嘎呀河	左岸	不详	197	13 614	24
珲春河	左岸	83	156	4 015	14.79
西头水	右岸	438	164	6 410	5.52
延面水	右岸	413	91	1 668	3.37
五龙川	右岸	81	66	1 212	4.14

嘎呀河是图们江最大的支流，该河全长为197千米，流域面积占整个流域面积的三分之一，其主要的支流是大清河、布尔哈通河与海兰江。自西葳子以上为上游地区，高山峡谷较多，森林遍布，水流湍急，而西葳子以下为中下游地区，河道平缓，河道宽阔，有较大的平地，7—8月为夏季的汛期，降水较多，但有时春汛水量比夏汛还要大。

珲春河全长156千米，流域面积为4 015平方千米，下游河道为平原，此流域内多有台风，是各支流中年降水量较为丰富的地区。

珲春市是位于图们江河口的城市，为中国吉林省延边朝鲜自治州东部地县级市，处于中国、朝鲜、俄罗斯相交地带，作为东北亚地区的几何中心，于1992年成立珲春边境合作区，是国务院批准的国家级开发区，市内的自然资源特别丰富，有多个沉煤盆地，是吉林省最大的煤田基地，珲春地区又是吉林省的第二大黄金地区，建立起多个矿山开采厂，全市境内的河流高达52条，水资源流量为20.58亿立方米，人均占有水量高达12 000立方米之多，全市依山傍海，环境优美，资源丰富，这与其优越的地理位置是分不开的。

中国国际河口之额尔齐斯河

额尔齐斯河流域位于我国的西北部，是唯一的北冰洋水系的河流，也是一条外流河，发源于阿尔泰山，库依尔特斯河与卡依尔特斯河交汇处称为额尔齐斯河，随后向西流，一些河流如布尔津、哈巴、阿拉克别克河交汇后出境，流入鄂毕河，最后注入北冰洋。

图 1.2　额尔齐斯河流域图

额尔齐斯河在中国境内的地势较为复杂，主要是由山脉、水系与盆地构成，其流域内的降水是由大西洋水汽与北冰洋水汽构成，降水主要集中于 5 月份，降水量占全年总径流量的 40% 以上。由于处于高纬度，且自然景观较为明显，自南向北有草原、森林草原、苔原地带。

额尔齐斯河的上游为斋桑泊，流域内资源众多，水资源、森林、矿产资源较为丰富，为经济的发展提供了保障。额尔齐斯河的中下游位于哈萨克斯坦与俄罗斯境内，河干上建有许多水电站。额尔齐斯河下游有大量的油田，建有重要的采油区，曾于 20 世纪 60 年代大量开采。下表是额尔齐斯河的主要支流基本情况。

表 1.4 额尔齐斯河主要支流

河流名称	流域面积（平方千米）	河长（千米）	注入河岸	距河口距离（千米）
库依尔特斯河	1 990	75	左	4 422
卡依尔特斯河	2 815	90	右	4 422
克兰河	2 000	195	右	4 136
布尔津河	8 568	263	右	4 076
哈巴河	6 332	184	右	3 976
布赫塔尔马河	15 620	400	左	3 299
乌巴河	9 750	266	右	3 074
恰尔河	14 880	259	左	2 958
鄂木河	51 600	768	右	1 858
塔拉河	18 700	430	左	1 468
奥沙河	20 400	312	左	1 318
伊希姆河	144 000	2 540	右	1 038
瓦盖河	23 120	352	右	774
托博尔河	384 600	1 624	左	659
康达河	63 500	829	左	87

鄂毕河，位于西伯利亚西部，隶属于俄罗斯，是一条世界著名的长河，额尔齐斯河是其中最大的一条支流。鄂毕河的流域可分为两类，其中以约占总面积 85% 的西西伯利亚平原为主，以约占 15% 阿尔泰山地为辅。西西伯利亚平原是亚洲第一平原，世界第三大平原，石油与天然气资源丰富，有著名的秋明油田。

额尔齐斯河—鄂毕河流域最为显著的特征是冰期，每年的 10 月份出现岸冰，12 月份已开始封冻，历经 4—5 个月的封冻期，于第二年的 4 月份才解冻，是中国冰期最长的一条河流。其年径流量占西伯利亚总流量的 70%。额尔齐斯河的上游，有一条与额尔齐斯河并行的内陆河—乌伦古河，由于其流域附近人口的增多与农牧业的扩展，灌溉面积突增，使布伦托海的海域面积减少，水位下降，直接影响到新疆的渔业。后由额尔齐斯河修建水渠，将河水引入乌伦古湖，恶化情况逐渐好转。额尔齐斯河另一个规划是向克拉玛依油田补给水，油田早期引入其他河流水量，导致有些河流出现断流现象，使油田用水紧张。同时在准噶尔盆地新油田的发现，使引入水源成为迫在眉睫的事情，水源成为了制约油田发展的关键因素，最终我国提出了“北水南调”工程，从额尔齐斯河引入水资源，解决油田缺水的问题。

额尔齐斯河流域是中国新疆地区一个待开发的地区，土、林、矿产、水、草等资源丰富，在我国地位显著，但如何有效地利用这些资源，最根本的问题是水资源的开发，作为中国的畜牧业基地，实现中、西部开发战略，处理好中、俄、哈多国关系，有着不可估量的意义。

鄂毕河经鄂毕湾注入北冰洋的喀拉海，穿过俄罗斯，是西西伯利亚的主要的运输通道，众多船只通航。虽河口地区由于寒冷的气候成为不毛之地，冰块覆盖，研究开发的难度较大，但此地区蕴含着较大的水能资源潜力与经济潜力，是一个长期规划的重要项目。

中国国际河口之雅鲁藏布江

雅鲁藏布江—布拉马普特拉河全长 3 100 千米，流域面积为 62. 2 万平方千米，在中国境内河长为 2 070 千米，流域面积为 33 万平方千米，称为雅鲁藏布江。雅鲁藏布江发源于西藏南部，绕过喜马拉雅山向南流，经过巴昔卡流出中国。雅鲁藏布江拐弯处有著名的雅鲁藏布江大峡谷，是世界最长的大峡谷，也是世界第一大峡谷。

在雅鲁藏布江江段主要的支流在左岸，而在布拉马普特拉河河段主要的支流在右岸。河流上游段，流域内多冰碛湖，湖与河流串联一起，干旱少雨，有广阔的高原牧场，有较多的河谷平地，这些宽河谷是西藏地区主要的农业区；河流中游河段，落差较大，峡谷段长，最深的峡谷有 5 382 米，地势险峻，谷底河道盘旋，水流湍急，水能资源丰富，从大竹卡到墨脱县邦博，河道落差达到 2 600 米是世界上最长最深的峡谷；河流下游段，水流较为缓慢，江中出现有许多的沙洲与小岛，此后的河流进入孟加拉国的冲积平原与布拉马普特拉三角洲。

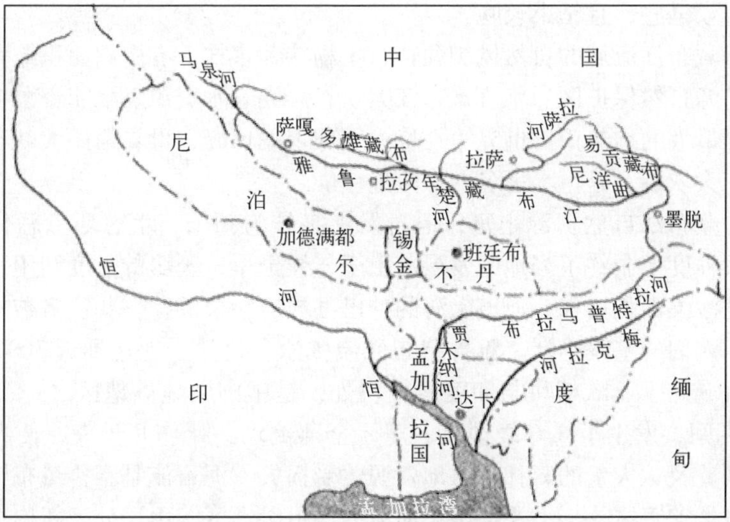

图 1.3 雅鲁藏布江—布拉马普特拉河流域图

表 1.5 雅鲁藏布江主要的支流

支流名称	注入方向	流域面积（平方千米）	河长（千米）
年楚河	右	11 130	217
拉萨河	左	32 471	551
尼羊曲	左	17 535	286
帕隆藏布	左	28 631	266
察隅河	左	40 080	358
苏班西里河	右	29 932	500
卡皮里河	左	11 848	350

雅鲁藏布江补给水有雨水、高山雪融水、地下水。雅鲁藏布江上游段，主要是地下水补给，补给量占全年总量的近 50%；中游段，主要是雪融水补给，补给量占全年总量的 50% 以上；河谷后的下流段，主要是降水补给。整体来讲，流域内降水的变化大，喜马拉雅山南坡的代林一带是流域内降水最多的区域，年降水量达 5 000 毫米以上，远高于上游地区的降水量。流域内降水量分明，主要集中于夏季 6—9 月份，占全年径流量的 80% ~90%，每年的雨季中

游来临的较早些，且结束较晚。

雅鲁藏布江流域的自然风貌独特，生物特种多样，有中国面积最大的保护区，如珠峰自然保护区、雅鲁藏布江大峡谷。光、水资源、水能资源丰富，形成了中国最大的地热田。世界第一峰——珠穆朗玛峰，世界第一大峡谷——雅鲁藏布江大峡谷，是世界著名的探险地。

雅鲁藏布江自然资源丰富，但自然灾害较为频繁，生态环境恶化程度严重，很大程度上制约了当地的发展。由于气候干旱，土壤的过度利用，雅鲁藏布江土地沙漠面积增加。河道上游的仲巴县被流沙包围，一些住房被掩埋，严重影响了人们的基本生活。雅鲁藏布江流域沙漠化的土地达到近300万公顷。由于本流域处于亚欧板块与印度洋板块处，是中国强地震地区之一，20世纪50年代期间，发生了8.6级地震，房屋全部倒塌，死伤几千人，使人民生命财产受到危及，大量的森林与耕地资源蒙受损失。泥石流是雅鲁藏布江流域最常见的自然灾害之一，主要集中于河流的中下游地区，由于处于新构造运动地区，泥石流发生频率很高，加上冰川活动，很容易导致冰碛湖的堤坝溃决。

雅鲁藏布江的水能资源蕴藏量占中国总水能蕴藏量的1/6，蕴藏量高达1.1亿千瓦，居全国第二，仅次于长江。干流河段的水能蕴藏量占全江流域水能蕴藏量的70%以上，河流上已建成水库近4 000座，其中以农耕灌溉为主，工业与居民用水量不到1%。虽然目前已建起近300座水电站，但仍难以满足地区的需求，严重影响了农牧业的发展，不利于生态平衡，应加快建设步伐，同时维护水电联网工程，以带动当地经济的发展，增强西藏地区的整体开发。

虽然布拉马普特拉河会造成灾难性的洪水，但深沉下的肥沃土壤适宜农作，河流蕴藏着巨大的电力资源，但目前并没有充分开发利用。印度曾一直担心中国在雅鲁藏布江上建设水利工程，曾传言将江水引入黄河流域，或将对印度与孟加拉国水资源破坏，如果中国切断两国的水源，将使国家地区陷入困境，但印度政府相继出台的“北水南调”和“内河联网工程”，却截流了孟加拉国的水源。

中国国际河口之怒江—萨尔温江

怒江—萨尔温江干流全长3 240千米，中国境内全长为1 540千米，总流域面积为32.5万平方千米，中国境内的流域面积占总面积的38.4%，怒江发源于青藏高原，向东南穿过西藏、云南到达缅甸境内，通过缅甸与泰国的边境，流入安达曼海莫塔马湾。河流上游海拔较高，周围是高达5 000米以上的山岭，中游地区处于山岭之间，流域宽度较窄，最窄处约为20千米。怒江与澜沧江并行南下，经过盆地、湖泊、沼泽区，到达河谷地带，河谷平坦。

怒江在西藏东南的横断山区，顺流南下，山岭将怒江与雅鲁藏布江分开，由于南北两侧的雪峰与冰川，干流入河谷时，垂直差较大，水流湍急。本段干流与河谷由于落差大，无法正常通行，河段建立铁索桥，以方便通行。本段河流的降水量并不多，以阵雨的形式出现，持续时间较短，不会出现山洪等灾害，由于河流的径流量较小，支流会出现断流。

河流进入到滇西横断山区时，高山耸立，将怒江与伊洛瓦底江分开，高山两侧的众多支流注入干流，由于山体的坡度较大，流急显现，冲刷山体，碎石堆积河道，本段河道的流域最窄，在世界河道中鲜见。本河段周围有四条大河，分别为澜沧江、金沙江、怒江、依洛瓦底江，其距离不到200千米，有利于调水工程的开展。河道经过高山峡谷区进入到宽谷区，出现小面积的河谷平原，成为了怒江干流沿岸较为重要的农业区。河段降水量高于上游地区，最高降水量2 000毫米以上，由于以夏季降水为主，由于河道坡度陡峭，会出现泥石流与山洪。

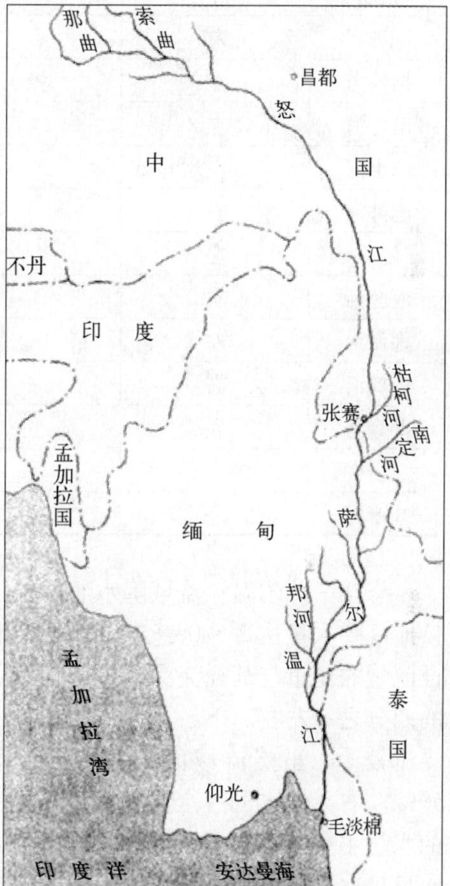

图1.4　怒江—萨尔温江流域图

河流进入云南高原地区时，进入宽谷盆地，流域变宽，是人口密集区。河流进入禅邦高原后，到达缅甸与泰国境内，此时萨尔温江进入河口附近，冲积成平原，在毛淡棉被分为两条支流注入安达曼海的莫塔马湾，北支流河道已渐堵塞，南支流河道水道条件良好，是通行的出入口。两河道中间岛屿，岛屿两侧有山体分布，无法形成河口三角洲，所以怒江—萨尔温江几乎是一条无河口三角洲的河流。

表 1.6 怒江—萨尔温江主要支流

河名	注入干流方向	河流长度（千米）	流域面积（平方千米）
索曲	左	255	12 780
玉曲	左	423	8 460
枯柯河	左	208	6 594
南汀河	左	254	8 750
南卡河	左	254	13 390
南邦河	右	300	10 740
沁河	左	260	4 600
南藤河	右	242	10 110
梅派河	左	169	6 560
南棒河	右	303	22 720
桑今河	左	290	13 760
荣扎林河	左	242	12 480
扎米河	左	230	9 120

怒江—萨尔温江流域降水北部较少，南部增多，上游地区补给水量少，河口地区降水量达 2 500 毫米以上，其主要受到山脉的影响。河流各段水量占总径流量的比重与其径流深相关，上游段集水面积占怒江—萨尔温江总流域面积的四分之一左右。下游及河口区的径流深值高，流量较快，主要是由于河口段支流较多，虽然流域面积并不大，但水量充沛。下游流域面积占总面积的 50% 左右，但水量占全河的比重高达 70% 以上。可以得出，怒江—萨尔温江的水量主要来自于下游河口地带，中游地带所占比重较低。萨尔温江入流年径流量仅次于湄公河伊洛瓦底江。

怒江—萨尔温江流域内的经济发展并不均衡，上游地区河段有较为开阔的高原，气候寒冷，覆盖着草层，形成西藏地区的草甸草原，无农耕、以牧业为主，经济发展并不好。河流中游，山谷相间，岩石遍布，并不是较大农业区，但森林覆盖率高，木材资源丰富，是我国重要的木材基地，由于交通不便，农业生产水平低，经济较为落后。河流下游，海拔较低，处于中温带，农耕区集中于坝区地带，农业以水稻为主，但降水少，水量并不丰富，灌溉会受到约束，我国虽然在云南地区建立水库蓄水，但工程较为艰难。

中国国际河口之澜沧江—湄公河

澜沧江—湄公河全长为4 880千米，流域面积为81万平方千米，被称为“东方的多瑙河”，是东南亚地区最为重要的一条国际河流，发源于中国青藏高原唐古拉山，流经的国家与地区有中国的青海、西藏、云南省、缅甸、老挝、泰国、柬埔寨、越南，最后注入南海。澜沧江—湄公河在中国境内的干流长2 129千米，流域面积为16.7万平方千米。

河源地区海拔高，气候寒冷，一年之中有八九个月为冷季，三四个月为暖季，年度降水主要集中于7—8月份，虽降水时间并不长，但强度大。本区域内主要的地貌特征为河谷平原、高山、冰川。河流的干支流主要分布于河谷平原，由于地势平坦，有大量沼泽地分布，河谷平原两侧主要是丘陵，是良好的天然牧场。

从河源处到景云桥地区，干支流的水系发达，两侧高山耸立，形成了较深的河谷，由于地势较高，补给水主要是冰雪融水渗入地下，以地下水的形式补给河流。从缅甸地区的南阿河口至万象，河流两岸并无高山分布，河谷地势开阔，有较大水量的支流涌入，由于湄公河的万象平原，地势较

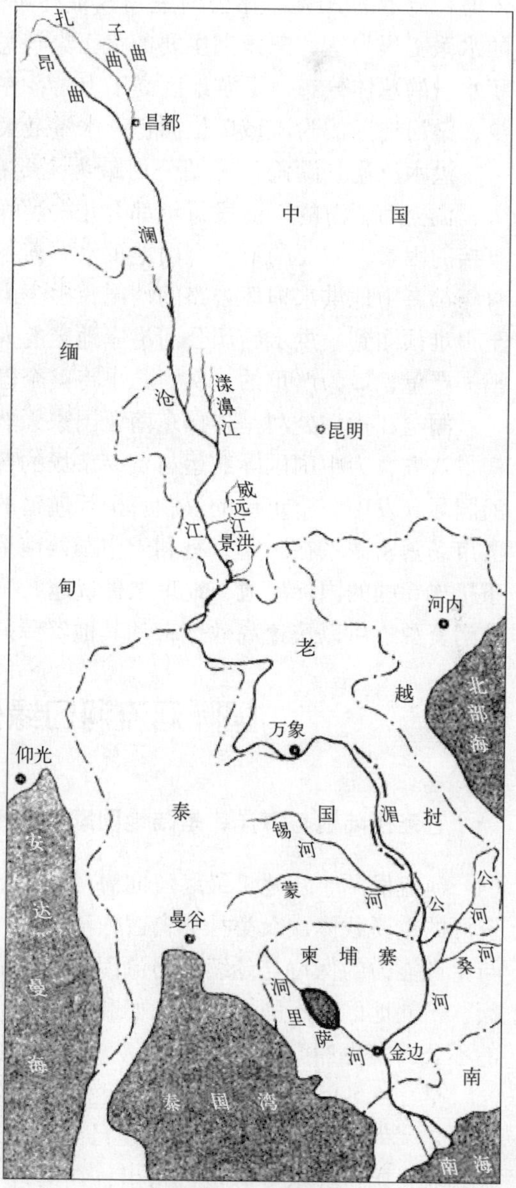

图1.5　澜沧江—湄公河流域图

低，地下水对河川的径流补给量较为明显。湄公河的干流主道可分为两侧，东侧一支水量大，河道复杂，占入海径流量的80%，西侧一支称为巴萨河，占入海径流量的20%。湄公河三角洲最终可分为九条支流汇入中国南海，这里的水系工程发达，三角洲主要的人工渠道总长度可达到1 500多千米。流域面积水量的总体分布，下游地区高于上游，左岸水量高于右岸，高地地区水量较少，桑河地区成为流域单位面积产水量最大的地区，占总径流量的16.7%。

洪水泛滥是澜沧江—湄公河最为主要的自然灾害，由于较大的支流水汇入，湄公河下游的干流段每年都有几次洪峰，暴雨成为了洪水形成最为活跃和直接的因素，主要的形式有山地洪水、河谷区洪水、三角洲漫流洪水。澜沧江每年都有山地洪水损坏公路的情况，由于山地洪水的特点是瞬时最大洪峰，以至很难预测到。洪水给湄公河沿岸地区的人民生活带来巨大的影响，农业区的损失严重，最为严重的一次，几乎将整个巴色城全部淹没。

澜沧江—湄公河是连接东南亚国家天然的水上通道，水系发达，运输网络横贯八方，为中国国际航运与贸易市场的开放提供了便利，也是澜沧江—湄公河国际开发中一个重要的议题。国际航道的开发将中国西南地区与中南半岛地区市场紧密联系在一起，有利于中国西南地区的经济发展。它作为亚洲仅有一条接连6国的国际河流，地理条件优越，国际性强，旅游资源丰富，综合运用航运资源，可以快速高效地带动其他资源的开发，促进产业结构的优化。

国际河流河口缘何如此重要

它连接陆地与海洋，是陆地国家主权权益向海洋的延伸

河流发源于陆地，最终流向海洋，是陆地与海洋之间的连接线。河流是水资源的重要载体，人类社会自古依河而居，是为了获取足够的水源，获得生存与生产能力的保持与延续。河流因其水体的绵延与流动性，既可以见证不同种族、不同地区、不同国度的人们和平相处，也能因为水质的变化、水资源分配的不公而发生冲突。

早在4 500年前，底格里斯河和幼发拉底河流域的两个城邦国拉什加和乌姆马之间就为水而战。在水问题已经成为一个国际关系重要议题的时代背景下，联合国世界水资源报告指出，在最近50多年的时间里，由于水资源争端问题引发的1 831起个案中，有507起具有冲突的性质，37起具有暴力性质，

而在这37件中有21件演变成为军事冲突。美国国家太平洋研究所皮特·格莱克（Peter. H. Gleick）曾指出，自公元1500年到1997年的497年间，全球共发生水冲突事件37起，频率为0.0074。而在20世纪的不到100年的时间里，全球发生了34起水冲突，频率为0.0351，相比较前400年的频率，增加了3.7倍之多。尤其是在第二次世界大战之后，因水发生的国家冲突已有30多起，频率升至0.06，比20世纪的前50年保持的0.008的频率增加了6.5倍。

河口是河流的终端，是连接河流与海洋的结合部，是陆地国家主权权益向海洋的延伸，是海洋国家海洋权益的重要支点。但自进入21世纪之后，中国一直践行的“搁置争议，共同开发”的原则，并没有换来周边国家同样的承诺，周边某些国家肆无忌惮的海洋开发使中国的海洋权益频频受到挑战和威胁，中国国际河流河口面临着的“北失河口，南丢海岛”的窘境。

河流水资源利用的纷争，为中国扣上了“中国水威胁论”的帽子，水问题成为了影响中国周边安全环境构建的又一议题。河口的遗失，使中国失去了直接通往海洋的出海口。海岛的丢失，使中国的主权受损，经济利益受损，而且无休止的领土纷争更为复杂的周边环境增添更多的不确定性与不稳定性。

所以，作为连接陆地与海洋的国际河流，作为国际河流流向海洋的终端，国际河流河口是中国边疆战略权益的重要组成部分，它们既能因为重要的战略地位而促进中国与周边国家的合作发展，也能因为权益之争而引发中国与周边国家的冲突与纷争，如何对待现有的国际河流河口问题，是事关中国周边环境构建的重要战略性与安全性问题。

它蕴藏着丰富的淡水资源

地球上的水资源有97%被盐化，仅有3%是淡水资源，且主要分布于南北两极地区的固体冰川。虽然正在对冰川的利用方法进行研究，但技术利用并不成体系，可利用的淡水资源仍以地下淡水储量为主，但利用开采与利用率较低。世界人口的增长、自然环境的恶化、各个国家经济的发展等众多方面，凸显出了淡水资源的珍贵。现如今世界各地淡水用量仍以河流水、湖泊水以及浅层的地下水为主，此类淡水资源仅占总淡水量的0.3%左右，为10.5万立方千米，约占全球水量的十万分之七，全球真正有效利用的淡水资源每年约为9 000立方千米。

据有关水资源机构公布的数据显示，国际河流的流域面积覆盖了近半个地球的表面，涉及50%的陆地面积和全球近40%的人口，其流水量占到了全球陆地淡水的60%之多。可以说，国际河流是蕴藏着丰富淡水资源的水体，人类依河而居的最基本的目的就是可以便捷的获得生活和生产所需的淡水资源。

另外，随着全球人口的持续增加、全球气候变暖影响力的不确定性，全球水资源的供应情况非常严峻。联合国教科文组织2009年发布的《世界水资源报告》中指出，人类对水的需求正以每年640亿立方米的速度增长，到2030年，全球将有47%的人口居住在用水高度紧张的地区。同样，在2010年的“世界水日”发布的数据显示，全球目前已有近9亿人口无法获得安全饮用水，水质恶化已经严重影响到地区生态环境和人类健康，每年全球死于水污染的人数多于战争等各种暴力冲突死亡的人数的总和。据联合国有关机构统计，到2025年，全球大约48个国家的28亿人口将面临水资源压力或缺水状况，其中40个国家在西亚、北非，而到了2050年，受到水资源短缺威胁的国家将会增加到54个，受波及的人口数量将会占到全球人口的40%，达40亿人。到2025年，缺水或中度缺水地区的面积将大大增多，尤其是中国和中国周边地区，缺水程度会逐渐加重。在这种全球性水压力不断增大的背景下，国际河流水体中的水资源就更显得弥足珍贵。

它具有航运、灌溉、水力发电等多重功能

国际河流由于跨国性和水能丰富，对于国际流域中的流域国来说，对国际水资源的开发利用具有重要的经济价值和现实意义，国际水资源不仅是流域国之间的航行通道，还在农业灌溉和水力发电上扮演重要角色，正是由于多重的功能性，决定了流域国之间在水资源的利用上存在发生冲突与合作的可能性与潜在性。

首先，航运功能。

许多国际河流是流域国之间的重要水运大通道，或者是连接国际河流与海洋之间的水道。国际河流最早的利用主要集中在航行上。虽然国际流域的各流经各沿岸国对流经本国的河流拥有主权，但是在航行方面，需要对一切国家的商船开放。为了保护国际河道上的航行自由权利，很多国际水法对之进行了规定，凸显了国际河流航行功能的重要性。

在欧洲，1815年维也纳会议制定的《河流自由航行规则》是作为欧洲最早的国际水资源协定之一，规定不论沿岸国还是非沿岸国在莱茵河、多瑙河等几条欧洲河流上自由航行的原则。在非洲，1885年开始实施的《柏林公约》

规定刚果河和尼日尔河对一切国家的船舶开放，尼日尔河流域1963年签订《关于尼日尔河流域国家航行和经济合作条约》，规定所有国家的商船和游艇在尼日尔河自由航行并享受完全平等的待遇；在美洲，拉普拉塔河和亚马孙河流域的国家签订条约，规定这两条国际河流对一切国家的船舶航行开放；在亚洲，澜沧江—湄公河流域国之间签署了相关的通航协定，规定了通航的范围，将澜沧江—湄公河变成了中国—东盟自由贸易区建设中的水运“黄金大通道”，成为中国全面加强与大湄公河次区域国家经济合作的重要纽带。

再次，灌溉功能。

人类对水利用的最原始方法就是农业灌溉，国际流域之所以能成为人类文明的发源地，其根本的原因也就是因为毗邻丰富水资源，农业灌溉便利，从而推动经济发展和文明进步。随着经济和工业化的发展，流域国通常在国际河流等跨国界水体上修建水库等各种蓄水、调水等设施，调节年内径流，提高年径流利用程度和用水保证率，扩大灌溉的面积。例如，在美洲的科罗拉多河流域，由于流经的美国西部干旱缺水，科罗拉多河的绝大部分水量用于农业灌溉，美国在在科罗拉多河干流和支流上兴建了许多引水工程，有效地扩大了灌溉的面积，如圣胡安河—查马工程（San Juan Chama Project）可以灌溉农田3.7万公顷，纳瓦霍印第安人灌溉工程（Navajo India Irrigation Project）可以灌溉农田4.5万公顷，中央亚利桑那工程（Central Arizona Project）可以灌溉农田14.9万公顷，索尔特河工程（Salt River Project）可以灌溉农田10.7万公顷。

最后，水力发电功能。

水力发电是电力生产中所占比重最大的可更新来源，根据有关组织的统计，至20世纪末，世界上有24个国家的90%电力来自水电，有三分之一的国家的水电比重超过一半。世界能源理事会在2010年预测，全世界尚有三分之二具有经济可行性的水电潜力还未得到开发，其中很大部分集中于国际河流。国际河流中通常蕴藏着丰富的水能资源，流域国通过修建水坝等水电设施，来将水能资源转化为电能。目前，随着流域国经济的发展和人口数量的不断增长，电力短缺现象日益严峻，成为经济发展和社会进步的拦路虎。为了满足电力共赢，确保供需平衡，很多流域国加大了国际水资源的水电开发的力度。最具有代表性的是国际水资源丰富，水电发展潜力巨大，但尚处于起步阶段的非洲地区，近些年的水电开发规模不断扩大。

非洲地区的电力短缺现象严重，根据国际环保机构世界自然基金会的最新报告，非洲缺少生活用电的人口将从现在的5.4亿上升到2030年的5.9亿。美国能源部的统计数据显示，在人均电力消耗方面，亚非拉发展中国家的平均水平是1 054千瓦时/年，而非洲国家仅为394千瓦时/年，不足前者的38%，仅为发达国家8 876千瓦时/年的4.44%，其中位于西非的布基纳法索的人均电力消耗是全球最低的，仅为19千瓦时/年。与之形成鲜明对比的是，非洲的水电可开发潜力巨大，水能资源是非洲最大的能源优势，作为国际河流丰富的地区，其理论水能蕴藏量11.55亿千瓦，占世界21%，仅次于亚洲，居世界第二位；技术可开发水能和经济可开发水能资源分别为6.28亿千瓦、3.58亿千瓦，均占世界16.2%以上，次于亚洲和拉丁美洲。在水能资源丰富的赞比西河流域，赞比西河河口的多年平均流量为7 080立方米/秒，尼日尔河流域的尼日尔河河口平均流量为6 300立方米/秒，最大流量可达3万立方米/秒，最小只有1 200立方米/秒。这些国际河流完全具备建设大中型水电站的条件。非洲开发银行提出了“2020水电工程”项目计划，计划到2020年开发水电资源12.4千瓦时，实现非洲水电资源使用率达到62%这一世界平均水平的目标。对此，欧盟已经计划给予1 000万欧元的资金支持，非盟多个成员国着手合作开发计划。

第二章　图们江口：出海与开发的瓶颈

“一江连三国，一村眺三疆”

图们江是中国东北地区的一条著名的国际河流，它发源于长白山脉主峰白头山的东麓，全长大约516千米，其中江的上、中游为中国和朝鲜的界河，约长501千米，而下游自中俄朝三国在图们江上的国界交汇点至江口段为俄朝界河，约长15千米。整个图们江的流域面积约3.3万平方千米，中国一侧占据了其中的2.3万平方千米，占到了整个流域总面积的70%。

图2.1　图们江，江的另一侧就是朝鲜

（李志斐拍摄）

图们江，早在清朝年间被称作“土门江”，是满语的音译词。“土门”满语原称“土门色禽”，土门意为“万”，色禽意思是“河源”，亦即万水之源。“土门”这两个字曾被日本“望文生义”而挑起朝鲜和清朝之间的领土争端，“指责”清朝非法侵占朝鲜的土地。这一事件让日本有机会进一步侵占朝鲜的利益。与此同时，中国方面改用与原来读音相近，但没有意义的“图们”来作为这条河流的译名；而朝鲜半岛方面则使用“豆满江”这个名称。

一江缘何分三国

图们江从白头山东麓的发源地开始，左侧是中国的吉林省，右侧就是朝鲜。但在离入海口 15 千米处，中国一侧的江岸就变成了俄罗斯的土地。1998 年 11 月 3 日，中朝俄三国在朝鲜的平壤签订《国界水域分界线协定》，确定图们江（豆满江、图曼纳亚河）是中华人民共和国和朝鲜民主主义人民共和国共同国界水域与朝鲜民主主义人民共和国水域、俄罗斯联邦水域的分界线。

图 2.2　中国图们江市图们江边的纪念碑

（李志斐拍摄）

图们江能成为中国、朝鲜、俄罗斯三国的分界线，其历史充满着血腥战争的较量与利益外交的博弈。

15 世纪之前，图们江两岸一直是中国的疆土，由中国的少数民族女真部落管辖。1403 年，明成祖朱棣继位之后，着力招抚图们江南、北两岸各部的女真人，设置了奴儿干都司。都司是明廷设置的相当于“省”级的军政合一的地方政权机构，下设卫、所来行使民政管辖权。卫设有指挥使、指挥同知、卫镇抚等官职；所（千户所）是卫的下级，设有正千户、副千户、所镇抚等官职。以上各级机构须服从明朝中央政府的统一辖制，这些行政机构所辖地区的领土主权均隶属于明。在图们江地区，明廷先后设置了建州卫、毛怜卫、古鲁浑山卫、合兰城卫、童宽山卫、禾屯吉卫、爱和卫、卜忽秃河卫等几个卫。虽然各卫、所的首领和高级官员都由原居于该地的女真部落首领担任，但这些地区均在明朝中央政权的统一辖制之下，其行政主权隶属于明王朝。

明廷对所置各卫实施的是“因其部族”“官其酋长”，“给予印信，自相统属”的管理政策，有战事时各卫、所的武装力量均服从于明廷调配。图们江流域各卫、所辖下的女真人均为明王朝子民，由明王朝子民居住和治理的图们江地区都属于是明王朝的领土。

中国的近邻——朝鲜，在历史上多次向中国提出过领土要求，唐朝和辽代的皇帝也凭着“地大物博，不在意区区小地”而慷慨地满足其要求。例如，在公元 735 年，唐玄宗应新罗之请将大同江以南之地相送；公元 993 年，辽圣宗“取女真鸭绿江东数百里之地”赐予高丽。但朝鲜“求而就得”的“惯式”到了明王朝时期开始受到拒绝。在明王朝建立之初的 1404 年，明王朝应朝鲜之请，将明廷已招抚的三散、秃鲁兀等 11 处女真属地及 2 000 余名女真人划归朝鲜管辖。自此，今朝鲜咸兴以北地区被划归朝鲜，随后，已经进入末世的高丽“不知好歹”地再次向明朝廷提出将铁岭（今朝鲜咸镜南道与江原道之交界岭）以北的土地划归其所有，结果，被明朝断然拒绝，明王朝开山之祖朱元璋更是明令指出，中原皇朝在“铁岭已置卫”，高丽此举属“自生衅端”，命礼部转告高丽国王“安分毋生衅端”。但明王朝也不是“不顾邻邦之情面”，其实，朝鲜在高丽朝时期的北部疆界尚在今朝鲜咸兴以南地区。但到了李朝建立后，就通过怀柔与杀戮并施的手段对待女真人，一方面大批分封建州卫和毛怜卫的女真人为万户、副万户、都万户等，暗中阻碍明廷对女真部落的招抚，另一方面还加紧对女真人的剿杀，先后灭亡毛怜女真、逼走建州女真。

对于朝鲜的举动，明王朝非常不满，认为“帝（指明成祖）于东隅置建州卫，是扼我咽喉、掣我右臂也。”尤其是得知女真人频频觐见朝鲜国王后，敕文于朝鲜曰：“彼既受朝廷官职，王又加之，是与朝廷抗衡矣。”令朝鲜断绝与女真的“私交”，而朝鲜却“似为当然，不以为过”，继续对女真实施拉拢与打击并重的政策，逐渐从女真人手中夺取了森林、牧场、耕地等生产资源，使本国的疆域得以不断向北推移延伸。到了15世纪上半叶，明王朝的建州左卫由图们江南岸迁至图们江北岸，致使明王朝在图们江南岸的领土尽失，而朝鲜的东北边界就逐渐北拓到今图们江中下游南岸地区。

朝鲜在图们江中下游南岸地区设置会宁、富宁、钟城、稳城、庆源、庆兴六镇，并招募民夫修筑邑城、设置镇堡来巩固对新开拓地域的管理。朝鲜沿图们江，从会宁的秃山烟台起，直至庆源训戎镇修筑了数百里长城和数十个城堡，并颁布实施优惠政策动员南部地区人口向六镇迁移，不断加强北部六镇地区的防卫和开发。由此，今图们江中下游地区的中国、朝鲜两国东段边界线形成。《李朝世宗实录》曰：“新设四邑，我祖宗肇基之地，以豆满江为界……豆满江，天所以限彼我也。”

与此同时，朝鲜还在鸭绿江中上游南岸先后设置了西北四郡，即闾延郡（1416）、慈城郡（1433，闾延郡西南）、茂昌郡（1440，闾延郡东南）、虞芮郡（1443，闾延郡西南、江界和今楚山之间），并在以上地区也修筑了16座大城，25个小堡，将朝鲜内地的居民大量迁入以实边。到了1443年，朝鲜将鸭绿江南岸地区全部纳入了自己的版图，鸭绿江随之成为中国、朝鲜两国西段边界的界河。

所以，从15世纪中叶起，中国、朝鲜两国政府虽未以公文形式明确约定国界线，但图们江和鸭绿江事实上已开始成为双方认可的习惯上的天然分界线。由于当时边境地区非常荒凉，两国都没有认真勘测过边界，一直持续到康熙年间。

鸭绿江、图们江都发源于长白山（朝鲜称“白头山”），长白山天池为松花江、鸭绿江和图们江的三江源头。鸭绿江、图们江中游以下河宽水深，两国边界分明，但两江，尤其是图们江上游至江源地带，河多水浅，边界不明，源头不清，因此，屡有边民非法越境，造成边界纠纷。最著名的是在清朝的康熙年间，朝鲜的李氏兄弟越过边界进入中国，犯下了杀人越货的恶性事件。

于是，1712年，穆克登奉康熙帝之命，与朝方接伴史朴权和咸镜监司李善溥赴长白山巡视边疆。由于朝鲜接伴史朴权和李善溥年老体衰，无法在

图 2.3　中国图们江市图们江边的中朝界碑
（李志斐拍摄）

环境险恶的边境地区全程陪同穆克登，只好令手下官员和译员同去。穆克登只是军人出身的一介武夫，对国境勘查技术和相关知识知之甚少，所以根本就没能找到图们、鸭绿两江的正源，为了在政府给的期限之前完成任务，就索性将边界立标过程完全委托于朝鲜官员。这种“轻便省事”的划界方式注定了其权威性缺乏的先天不足之症，这也为后来发生的边界争端埋下隐患。

1712 年 5 月 15 日，标志着两国边界的“审视碑”被“竖”在了长白山顶。

“审视碑”在竖立了一个半世纪之后，“间岛问题”发生了，中朝两国的新边界划分运动开始。

长白山一向被视为清朝发迹的“龙脉”之地，为保护“龙脉”，从 1762 年始，清政府对东北实施了长达 200 余年的封禁政策，严禁进入长白山地区，鸭绿江、图们江中朝边境地区成为封禁的重点地区。由于长期的封禁政策致使东北边疆地广人稀，边备空虚，一旦发生越境侵略之事则无力阻挠。1860 年至 1870 年间，朝鲜北部地区连年遭遇严重的自然灾害，民不聊生。边境地区的朝鲜人出于生计，利用地利之便，冒禁非法渡鸭绿江、图们江越境，到对岸中国的奉天、吉林省开垦拓荒。俗话说，法不责众，随着人数的增多，许多政治、社会问题顺然而生，清政府于是在 1867 年实行移民实边政策，允许汉人迁移至此，在对待朝鲜移民的政策上也开始有所放松，准许迁移到中国境内的朝鲜人“易服薙发”，领照纳租，加入中国国籍，而长期留住中国。

到了 1882 年，朝鲜国王要求清王朝允许朝鲜“刷还”在中国非法垦居的朝鲜人，清朝欣然应允，但没想到的是，朝鲜政府不但未刷还越境边民，反而倒打一耙，以穆克登碑为据，在 1883 年 7 月提出土门、豆满并非“一江之名，而为两江”的主张，认为中国延边地区的海兰江为土门江。这一“胡搅蛮缠”的主张使得更多的朝鲜越境民迁移至此。1885 年 6 月，朝鲜再次“大言不惭”地向清政府主张土门、豆满两江之说，指称海兰江南本来是中国的延边地区为朝鲜领土，并要求双方勘界。

于是，1885 年 9 月 30 日至 11 月 29 日，中朝两国派使共同勘界，历史上称“乙酉勘界”。这次勘界，双方意见分歧严重：第一，关于江名，清王朝认为土门、豆满、图们为同一江的不同谐音；而朝方主张土门、豆满（图们）为两江。第二，关于正源，中方主张红丹水为图们江正源，以此水划界；朝方主张红土山水为图们江正源，以此水划界。

1887 年 4 月 7 日至 5 月 19 日，中朝进行了第二次勘界，历史上称“丁亥勘界”。此次勘界在历经几轮磋商和谈判后取得一些成果，双方在江名的问题上取得一致，同意土门、豆满、图们为一江之谐音，图们江就是中朝界河。江北岸为中国，江南岸为朝鲜。这项共识从根本上否认了“间岛”问题的存在。双方还同意，图们江自茂山以东至入海口处，河宽水深，界限自明，不必履勘；对从茂山以西至石乙水、红土山水合流处的图们江上游，双方拟共同“逐段考订，并无他疑”。

中国和朝鲜此次勘界中存在的最大分歧就是图们江的正源问题，朝鲜方面认为是红土山水，中国方面认为是更南面的红丹水。双方最后打算共同绘制地图然后请求大清皇帝来裁定，皇帝裁定为红丹水是正源，朝鲜反悔，国王高宗提出异议，希望重新派员重新勘界，但时任北洋大臣的李鸿章却未能即时秉奏

图 2.4 中朝友谊塔

（李志斐拍摄）

清帝，只是电令清驻朝鲜通商委员袁世凯转知朝鲜政府：“白山勘界事，韩如别有意见，可咨总理各国事务衙门裁处。”此后，无果而终，双方不再商谈勘界之事，于 1888 年在图们江地段竖立“华、夏、金、汤、固、河、山、带、砺、长”十字界碑。

据历史记载，朝方的勘界代表是李重复，不仅认同了“一江说”，还顺利地在双方共同绘制的地图上署了大名。但谁料，在一个世纪过去之后，李重复被韩国的学者赵活“描述”成了民族英雄，成为英雄的理由就是李重复坚决主张“间岛”属于朝鲜领土，在勘界谈判中“拍案而起”，高呼：“吾头可断，国疆不可缩”，于是“挫败了清国代表的气焰，会谈宣布失败”。现在，当年勘测后绘制的地图还好好地保留在博物馆里，韩国史学家的杜撰实在让人贻笑大方。

1894 年，中日甲午战争爆发，中国以失败告终，被迫签订了丧权辱国的《马关条约》，其中承认了朝鲜独立，并废除了与朝鲜的宗藩关系。朝鲜国王高宗仗着与沙俄的“亲密”关系而趁机向清政府提出边界主张，除了坚持以红土山水为图们江正源并以此水划界外，还否认 1887 年中朝第二次勘界中取得的共识与成果，并再次否定土门、豆满、图们是一江谐音，而是两江。更让人惊愕的是，朝鲜竟然臆造出“图们江北岸是朝鲜垦民拓垦的朝鲜领土”的无理说法。

朝鲜的有恃无恐与 20 世纪初的大背景是有关系的，当时清政府内外羸弱，风雨飘摇，沙俄与日本都在虎视眈眈地瞅着中国东北和朝鲜的利益。沙俄政府为拉拢朝鲜，瞒着中国，与朝鲜达成朝鲜、沙俄共同统治中国延边的协议，将中国延边地区的一半统治权给了朝鲜。所以，朝鲜开始“明目张胆”地将鸭绿江、图们江两江北岸的中国边境地带看作朝鲜领土，非法任命官吏管辖延边地区的朝鲜垦民，并与中国官民屡屡发生冲突。1904 年，朝鲜开始用武力去越境抢占中国和龙峪抚垦局所辖上溪社等六社地区，但此举被清政府延吉厅同知陈作彦、吉强军统领胡殿甲击溃。1904 年 7 月 13 日，中朝签订了《中朝边界善后章程》，其中规定：“两国界址有白山碑记可证，仍候两国政府派员会勘。会勘以前循旧以间隔图们江一带水各守汛池，均不得纵兵持械潜越滋衅。”由于朝鲜和日本签订有《乙巳保护条约》，朝鲜的内政、外交均由日本统监代行，清政府与朝鲜的边界谈判也转为中日谈判。

日本对中国延边地区觊觎已久。日本在和沙俄酣战之时就开始在中朝争议的“间岛”地区建立了秦日团体“一进会”的支部，等日本打败沙俄后，“一进会北垦岛支部”就开始以朝鲜垦民的名义向日军驻朝司令请愿，要求日本出面解决所谓的“间岛问题”。1906 年 11 月，朝鲜参政大臣朴斋纯致函朝鲜统监伊藤博文，要求日本派员前往中国延边地区保护朝鲜垦民，这标志着朝鲜政府正式请求日本作为代理来与华交涉。

1907年8月，日本派人闯入中国吉林省延吉县龙井村，擅自成立日本朝鲜统监府派出所，制造除了所谓"间岛问题"（日韩称我国吉林省延吉、汪清、和龙、珲春4县为"间岛"）。自1907年8月起，中日两国开始进行"间岛问题"的交涉，于是20年前上演过的中朝"间岛"谈判开始老调重弹，日本摆出穆克登碑、江名说等老花样，中国证据确凿、回击得有理有据。为了"无理搅三分"，日本开始将"间岛问题"与铁路、煤矿等谈判搅在一起进行，同时配合着边境骚扰。终于，清政府不堪其扰，考虑到"事必筹乎缓急，害必权其重轻"，清政府作出重大让步和丧失大量权益的条件下，在1909年9月4日，清政府外务部尚书会办大臣梁敦彦与日本驻华公使伊集院彦吉于北京签订《图们江中韩界务条款》，又称"间岛协约"。共7款。附中日往来照会各一件。主要内容包括：

（1）以图们江为中、韩两国国界，其江源地方自定界碑起至石乙水为界。

（2）开放龙井村、局子街、头道沟、百草沟，允许外人居住及贸易。

（3）在图们江以北开垦的土地上，仍然允许韩民居住。

（4）居住该地的韩民须服从清国法律，归清国地方官宪管辖与裁判，与清国人同样履行纳税义务及听候其一切行政处置。

（5）"间岛"内韩民所有土地房屋，可与清国人民财产同样受到保护。在图们江沿岸设渡船，双方人民可自由来往。

（6）将来将吉长铁路延长到延吉南境，在韩国会宁同韩国铁路接轨。

（7）朝鲜总督府及其文武各员于两个月内撤离。同时在上述通商地点开设日本领事馆。

此条约明确表明了，图们江是中朝边界。由于图们江正源本为红丹水，1887年只是由于中国勘界代表向朝方妥协，改主以石乙水为图们江正源。因而此条款中规定石乙水为图们江上源，其江源地方自定界碑（即穆克登巡视碑）至石乙水为界，这说明中国在与日朝交锋之中丧失了不少领土。

中华人民共和国成立后，经过中朝两国的实地勘测和协商谈判，两国先后签订了《中朝边界条约》和《中朝边界议定书》，中朝之间边界线划定问题彻底解决，其中，规定了从鸭绿江和图们江上游开始以江为界线来划定中朝边界线。

图 2.5　中朝之间位于桥上的边境线，红线以北是朝鲜

（李志斐拍摄）

弹丸之地眺三国

在中国境内，离图们江口最近的地方就是防川。

防川在从吉林省延边朝鲜族自治州珲春市以北的约 65 千米处，濒江临海，依山傍水，是中国与朝鲜、俄罗斯三国唯一的交界处，有“东方第一村”之称。防川的东南部与俄罗斯的小镇包得哥尔那亚毗邻，西南与朝鲜的豆满江市隔江相望。站在防川村的“望海阁”眺望，中国、俄罗斯、朝鲜三国的风光尽收眼底，真可谓是“眼看三疆山川风貌，耳闻三国鸡鸣狗吠”。有人形象地比喻称，若把地图上的中国比作一只引颈高歌的雄鸡，那么防川就是雄鸡的嘴尖。

防川东南的俄罗斯和朝鲜的两个城市由图们江上的一座铁路大桥相接，这座大桥既是朝俄分界线，也是俄罗斯和朝鲜陆路贸易的唯一纽带。大桥上栏杆高的那部分属于俄罗斯，低的部分属于朝鲜，当年朝鲜领导人金正日出访俄罗斯，就是乘火车由此离朝赴俄的。从防川沿图们江顺流而下，约 15 千米就可以进入日本海，有专家认为，此条路线可以成为中国同俄罗斯、日本、朝鲜半岛乃至东北亚国家和地区进行贸易的“海上丝绸之路”。

海上丝绸之路比陆上丝绸之路的历史更为悠久，主要有东海起航线和南海起航线两条主线路。东海起航线始自周王朝（公元前 1112 年）建立之初，武王派遣箕子到朝鲜传授田蚕织作技术。箕子从山东半岛的渤海湾海港出发，走水路抵达朝鲜。中国的养蚕、缫丝、织绸技术通过黄海最先传到了朝鲜。中日两国之间一衣带水，通过朝鲜半岛或经由日本海环流水路，交往十分方便。据史料记载，隋唐时期，防川是举世闻名的“日本道海上丝绸之路”。唐代的经济文化、民俗宗教由此传到日本，促进了两国经济文化交流和人民的友谊。

图 2. 6　一江连三国，桥的东西两岸分别是朝鲜和俄罗斯，南边是中国

防川位于敬信乡，距离珲春市市区 65 千米。珲春来自女真语，意思是指“边地”，而防川则是“边地”之边。就地理距离而言，这里是中国到俄罗斯、朝鲜的东海岸、日本的西海岸以及北美、北欧的最近点。从防川沿图们江出海到俄罗斯的波塞图仅 16 千米，距离海参崴 180 千米，到日本的新潟港仅 800 千米。

防川虽是弹丸之地，但特殊的地理位置使其在历史的长河中见证了中国近现代历史的荣辱浮沉，记载了中国发展过程中的沧桑与忧患。

防川离海最近，但却属于中国内陆，这是历史的悲哀。时刻见证这段悲哀的是一块“土字牌”的界碑。“土字牌”高 1. 44 米，宽 0. 5 米，厚 0. 22 米，质地为花岗岩。在对着我们中国的这一侧正中刻有“土字牌”三个大字，左边竖刻着“光绪十二年四月立”，俄罗斯一侧刻有俄文‘T’的字样。“土字牌”是中国与俄罗斯两国的国界界标之一，也是中俄边境线的起点。

虽然在历史上，“土字牌”见证了清朝没落时期的腐朽，象征着中国的屈辱，但“土字牌”能立在现在的位置与一个叫吴大澂的清代官吏有很大关系。吴大澂是弱国时代为了国家和民族利益而奋力抗争的爱国志士中的代表人物，他在 1886 年受清朝廷命令，千里迢迢奔赴边疆进行勘察。通过现场勘察，发现根据 1860 年《中俄北京条约》规定，清朝廷割让东北大片土地后这里的边境线应在距图们江入海口 20 华里的地方。但 1861 年立界碑时俄国却擅自立在了距图们江口 45 华里的沙草峰上。于是吴向沙俄据理力争，沙俄方同意将界牌南移 15 华里。吴大澂凛然的抗争，最终为自己的国家争回了黑顶子（今敬信镇），中国在图们江俄朝国界段方有了出海航行权。

但吴大澂据理力争而争来的国家权益却被几个小清兵“随意”地“处置”了。据民间传说，负责立界碑的几个清兵由于喝醉了酒（也有说是鸦片烟瘾犯了），把界碑抬到防川后，再也懒得往前走半步，于是就顺手将“土字牌”墓碑“立”在了与东海近在咫尺的现在的位置上。

1993 年，中俄重新划定中俄东段边界，在距土字牌 135. 6 米，离俄朝贸易大桥 511. 9 米处，设立了 423 号界碑。

防川还是一块地道的“飞地”。历史上中国曾经是日本海鄂霍次克海的沿岸国，在《中俄瑷珲条约》和《中俄北京条约》签订以后，中国黑龙江以北、大兴安岭以南、乌苏里江以东包括库页岛在内的 100 多万平方千米的土地被沙俄掠走。吉林由此变成了一个离海最近却没有海域的内陆省。在被掠夺土地的最南端，沙俄将图们江入海口北岸约 15 千米的地段划为已有。其中，防川就位于俄罗斯占据的北岸15千米的范围内，中国居民进出防川要依靠狭窄的图们江岸。后来江岸被江水冲垮，中国居民进出防川都要借路于沙俄的沿江路段，一度成为了名副其实的“飞地”。当年，中国总理李鹏在视察防川时写下《国境线上》一诗：“图们江水向东流，土字牌前路断头，登上哨所望沧海，旧事不堪再回首。”

直到1983年8月8日，中国政府修复江岸，在图们江中用青石填筑而成的洋馆坪堤路通车，这块“飞地”才有了自己的通道。1992年中国政府又投资建设了洋馆坪堤坝，这样才算彻底解决了从陆路进出防川的问题。

出海口缘何丢了

中国是一个海陆大国，除了960万平方千米的陆地面积外，还拥有6 500多个沿海岛屿。按照《联合国海洋法公约》关于200海里专属经济区和大陆架的规定和中国政府的一贯主张，中国拥有的海域面积可达300万平方千米。

受到海洋地理环境的限制，中国海军进入大洋的出海口主要依赖东海和南海，但实际上北部的图们江出海口也应成为路线之一，出海路线是：图们江—日本海—千岛群岛—西北太平洋。

现实是，中国在20世纪80年代后期，取得了图们江上的出海航行权，但中国没有真正意义上的出海口，因为，从图们江通往日本海的出海口早在19世纪末期就被清朝政府给弄“丢了”。

珲春本是沿海地区，清政府于1714年在珲春设立了珲春协领，管辖图们江以北，乌苏里江以南，西至哈尔巴岭，东到日本海的大片地区。1840年第一次鸦片战争之后，在西方列强的侵略下，清政府日渐衰落，占据中国东北地理位置中心地带的珲春进入了沙俄侵略者的视线。

1689年中俄签订了《尼布楚条约》，中俄东段国界明确划定，条约规定，外兴安岭以南、格尔必齐河和额尔古纳河以东至海的整个黑龙江流域，乌苏里江流域的土地，全部属于中国。条约签订之后，沙俄侵略势力退出黑龙江以北地区，但是侵吞中国的黑龙江地区，夺取通往太平洋的出海口，仍然是沙俄政府的一贯图谋。

第一次鸦片战争之后，中国开始沦为半殖民地社会，沙俄认为再次侵吞中国领土的时机马上就要到来，为了伺机侵略，成立了“黑龙江问题特别委员会”。1849—1853年，沙俄海军军官涅维尔斯科依带领武装人员，侵入黑龙江下游，建立侵略据点。随后，在东西伯利亚总督穆拉维约夫的指挥下，大批沙俄侵略军闯入黑龙江，对中上游北岸和下游两岸实行军事占领。

沙俄制造了强占中国黑龙江大片领土的事实后，开始打算威逼清政府承认既成事实，于是，在1857年8月派海军上将普提雅廷乘兵船到天津向清政府提出以黑龙江和乌苏里江为界的要求，历史上称之为“外交上的远征”。沙俄的要求“自然”遭到清政府的严词拒绝。但沙俄并不死心，开始联手英法美。1858年5月趁英法联军攻陷大沽之际，东西伯利亚总督穆拉维约夫在两艘炮舰护送下来到瑷珲城内与清朝黑龙江将军奕山谈判，在“助华防英”的旗号下，提出“为了双方的利益，中俄必须沿黑龙江、乌苏里江划界”。奕山以《尼布楚条约》为据，指出“议定遵行，百数十年从无更改，今若照尔等所议，断难迁就允准。”其实，沙俄早已将“打得很久的小算盘”——写成草案，不管中方的态度是软还是硬，俄都要“生米做成熟饭”。穆拉维约夫将俄方拟定的“条约草案”交给奕山，但回头就被中方代表爱绅泰退回。俄方理屈词穷，穆拉维约夫急于求成而再次亲自出马，恫吓中方说：“同中国人不能用和平方式进行谈判!”提出条约的最后文本，并当夜俄国兵船鸣枪放炮。在沙俄的武力威胁之下，昏愦怯战的奕山终于招架不住而屈服，被迫在28日与穆拉维约夫签订了《瑷珲城和约》，又称《瑷珲条约》。正是这份条约使穆拉维约夫成了俄国的“民族英雄”，不久就被封为公爵。奕山只有遭国人骂，被钉在历史的耻辱柱上。

根据《瑷珲条约》的规定，黑龙江以北、外兴安岭以南中国领土的60多万平方千米被划归俄国，而乌苏里江以东中国领土则被划为中俄“共管之地”。《瑷珲条约》使俄国从中国获得了巨大的领土利益，夺取了黑龙江、乌苏里江的航行权，以及通往太平洋的出海口。

对于这份《瑷珲条约》，马克思和恩格斯都曾给予严厉的谴责，“由于进行了第二次鸦片战争，帮助俄国获得了鞑靼海峡和贝加尔湖之间最富庶的地域，俄国过去是极想把这个地域弄到手的。”两位革命导师指出，俄国人“从中国夺取了一块大小等于法德两国面积的领土和一条多瑙河一样长的河流。”

但沙俄的野心是无止境的，签完《瑷珲条约》后的1个月，沙俄又“一鼓作气”地逼着清政府签订了《中俄天津条约》，取得了沿海通商的权利。

1860年10月，英法联军攻占北京，慈禧太后带着大队人马逃到京外，侵略军在北京城烧杀洗劫，扬言要炮轰北京城，捣毁清皇宫。奉命谈判的恭亲王奕䜣害怕清皇宫被烧被抢，惊慌失措地找到沙俄驻华公使伊格那季耶夫出面调停。伊格那季耶夫抓住时机，要求清政府必须在与英、法谈判时事先就谈判的全部内容征求他的意见，并同意他在此前就领土问题所提出的要求。卑躬屈膝的奕䜣，连忙表示可以接受。在被迫同英国、法国签订了《北京条约》后不久，清政府就接到了一份写满沙俄苛刻条件的中俄条约草案。吓破了胆的中国代表“顺从”地接受了俄方的所有要求。

1860 年 11 月 8 日，咸丰皇帝下谕准许奕䜣在丧权辱国的条约上签字。14 日，奕䜣与伊格那季耶夫签订了《中俄北京条约》。

《中俄北京条约》中第一条规定：“……此后两国东界，定为……自桦阿察河之源，两国交界逾兴凯湖直至白棱河，自白棱河口顺山岭至瑚布图河口再由瑚布图河顺珲春河及海中间之岭至图们江口其东皆属俄罗斯国，其西皆属中国，两国交界与图们江之会处及该江口相距不过二十里。”根据这个条约，中俄东段边界以黑龙江、乌苏里江为界，黑龙江以北、乌苏里江以东被划归为俄国所有。

依据《中俄北京条约》第三条的规定，1861 年 6 月，清朝政府派仓场侍郎成琦、吉林将军景淳，同沙俄代表卡扎凯维奇等人，在土尔必拉地方会齐，开始勘分东界，树立界牌，标注界限。6 月 16 日，中俄签订《中俄勘分东界约记》，互换两国交界地图。

这次勘分东界，中俄共树立了八个界牌。先在乌苏里江口西，立界牌一个，牌上写俄文耶（E）字头，并写上界牌汉文。由北往南，又树立了亦（I）字、喀（K）字、拉（Л）字、那（H）字、倭（O）字、怕（Π）字六个界牌。最后一块界牌是树立在“距图们江口 20 华里的地方”的土（T）字界牌。

在《中俄勘分东界约记》中的“交界道路记文”标明：“……再由瑚布图河口顺珲春河及海中间之岭至图们江口，其东皆属俄罗斯，其西皆属中国。两国交界处与图们江会处及该江口相距不过二十里。……图们江左边距海不过二十里，立界碑一个，碑上写俄国‘T’字头，并写上界碑汉文。”在附件一的“中俄乌苏里江至海交界记文”中标明：“……由瑚毕图（瑚布图）河河口起，边界沿位于珲春河与海之间的诸山行到图们江。此处仍是以东土地属俄国，以西土地属中国。边界线在图们江人海处以上二十华里的地方紧靠图们江”，“T 字界标设在图们江左岸，距图们江江口二十华里的地方。”在附件二“一八六〇年在中俄设立乌苏里河至图们江国界碑博记”中，表内各栏载明：“编号：7，条约规定界牌名称：土界牌，所在地：高丽，界碑间之距离：离出海口 19 俄里 4421/2 俄丈。”

正是这块 T（土）字碑，标志着中国从此丢掉了图们江出海口。

乌苏里江以东地区这个一直被视为中国清朝的统治者满族的龙兴祖地的地方，在《中俄北京条约》和《中俄勘分东界约记》签订以后，就开始被染指和侵略，而海里的岛屿、海边的土地，被一寸不留地剥夺走。俄朝从此各据一边，如同一把铁钳，截断了中国东端陆地与海洋的联系，使吉林省成了一个离海最近（最近之处只有 4 千米）却没有海域的内陆省，而珲春则变成了“望海兴叹”的内陆小城。

1855 年经巡洋舰“巴拉达”号的若干军官确定，图们江出海口具体位置位于北纬 42°19′5″，东经 148°18′42″（以费岛为 0 度）。另外，中俄的界线由距图们江口 20 华里的 T 字牌沿江通向海边，这也就说明了，中国珲春这时还拥有一条海岸线，可以不必借助图们江就可直达到日本海。这也符合了《中俄北京条约》中“为中国在中国珲春图们江口保留一个进出日本海的出海口”的相关规定。但当时清政府穷于应付外忧内患，根本没有重视这个出海口的保障问题，将 T（土）字碑的设置放权给了沙俄方面。

对于中国这个“大胆”的放手，沙俄自然会“毫不客气”，不但未将出海口纳入中国版图，而且没有按照条约中规定的在图们江口 20 华里的地方设置，而是强行将土（T）字界牌设置在距图们江口 46 华里的地方，又侵占了一些中国领土。

由此，中国不但丢失了图们江口，还丢掉了从图们江的入海权。

百年徘徊出海权

图们江汇入的日本海是日本、俄罗斯、中国、朝鲜和韩国等几个国家进行海上贸易的最便捷通道。早在 19 世纪中叶，中国的航船就从珲春码头出发，顺图们江而下直接进入日本海，然后抵达海参崴。在很长一段时间内，图们江是中国东北通往东北亚地区最重要的海上交通大动脉。

但在 1860 年，中国被迫和沙俄签订《中俄北京条约》和《中俄勘分东界约记》之后，图们江口就从中国的版图上被“拿走了”。凝视中国地图，就会发现，中国是一只面向东方的雄鸡，台湾岛和海南岛是雄鸡踏在太平洋中的两只脚，而东部沿海地区就是雄鸡的鸡腹，它敞开襟怀，迎接太平洋的八面来风。但是，昂首挺胸的雄鸡的头部却被俄罗斯和朝鲜紧紧地包围，使它动弹不得。图们江出海口相当于雄鸡的嘴，因为距离出海口的“一步之遥”而不能畅饮太平洋之水。

获得从图们江的出海权成为了一百多年来中国人努力的方向与目标。

最初的努力始于《中俄北京条约》签约20多年。

19世纪70年代以后，越来越多的俄国移民迁移到乌苏里江及以南中俄边境来开垦种植，甚至经常越过边境操作。1877年，署吉林将军铭安，得知中俄边界上的木质界牌或腐朽或被水冲没或字迹模糊，遂派出宁古塔三姓副都统及珲春协领，会同俄方代表就近查办，换置新牌。1880年，由于清政府拒绝了崇厚与俄国所订《利瓦几亚条约》中《瑷珲专款》，中俄关系恶化。1882年，被政府派到吉林帮办防务的北洋会办大臣吴大澂派遣知府李金镛查看边界，结果得知俄军已经私自侵占黑顶子，吴大澂担心如果不尽快收回黑顶子，那么图们江口地区极有可能被俄国全部侵占。因此，吴大澂开始与俄方交涉归还黑顶子事宜，同时又上奏清廷，建议照会俄国政府派员重新勘界。正如吴大澂所料，1883年，沙俄侵略者又越过土（T）字界牌，将图们江东岸沿江百余里侵吞，并在中国领土黑顶子地方安设了俄军哨卡。

吴大澂的奏请加上沙俄的侵略活动，清光绪帝终于在1885年4月28日派北洋会办大臣吴大澂会同珲春副都统依克唐阿“将图约参互考证，据以勘定界限，仿照西路办法重立牌博”。经与俄方交涉，双方同意在1886年（清光绪十二年）4月下旬举行会勘边界。

“岩杵河勘界会议”1886年6月1日开始，经过前后共8次会谈，中方代表候选州判曹廷杰亲至现场勘察，从徐尔固进入俄界，顺黑龙江下驶至江口，又由江口溯江至海兰泡，复由海兰泡至伯力，由伯力溯乌苏里江而上，过兴凯湖至海参崴，岩杵河而回珲春。历时129天。

在谈判中，中方提出将土（T）字牌重新选址设立，经过协商，双方同意改变“土”字牌位置，由沙草峰向前挪9千米，立在山南沿江高岭下的平原尽处，顺图们江至海滩俄里十五里（计中国里三十里），径直至海口俄里十三里率（计中国里二十七里）。1861年俄国将“土”字碑“故意”错立于离海口46华里（依约应为20华里）处，这种协商结果将向海口方向前移至离海口30华里处，为中国收复了10余华里的国土。

1886年6月21日，吴大澂亲赴沙草峰南麓监立“土”字界牌，随后又在中俄交界长岭子山口（现为珲春口岸）添立铜柱，上面镌刻吴大澂亲笔篆书：“疆域有表国有维，此柱可立不可移。”但此铜柱在1900年被沙俄乘占领东北

图 2.7　吴大澂像

吴大澂（1835—1902），江苏吴县人，同治进士，官至湖南巡抚。甲午战争时，曾督湘军出关御敌，兵败革职。

之机窃去，“碎为两段，移至于伯力博物馆”。

在完成“土”字牌的重新设置之后，吴大澂再次提出图们江口问题。开始，中国主张恢复位于波谢特湾港，但谈判艰难未果。继而，中国主张把图们江作为中俄两国公共海口，但俄方以沉默拖延时间，最后，吴大澂坚持不懈的交涉，俄国表态：允许中国船只自由出入图们江口，俄国不得拦阻。10 月 2 日，俄国滨海省向珲春副都统递交了《俄国关于中国船只出入图们江口事的照会》。10 月 12 日，中方代表吴大澂等与俄方代表巴拉诺夫等在岩杵河签订了《中俄珲春东界约》（附《俄国关于中国船只出入图们江口事的照会》）和 6 个勘界议定书（附《中俄查明更正“倭”、“那”两界牌记》，统称《中俄查勘两国交界道路记》）。

界约的内容包括：重新竖立“土”字界牌，立于距图们江口约三十里处；水向西流入图们江者属中国；水向东流入海者属俄国。在“土”和“帕”两界牌间，增设“啦”、“萨”两界牌；黑顶子归还中国；中国船只可自由出入图们江口；重新设置“倭”、“那”两界牌位置，新旧界牌（共 11 个）一律由木质改为石碑；在界碑之间，添设 26 个石制的小界牌作为边界记号。

对于中国终于获得图们江自由出入海权，吴大澂兴奋地记载到：“余与巴使（指西拉诺夫）费尽唇舌，竭数月之力，始获此一电。”在“吉林海口均已归入俄界的”情况下，能“得此转机，虽不能作中俄公共海口，而珲春本地

图 2.8 “土”字碑

商船，渔船，可以自由出入，不必定向俄官司领照，较为方便”。

从此以后的很多年里，中国沿岸的居民就依此条约经图们江口出海捕鱼、通商，一直到 1938 年，中国每年最多有 1 400 艘船只从图们江口出海，珲春县有码头和海运公司，开辟了珲春—西水罗里—新潟和元山—上海等近海航线，有定期班轮开往俄罗斯的海参崴、日本沿岸的元山、福山、长崎等港，并远达上海。

1938 年“张鼓峰事件”发生，中国图们江口的出海航行权再次被堵！

按照清政府与俄国签订的领土边界条约，在东段的朝苏两国领土之间，有一块面积不大的领土成楔形插向海洋。但还没有达到海边，这块地带通常被称为“舌”形地带。1938 年发生的张鼓峰之战就发生在现在吉林省珲春市南面向海洋的所谓“舌”形地带的“舌尖”部位上。

“九一八”事变后，日本在中国东北建立起傀儡政权伪满洲国，企图把伪满洲国变成侵略苏联远东地区的前进基地。为此，日本军队在负责伪满洲国“国防”和“边境安全”的名义下，不仅屯兵东北边境，而且屡屡挑起边界事端，刺探苏联虚实。

早在1933年，日本的关东军人员就发现图们江左岸“土”字界碑西北约10千米处的张鼓峰是一个监视苏联行动的战略要处。张鼓峰又名刀山，俄语称“扎奥泽尔纳亚”，意为湖对岸高地之意，位于珲春县敬信镇防川村北1.5千米的中俄国界线上，海拔155.1米。张鼓峰的东面和北面是俄罗斯的哈桑湖和波谢特草原，西北与沙草峰相连，西南与141.2高地相望，南面是防川村驻地，东南约2.5千米处是中国、俄国、朝鲜三国的交界处。

1938年6月，一名隶属苏联内务人民委员部的远东地区高级官员，为逃避国内的“清洗运动”而越境逃到日军珲春边防阵地。不久关东军情报机关截获一封内容为：“应在香山洞（位于张鼓峰东北方约12千米处）以西的高地部署兵力”的秘密电报。于是加强了对张鼓峰一带苏军活动的监视。7月9日，10余名苏联士兵出现在张鼓峰山顶，到了13日，人数已增至40余人，这些士兵在山顶西侧的山坡上构筑工事。7月20日，日本驻苏联大使重光葵正式向苏联外交人民委员李维诺夫提出抗议，要求恢复张鼓峰地区原状，若否，产生的一切后果概由苏方负责。李维诺夫直面回答，任何威胁都吓不倒苏联。

与此同时，日本陆军部对驻朝鲜的日军司令官中村孝太郎中将下令，要求其驻朝鲜的第19师团集结到边境一带，准备向苏联进攻。但此举遭到天皇的斥责，第19师团被命令返回原驻地。到了29日，日本突然发现有10名苏军士兵开始在沙草峰构筑工事。于是，第19师团长尾高龟藏决定违背上级命令，对苏军使用武力，独自承担一切后果。当日下午就击退了沙草峰的苏军。傍晚约有80名苏军士兵重新占领沙草峰。30日下午，尾高下达了攻击张鼓峰和沙草峰苏军的命令。至此，日本和苏联之间争夺张鼓峰的战争打响。

苏军对日军是飞机反复轰炸、炮兵猛轰、坦克轮番攻击，虽然日军拼命抵抗，但终不敌苏军的陆空一体战败下阵来。1938年8月10日，日本向苏联方面提出停战的和平协议，11日，事件告终。

据珲春史志记载，按照清朝和民国初年中国方面的地图以及沙皇时代的俄国地图，张鼓峰为珲春辖境。但此战后，苏联占领和控制了张鼓峰和沙草峰，并在山顶修筑碉堡和工事，造成了今天中俄的国境线以张鼓峰山顶分水岭为界，北坡为俄罗斯，南坡为中国的局面。而日本虽然败了，但那个擅自违反上级命令，指挥前线部队向张鼓峰和沙草峰发动进攻的尾高师团长，不但未被追究责任，反而被誉为“勇将”，晋升为军司令官。

可中国，几乎都没有掺和到这场战争中，却成为了最大的受害国。

俄国借这场战争将其控制的地区范围推进到图们江边，仅给中国留了一条通往防川的小通道。而日本驻东北的伪政府在战后强令防川、沙草峰、洋馆坪、会忠源等地140多户居民全部迁出，将这一带划为禁区。同时又在防川附近的图们江上立桩堵江，封锁了图们江航道。

至此，中国珲春防川“三国鼎立”局面形成，中国从图们江自由进出日本海的航行权利被剥夺，中国人的出海活动被迫完全中断。

新中国成立后，中国政府和人民重新开始争取图们江出海权。

1950年6月朝鲜战争爆发后，苏联以向朝鲜运送军事物资的名义修筑了图们江铁路大桥（在朝鲜被称为“友谊大桥”），还修建了哈桑铁路支线（海参崴至包得哥尔那亚），由此苏联和朝鲜的国土就通过铁路和桥梁联系在了一起。

1964年中苏边界谈判开始，但据沈志华主编的《中苏关系史纲》的记述，中苏会谈刚开始时，苏方并不认为这是一场解决边界全线问题的谈判，只是就中苏边界的“某些地段”因“勘界已经过去多年，地形难免有些变化”，需要进行磋商。所以，中苏双方的对外宣传口径就出现了戏剧性的差异：中方宣布：关于“边界问题”的谈判开始了。苏方则宣布：关于“某些地段”的磋商开始了。

这次谈判中，苏联开始保持着赫鲁晓夫交代的“在根据条约划定边界和解决边界全线问题上迎合中国”的原则。但“中方这次谈判的底线：一定要苏方承认清政府与沙皇俄国签署的界约是不平等条约。同时告诉谈判代表，中方并不打算据此收回被割去的领土，以体现中国的‘宽宏大量’”。但在“苏方代表团成员眼里，不平等条约问题简直就是一个设给未来的圈套。苏方如果承认了以往条约的不平等性，这些条约就成为无效条约。这等于赋予了北京这样一种权力，即假如它认为有必要，莫斯科就应当把150多万平方千米的领土归还中国。这是苏方绝对不能接受的”。苏联的态度刺激了中方，外交部副部长、中方代表团团长曾涌泉有一次在会上激愤地说：“占领我们的领土吧。假如你们有足够的勇气！你们可以挺进到北京并占领它，你们可以挺进到广州并占领它。但你们永远都休想我们承认你们的侵占是合法的！”五个轮回之后，中苏谈判中断。

此次中苏谈判毫不掩饰地带着中苏大论战的色彩，中苏之间的争执在很多情况下不牵涉实体的利益，而是竭力要弄清楚一些“大是大非”。在这种背景下，中方提出了中国船只经图们江出海航行权的问题，苏方不敢彻底撇开历史条约的规定，但又不想迎合中国的利益需求，就托词称，此问题不属于边界谈判范围，如中方认为有必要，可由政府另行提出，双方可以专门讨论。并说这个问题还涉及第三国朝鲜，需要进行三国谈判。

1964 年，中国外交部向朝鲜提出中国船只沿图们江出海航行的问题，希望朝鲜方面能够同意。朝鲜给予的回复是，“朝鲜认为中国船只通过图们江下游没有任何问题!”

图 2.9　卫星俯瞰图

时间一晃就到了 20 世纪 80 年代，世界经济的重心开始东移至亚太地区，东北亚的经济获得起飞。随着图们江的地理优势和重要战略地位的凸显，恢复图们江的出海权，实现图们江的通海航行，争取中国在日本海的合法权益，就成为中国的学者和官员日益关注的课题。

首先提出图们江出海权的是学者。自此，恢复图们江口出海权再次提到了中国的议事日程上。

1984 年，东北师范大学、吉林省社会科学院等单位部分学者专家在“吉林省对苏开展地方贸易可行性研究”科研课题的调研过程中，经过调查、访问及查阅历史文献，发现我国拥有图们江通海航行权利，经过深入分析东北亚地区政治经济形势、图们江通海航行历史及其水文状况等问题之后，反复研究了恢复图们江通海航行权利与进行图们江地区开发的方案与对策，于 1985 年向政府提出了恢复我国图们江出海权的建议。1986年底，此建议受到了著名的国际问题专家，时任中国太平洋经济合作全国委员会会长的宦乡同志的重视，并将此建议提到中央。

1987年3月和5月，宋健同志委派国家海洋局领导和海洋政策专家到吉林调研恢复图们江通海航行权事宜，从而引起吉林省政府对图们江出海权恢复问题的高度重视。1987年5月14日和20日，吉林省人民政府和国家海洋局先后分别向国务院提出关于恢复中国图们江出海权的请示与建议。之后，吉林省人民政府又专门派代表和有关专家赴京汇报，中央有关部门和地方各界领导为此事做了大量工作。

但图们江出海口毕竟已经不属于中国，要想获得出海权，必须获得苏联和朝鲜的同意和配合。

作为中苏关系正常化的重要组成部分，中苏边界谈判于1987年2月重新启动，开始正式对中苏边界东段的走向进行具体讨论。在1988年10月的第三轮谈判中，中苏两国政府代表团就中国的图们江出海权问题达成了书面共同记录。中国方面认为，根据中俄有关界约的规定，中国船舶有权经图们江（苏联称为图曼纳亚河）口出海航行。苏联方面表示，不反对中国船舶经图们江在其江口出海航行。但解决这个问题也需要朝鲜民主主义人民共和国同意。

1988年11月，朝鲜外长金永男访问中国，钱其琛外长在此期间向朝鲜方面提出："根据《中俄珲春东界约》规定，中国船只经图们江出海俄国不得拦阻；在最近举行的中苏边界谈判中，苏方重新确认了中国方面的这项权利；现中方把这一问题通报朝方，希望得到朝方谅解。"对此，朝鲜外交部在1989年1月正式答复中方："朝鲜政府同意中国船只在朝苏之间图们江域航行。至于航行时要遵守的秩序，要由朝、苏、中三国具体商定。"

经过四年多的谈判，中苏于1991年5月16日在莫斯科签订了《中华人民共和国和苏维埃社会主义共和国联盟关于中苏国界东段的协定》。在这份协定中，缔约双方重新确定了两国之间的国界东段边界具体走向。协定的第九条明确写着，"苏方在与其有关方面同意中国船只（悬挂中国国旗）可沿本协定第二条所述第三十三界点①以下的图们江（图曼纳亚河）通海往返航行。与此航

① 第三十三界点。该界点在上述垂直线与图们江（苏联地图为图曼纳亚河）河流中心线的相交处，位于中国境内58.5米高地（苏联地图为三号无名山）东南约2.8千米，苏联境内61.6米高地（苏联地图为60.3米高地）以南约2.0千米，苏联境内郭鲁泌尼乌脚石山182.0米高地（苏联地图为180.3米高地）以西约9.2千米。

行有关的具体问题将由有关各方协商解决。”《中苏国界东段的协定》在1992年2月13日和1992年2月28日先后经俄罗斯议会和中国全国人大常委会批准而正式生效。

进入20世纪90年代之后，经过与朝鲜和俄罗斯等政府部门的交涉，在获得其同意之后，1990年5月28日，由吉林省科委、国家海洋局第一海洋研究所、吉林省交通厅、东北师范大学及延边朝鲜族自治州口岸管理办公室、延边水文勘测大队等单位的62名考查队员乘坐着9艘挂着五星红旗的试航试验船只，在导航船只“珲春522号”① 的在引航下，进入日本海。在短短的8个小时内，对图们江入海河段进行了河道通航环境科学考察。考察区域范围为北起圈河大桥，南至图们江口，全长43千米。考察重点在防川“土”字牌附近以下河段河道，长度18千米。考察项目内容包括：河道水深、浅地层剖面、航线障碍物、沉积物与地貌等。完成水深测线87千米，浅地层探测剖面线41千米。考察的结果表明：图们江入海河段具有良好的通航条件。

中断了52年的图们江通海航行试航宣布成功，它“标志着由图们江出海是中国固有的权利，标志着固有权利在中断52年之后得以象征性恢复，标志着由图们江开边通海的固有权利我们一刻也没有放弃！”

有国人写诗抒情道：

百年圆一梦，岁月似飞梭。当时三国分界，历史记悲歌。脚踏白山冰雪，头顶边关冷月，此意又如何。最叹无情柳，犹自弄婆娑。

怜前辈，流血汗，鬓先皤。抛开束缚江水，浩淼起烟波。鼎力排除障碍，连接图们入海，此日已无多。看尽千帆影，一任醉颜酡。

（王林泉）

《中华人民共和国和苏维埃社会主义共和国联盟关于中苏国界东段的协定》签订以后，1991年6月，中国再次组织专家学者参加了经图们江通海的科学考察活动。连续两年的科考活动，取得了重要的科学数据，为今后图们江通海航行事业，促进这个地区的进一步开放创造了条件。

1991年底，苏联解体，继承了苏联大部分衣钵的俄罗斯表示，尊重苏联和中国签署的一切有效协议，并声明不推翻苏联在与中国边界问题上的立场。所以，中国从图们江进入日本海还具有法律上的保障。

进入21世纪后，中国也更加重视图们江的出海航行恢复问题，全国政协

① 该船编号意指我国图们江航行权行使52年、中止52年的双“52”之意。

委员李承淑在提案中写道，我国参与图们江区域国际合作开发，推进图们江地区开放开发，必须把握由图们江“东出”这一基点，首当其冲解决图们江出海复航问题。图们江出海是我神圣的国家主权，事关国家利益。图们江出海，可打开国际交流合作之门，建立我国直通太平洋的海运通道，更多引入外国资金和技术，带动边疆少数民族地区发展和东北老工业基地振兴；可规避我在该地区受制于人的开放格局，实现自主发展，切实拥有在图们江、日本海乃至东北亚区域经济主导地位。

同时，吉林省政府在一步步的为图们江的出海复航做着准备，将图们江出海复航与长春、吉林、图们江开放合作区战略的推进与发展联系在一起，认为图们江出海复航对于助力吉林老工业基地经济社会发展、抢占东北亚中心地位具有重要的政治、经济意义。另一方面，水运是环保和节能的运输方式，图们江出海复航将使吉林省整体交通运输结构更趋合理、更为科学。

图们江中游的疏浚工程也积极地为图们江的复航准备着。据报道，疏浚后，图们江中游可达到五级航道标准，下游可达六级、七级航道标准，河口段可达到一级、二级航道标准，可通行2 000 ~3 000 吨河海直达轮。

除了政府层面的努力，民间的争取活动很积极，很多普通的老百姓自发的在为未来的复航默默地奉献着、呼吁着。据报道，珲春《图们江日报》社的副总编吕鉴与其他有识之士推动成立了“图们江开发通海促进会”，来自吉林市的商人刘崇志甚至不惜与妻子离婚，放弃生意，自已出资在境上建立了“张鼓峰纪念馆”，为恢复出海权到处奔走。

图们江出海权的恢复是国人百年徘徊不去的梦想，现在，梦想的实现正在一步步的靠近！

借港出海，中国新对策

图们江口濒江临海是连接东北亚腹地和直通欧洲，构成欧亚大陆桥东端桥头堡的理想位置，是国际客货陆海联运的最佳结合点。

进入20 世纪90 年代之后，联合国开发计划署提出，中国、蒙古、朝鲜、韩国虽然不属于一个区域经济组织，但有发展经济技术合作的良好前景，建议设立一个联合国开发计划署援助的东北亚合作方案。鉴于图们江开发项目的复杂性，联合国开发计划署在1991 年8、9 月期间派专家考察了中、俄、朝三国图们江口接壤地区。之后，专家组提出《图们江地区开发调查组报告书》，报告中称，由于图们江口的重要战略地位，该地区的开发对全球经济贸易与发展具有巨大的潜力，所以建议在该地区建设一个具有21世纪水平的集港口、机场、铁路为一体的交通枢纽及东北亚的商业和金融中心。联合国开发计划署称这一工程为兴建世界上“第二个鹿特丹”“再造一个香港”的“伟大创举”。图们江地区的合作开发得到国际社会的广泛关注。

其实，吉林省也在一直探索如何开发图们江地区的问题。在1990年整理出的《图们江出海口综合开发研究大纲》中表明，中国初期的开发计划的核心是确保图们江的出海权，在中国领域的图们江沿岸建设河港，也就是把珲春作为中国在日本海沿岸地区的战略要地，通过恢复图们江的出海权，疏通图们江航道，建立图们江港口，确保进入日本海的通道，建设社会基础设施，引进资本和先进技术，积极展开和加强与周边国家的经济交流合作，从而促进延边朝鲜族自治州和整个吉林省的对外开放和经济发展。

但此时，图们江的航行面临两个障碍，一个是图们江的出海权问题，一个是图们江航路的自然条件。在取得了出海权的条约保障之后，中国也在努力疏浚航路的问题，但这个需要很长时间，寻找图们江开发的新思路成为中国政府面临的问题。江泽民主席曾两次视察珲春，在1995年6月第二次视察珲春图们江地区时，做了重要题词——“开发珲春，开发图们江，发展与东北亚各国的友好合作关系。”

1992年以来，中国成立了由20多个部委为成员单位的图们江开发项目协调小组，先后于1992年和1999年编制了《图们江下游珲春地区综合开发规划大纲》和《中国图们江地区开发规划》，有力地推动了图们江区域的国际合作开发。

2009年11月，国务院正式批复《中国图们江区域合作开发规划纲要——以长吉图为开发开放先导区》。国务院在批复中指出，以吉林省为主体的图们江区域在我国沿边开放格局中具有重要战略地位，加快图们江区域合作开发，是新时期我国提升沿边开放水平、促进边疆繁荣稳定的重大举措。此份规划纲要的提出，标志着长吉图开发开放先导区建设已上升为国家战略，成为迄今唯一一个国家批准实施的沿边开发开放区域。

《中国图们江区域合作开发规划纲要》批复后，解决图们江出海口的问题就成了中国需要解决的问题。延边朝鲜族自治州州长李龙熙曾说，在实施《规划纲要》的过程中，开边通海，打通对外的物流通道，这是需要解决的一个重要问题。吉林省作为一个边疆近海的省份，最大的优势就是“近海”。但是“近海”并没有“出海”，因此下一步主要解决的就是“出海”的问题。如果解决了图们江的出海问题，那么将会大大缩短中国与日本和韩国等周边国家以及与美国、加拿大等东太平洋国家的航程，增强中国东北地区的进出口贸易的便利程度，推动东北地区的经济发展。对于如何解决图们江出海问题，国人曾提出了三国共同开发建设自由港口城市、换地建港、借港出海、借地建港出海等方案。但中国政府更倾向于借港出海这一方案。

中国政府曾经向俄罗斯提出请求，希望长期租赁俄罗斯远东地区的两个港口，遭到俄交通部的婉拒。《中国图们江区域合作开发规划纲要》批复后，吉林省政府有关部门又表示，要通过“借港出海”，长期租用俄朝现有港口，如俄罗斯的扎卢比诺港、波谢特港，朝鲜的罗津港、先锋港，通过“路、港、区一体化”或“路、港、关一体化”借港出海。

2005 年，朝鲜为了得到罗先市元厅里通商区至罗津港的公路建设支援，将罗津港码头 50 年的单独经营权出让给珲春市。另外，还允许珲春市占地 5～10 平方千米建设工业园区。

图 2.10 罗津港

2008 年，吉林省一家民营公司取得了朝鲜罗津港一号码头 10 年的租用权，并且进行了码头设备的更新改造以及一些基础设施的投资。相关人士称：

“我们希望借助这条航线，通过这条航线搞内贸货物跨境运输。就是装上延边州丰富的煤炭发送到中国的东南沿海。无论运输的实效还是运输的成本，都是合算的。”

2010年3月，吉林省延边朝鲜族自治州取得罗津港10年租用权。李龙熙州长对此表示，延边地区运输能力不足，通过租用朝鲜罗津港一号码头，吉林可以将优质煤炭资源运输到东南沿海、日本等地，通过借船出海，拉动内贸货物跨境运输。

2012年2月，李龙熙州长称：“朝鲜考虑将中国对1号码头的使用权再延长10年。”

朝鲜罗津港为不冻港，总面积为38万平方米，有3个码头，10个泊位，吞吐能力为300万吨；港口总面积38万平方米，露天货场面积20.3万平方米，库房2.6万平方米。港口有简易5~30吨的塔吊15个，有2个船坞，可以修2万吨级的船只。港口还有宽轨和标准轨的铁路专用线，有海员俱乐部、海上救护队。经过清淤和设备改造后，罗津港最大停泊吨位将达5万吨。该港口距中国国境线公路运距52千米，该港公路距珲春市仅93千米。罗津港位于朝鲜的罗先市，1994年在联合国开发计划署领导的图们江区域开发项目下，朝鲜政府设立罗津—先锋经济贸易地带，罗津—先锋直辖市成立。2000年8月改名为罗先市。

“罗津港口直接与中国东北腹地连接，东北地区及周边国家丰富的资源产品可以通过罗津港运至中国南方沿海地区，也能把沿海地区的产品和物资扩散到港口周边地区，使罗津港成为南北互补的汇集中心。这既开辟了内贸货物借港出海的‘国内航线’，也实现外贸货物的借港海上运输，在解决国内港口通关、铁路运力不能满足东北地区及东南沿海需求、缓解国内港口压力的同时，将大大缩短货运的里程和时间，运量也大幅度增加，有效降低运输成本”。可以说，罗津港是中国东北物资实现“借港出海”的最佳口岸。

据有关人士测算，中国东北地区以往通过火车将货物运到丹东港或大连港，然后海运到日本，总共需要三四天时间，现在从罗津港到日本的新潟港口只有500多海里，十几个小时就可以到达。由于受船只数量限制，以前东北有很多货物不能及时运出，延误了运输时间，如果通过罗津港，则能快速地运出。

目前，中国已经通过租借罗津港而顺利地获得了进入日本海的权利，罗津港成为中国进出日本海的重要通道。有媒体报道称，“中国100多年来首次在日本海拥有直接立足点”，成为“中国开辟日本海通道”。

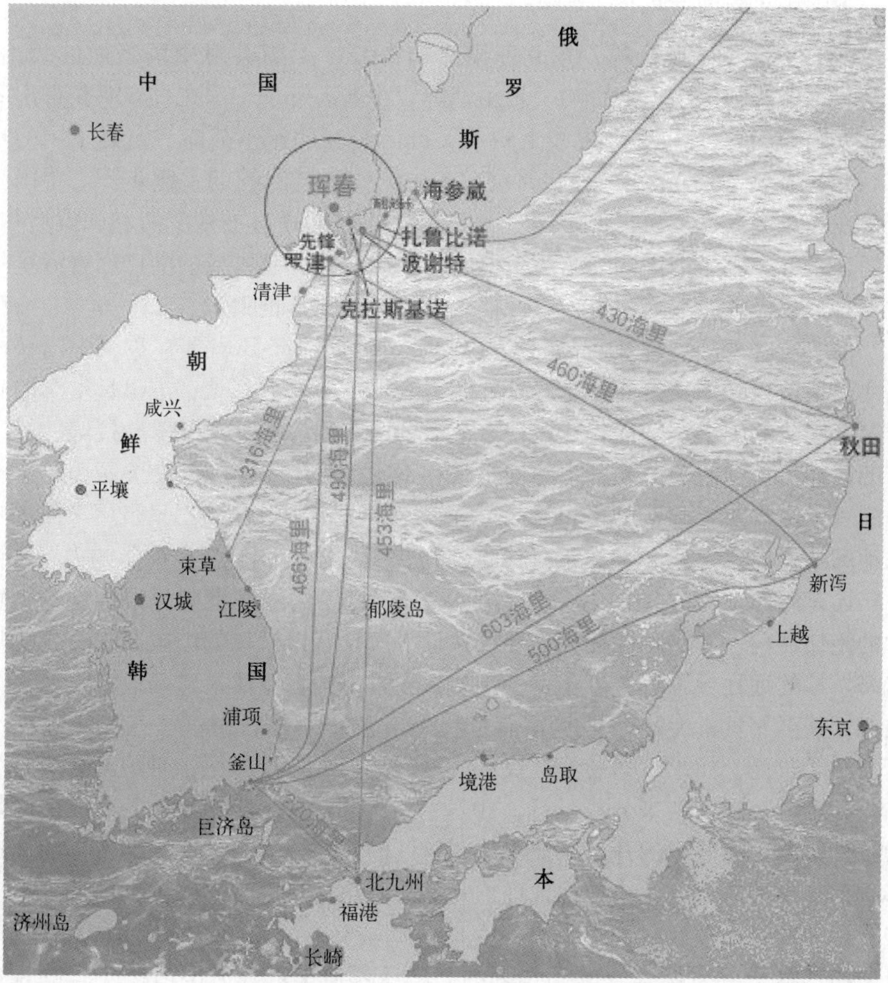

图 2. 11　罗津港周边示意

韩国《世界日报》称，多年来，中国一直希望将罗津港发展成为东北三省的东海出海口。中方已投入了数千万元修建“1 号”码头，该工程竣工之后将开始进行物流运输。应该说，中国租用朝鲜罗津港从发展经济角度说，对东北三省出海贸易找到了捷径之路，而对中国在东北亚战略上起到更重要的地位。

除了对于中国借罗津港进入日本海的经济价值和影响力的肯定外，更有从安全战略的高度进行“提升”，甚至外国媒体和学者“富有远见”的将中国“借港出海”的意义和作用提升到军事安全的高度，开始“担忧”中国未来会将罗津港用作军用。

韩国《世界日报》称，东北亚没有出海口，无疑会对中国当前的政治、经济、军事等产生巨大的影响，租用朝鲜罗津港破解了中国在日本海获得出海口的大胆的规划。北纬42度线上的“关键区域”的军事战略一直是中国的重镇。“关键区域”有了出海口也是突破美国第一岛链封锁的关键步骤。中国政府正在加速进入日本海，但中国进入日本海的通道一直被俄罗斯和朝鲜堵住，因而进入日本海是中国的一个历史夙愿。中国若在关键区域的港口部署海军将对美日造成极大的战略威慑，就像插入美日心脏的一把尖刀。

俄罗斯《匹兹堡先驱评论报》（Pittsburgh Tribune-Review）称，中国获得罗津港租用权除了获得商业上好处外还将获得军事上的好处：进出日本海的美国第七舰队的一举一动都将在监视之下。中国在朝鲜北部与俄罗斯接壤的罗津港的活动，正在使美国和日本感到紧张和不安。美国参议院外交关系委员会朝鲜问题专家肯茨·鲁斯（Keith Luse）说：“中国租用罗津岛不只是用来促进东北地区物资出口”，“罗津岛的地缘优势将扩大中国在朝鲜半岛的影响力”。

还有海外学者称，中国海军的软肋在日本海，而罗津港则是根治这一个软肋的绝佳良药。非接触性战争，导致在日本海没有出海口的中国面临美日从日本海发起的远程导弹攻击甚至是核攻击。如果中国在罗津港建基地将弥补这个缺口。甚至有日本专家非常“富有危机感”的提醒道，中俄已经在图们江地区开始了布局，如果日本还不赶快认清新形势加快行动的话，恐怕就会落后。

其实，客观理性来分析的话，中国“借港出海”的举措从根本上来说是为了加快图们江地区的开发，促进东北地区的经济发展。但客观所带来的周边影响也是不可避免的，毕竟在地理位置上，罗津港直面日本、下临朝韩、上对俄罗斯，背靠大东北，地缘价值不言自明。加上中国东北一直缺少战略防御，对面的日本“毫无顾忌”的动作频频，已经习惯了巨大海上活动空间的日本与韩国不可避免地会“多想一层内涵”，把中国的经济行为延伸出更多的带有“中国威胁论”味道的战略含义。

但对背负着上百年痛失出海口的屈辱与伤痛的中国来说，能够充分利用如此重要的战略要地是件好事，如果还能够在获得经济价值的同时增强自身的战略威慑力，就更是件好上加好的事情。中国现在要做的就是最大可能的利用罗津港的优越位置，努力提高域内地区的经济能力，带动经济发展，同时更要未雨绸缪地做出更长远更完善的港区建设规划，为东北地区的更大腾飞奠定基础。

第三章　鸭绿江口：跨国租赁开发与战略利益

“雄赳赳，气昂昂，跨过鸭绿江，保和平、卫祖国，就是保家乡！中国好儿女，齐心团结紧，抗美援朝，打败美帝野心狼！”

图 3.1　中国人民志愿军跨过鸭绿江奔赴朝鲜战场

这首60年前曾经响彻朝鲜战场和祖国大地的《中国人民志愿军战歌》，激励了千万中华儿女奔赴朝鲜战场。几度风雨，历经沧桑，鸭绿江依旧静静流淌，每次奏响这首已经根植于国人心底深处的旋律，国人仿佛都看到年轻的志愿军跨过鸭绿江大桥时的铿锵步履。

鸭绿江，北国边陲的美丽界河，默默地承载着太多历史的荣光与现实的希望。

图 3.2　鸭绿江大桥

鸭绿江口缘何送给了朝鲜

鸭绿江因江水颜色似鸭头之色而得名，在满语中读作“Yalu ula”（读音：鸭绿乌拉）。“yalu”一词在满语中是“土地的边端，疆界的分野”之意。“Yalu ula”的语意就是“边界之江”。

鸭绿江位于吉林省、辽宁省东部，发源于长白山南麓，流经吉林省的长白朝鲜族自治县、临江市、集安市、辽宁省的丹东市等地，沿中朝边界向西南流，汇集中朝各大小支流（中国境内支流有浑江、爱河、八道沟河、三道沟河、红土崖河、大罗圈沟河、哈泥河、喇蛄河、苇沙河、小新开河、富尔河、大雅河、半砬江、草河、柳林河；朝鲜境内有虚川江、长津江、慈城江、秃鲁江和忠满江等），在辽宁丹东的东港市附近向南注入黄海北部的西朝鲜湾。

鸭绿江原本是中国的内河，但因国家之间的博弈和自然地理条件的变迁，鸭绿江的“身份”几经波折。

公元 735 年（唐开元二十三年），唐玄宗诏旨《开元乙亥界约文书》，以大同江为界划定疆界，江之南属新罗，江之北属大唐。但到了公元 993 年（辽统和十一年），辽圣宗将女真族鸭绿江东数百里之地赏赐给王氏高丽，从此以后，高丽国开始在鸭绿江南岸的女真聚居地筑城修池，将疆域逐渐推至清川江中上游至鸭绿江下游一线。

1388 年（明洪武二十一年），明朝户部以边界问题为由和高丽展开争夺，在其声辩文件中称："以铁岭北、东、西之地，旧属开元，其土著女直（女真）、鞑靼、高丽人等，辽东统之；铁岭之南，旧属高丽，人民悉听该国管属。疆境既正，各安其守，不得复有所侵越。"此时，高丽已经于1356年至元十五年趁着元朝内乱的机会，将铁岭之南的地区（即元朝双城总管府）收归已有了。

明朝单方面提出铁岭划界的要求之后，就开始任命辽东都司在此派兵设站，"招抚鸭绿江以东夷民"，准备建立铁岭卫。明朝"一厢情愿"的举动激起了高丽强烈的反对，"义愤言辞"的表奏称，"铁岭迤北，历文、高、和、定、咸等诸州以至公崄镇，自来悉是该国之地"。本来面积就不大，所以在高丽国王眼里，寸土都是寸金和珍宝，明朝的要求坚决不会答应。但高丽也深知，明朝的要求也不只是"嘴上说说而已"，肯定也是有备而来，于是，"与其坐以待毙，不如先发制人进攻辽东"，就成为高丽国内一批"激进型"大臣的意见。

但高丽国王辛禑没有抓住机会去"孤注一掷"就被持相反意见的征明大将李成桂（朝鲜李朝太祖）夺了位。新国王没有选择战争，而是"有理有据"的"摆事实讲道理"最终使朱元璋打消了恢复元朝边界的念头，将铁岭卫移置辽东，默认了高丽对此地区的统属。

当时，明朝虽然招抚了鸭绿江图们江流域的女真部落，但却并不"用心"保护女真人的利益，而是忙于安抚周边，满足于朝鲜的"事大至诚"。继承了高丽的李氏朝鲜抓住大明王朝的这些疏漏，大肆杀戮、驱赶女真部落，努力向北扩张领土。而对于高丽的放肆行为，明朝竟然任凭其将图们江南岸鸭绿江东岸的女真领地尽收囊中。朝鲜北部的女真人不得不上奏明廷，说"咸州（今朝鲜咸镜南道咸兴）迤北，古为辽、金之地"。明成祖此后降敕与朝鲜，开始向其索要这一带的"十处人民"（主要为女真人）。而朝鲜则以明太祖已默许铁岭之地归该国为辞，坚称此间女真人"来居该国地面，年代已久，……且与该国人民交相婚嫁，生长子孙"，请求"令该国管辖如旧"。李朝使臣利用明朝"不分化外，一视同仁"的天朝大国妄自尊大的心理，阳奉阴违，以柔克刚，致使明成祖表示"朝鲜之地，亦朕度内，朕何争焉"，同意将铁岭以北，公崄镇（今朝鲜咸镜北道吉州）以南的"十处人民"还归朝鲜。

在朝鲜半岛西北部，朝鲜由作为两国传统边界的鸭绿江口沿江上溯到鸭绿江中上游，控制了江东、南岸。在1416—1443年间，朝鲜在鸭绿江中上游先后设立了闾延郡（1416年）、慈城郡（1433年，闾延郡西南）、茂昌郡（1440

年，闾延郡东南）、虞芮郡（1443 年，闾延郡西南、今江界和楚山之间）等“西北四郡”，并在以上地区修城筑堡，共计 16 座大城，25 个小堡，还从朝鲜南方强制迁徙大量居民在该地区定居，逐步形成对北部地区的有效控制。到了 1443 年，朝鲜“干脆”将势就势将鸭绿江南岸地区纳入了自己的版图。

至此，鸭绿江由中国的内河演变成了中国、朝鲜两国西段边界的界河。

图 3.3　鸭绿江断桥

清代沿袭了明朝对中朝两国疆界以鸭绿江、图们江为界的认定。和图们江一样，鸭绿江也发源于长白山（朝鲜称“白头山”）。长白山天池为松花江、鸭绿江和图们江的三江源头。由于图们江和鸭绿江上游至江源地带，河多水浅，边界不明，源头不清，因此，屡有边民非法越境，造成边界纠纷。为了解决和防范边界纠纷，康熙帝于（康熙五十年）（1712 年）命令穆克登与朝方接伴史朴权和咸镜监司李善溥赴长白山查边。同年 5 月 15 日，穆克登在鸭绿江、图们江两江源头、长白山天池南麓的“分水岭”立下审视碑，厘清中朝两国之界河。

1893 年（清光绪十七年）10 月至 1894 年 4 月，聂士成奉李鸿章之命，率领武备学堂学生考察东北三省边疆地区，并游历俄国阿穆尔、滨海两省及朝鲜。聂士成将此次为期多半年的游历历程写成《东游纪程》①，其中记载了鸭

① 《东游纪程》光绪二十年正月二十九日条，中华书局 2007 年版。

绿江作为两国界河的情形，“早四点钟向南稍西，行六十三里至输城镇，山道尚平坦，民居较多，有馆驿，日久荒废。又西北行里许，见高山矗立云汉，雪积汕头，因以白头名之……及登巅，四围微凸，中洼如仰瓮，口向上，外白内赤，四壁侧立若涂丹埴。折北面之水，瀑出为松花、图们二江之源。从岗脊而下，向南三四里即鸭绿江之源……康熙五十年，乌喇总管（注：穆克登）查边至此，西鸭绿，东图们，又于山半分水岭上立碑，为朝鲜永远定界。又行六十二里至镜城……”。

鸭绿江干流全长795千米，其中流经吉林省境界长575千米，辽宁省220千米；流域面积6.4万多平方千米，其中中国境内流域面积约为3.25万平方千米，沿岸有临江、集安等旅游城市，丹东、新义州等工业城市。鸭绿江流过的大部分河谷很深，两岸青峰耸立，风光旖旎，江水蜿蜒曲折，急流险滩不断。在中国境内，国人充分挖掘鸭绿江的经济价值，大力发展旅游事业，使其成为造福沿岸人民的有利资源。早在1988年位于丹东境内鸭绿江下游的浑江口至江海分界处的沿江区被国务院批准列入第二批国家级重点风景名胜区，该风景区，长约210千米，面积约400平方千米，其中浩瀚秀美的水丰湖、雄峙江畔的虎山长城、弹痕累累的鸭绿江大桥、中国1.8万千米海岸线最北端的江海分界、原始和古人类洞穴遗址、原始村落遗址和现代园林建筑等，构成了吸引国内外游人的丰富自然景观和人文景观。

鸭绿江口位于鸭绿江下游入海口处，上苍对鸭绿江口非常垂爱，造就了其“蒹葭苍苍，白露为霜。所谓伊人，在水一方”的美妙意境。在距离鸭绿江口附近的滨海湿地国家级自然保护区位于中国海岸线的最北端，是华北和东北植物区系的交汇处，保护区内陆地、滩涂、海洋三大生态系统交汇过渡，形成了包括芦苇湿地、沼泽、湖沼、潮沼和河口湾等复杂多样的生态系统类型。保护区总面积10.81万公顷，拥有非常丰富的经济动植物资源，高等植物有64科、289种，其中野大豆为国家重点保护野生植物。在野生动物中，鱼类有88种，两栖类有3种，鸟类有44科、255种，底栖动物有74种，浮游动物有54种（是中国重要鱼类索饵场）。其中国家一级保护动物有丹顶鹤、白鹳、白枕鹤、白鹤等8种，国家二级保护动物有大天鹅、白琵鹭、小杓鹬等30种，还有世界濒危鸟类黑嘴鸥和斑背大苇莺。《中日候鸟保护协定》的327种候鸟中在保护区发现了114种，占总数的35.2%，《中澳候鸟保护协定》的81种候鸟中在保护区发现了43种，占总数的53%。保护区的建立，为全球提供了一个永久性滨海湿地生态环境的天然本底和野生生物的基因库，具有不可估量的经济、社会和环境价值。

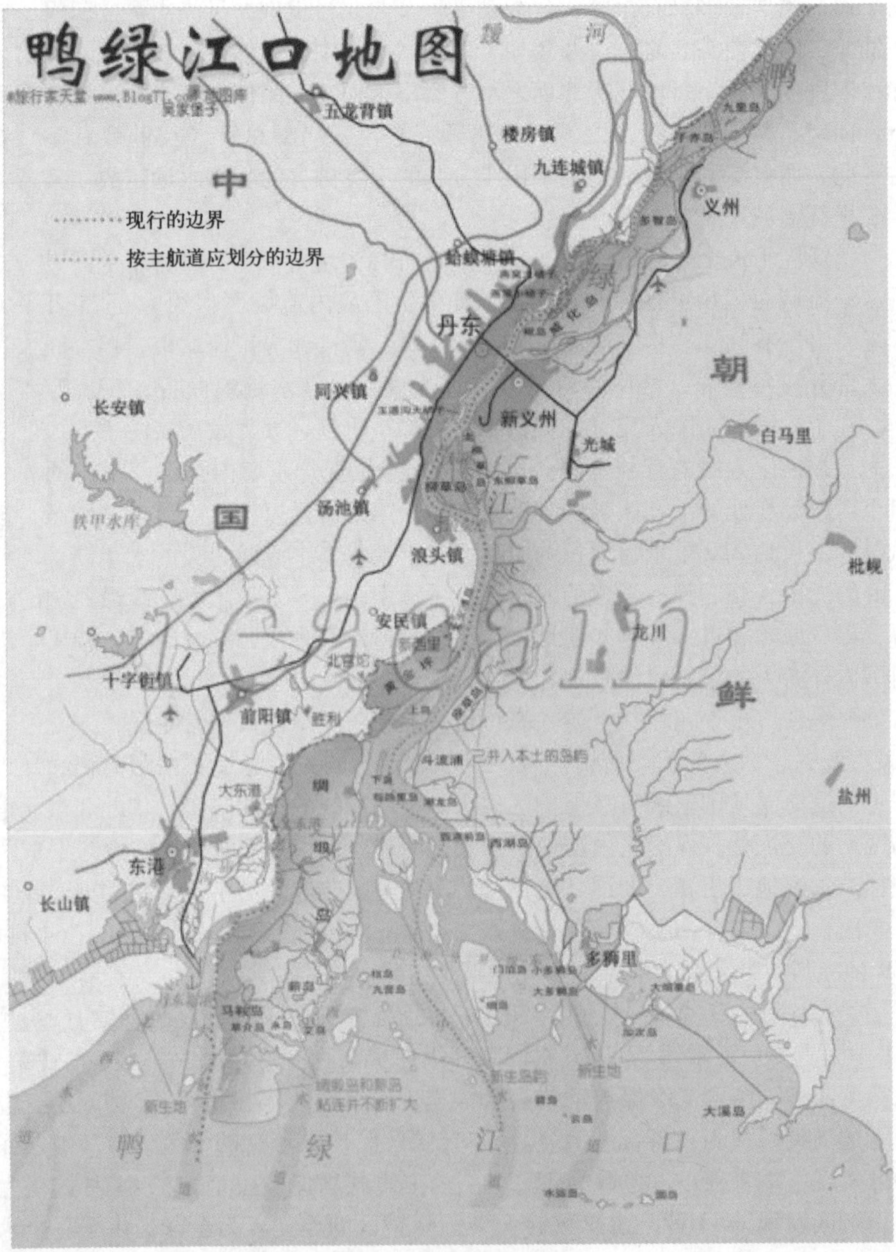

图 3.4　鸭绿江口图示

鸭绿江入海口是中国大陆海岸线的最北端，鸭绿江是朝鲜境内最长的河流。现在，鸭绿江下游入海口完全处于朝鲜。历史长河的流淌使鸭绿江从中国的内河演变成了中朝两国之间共享的界河，就连地理位置至关重要的鸭绿江口也在时光变迁中成为了朝鲜的领地。

鸭绿江河口有大大小小上百个岛屿，其中最大的两个岛屿——薪岛和绸缎岛属于朝鲜民主主义人民共和国。基于特殊的地理位置，鸭绿江口无论是在经济发展上，还是在军事战略上对两国都有着至关重要的作用，是“兵家必争之地”。既然如此重要，为何薪岛和绸缎岛等岛屿会成为朝鲜的国土，这中间掺杂着情感与理性的较量和无奈。

或许每个后人乍一看到“鸭绿江口图示”这张地图，带有民族感情的愤怒就会油然而生，鸭绿江口许多原本属于中国的岛屿现在已经清晰地“落座于”朝鲜民主主义人民共和国的版图上。中国失去了江口的大多数岛屿，也就意味着失去了对鸭绿江口的控制权，这对一国来说就等于失去了绝佳的战略位置以及各种经济资源，而且还不止于此。

新中国成立后，中国与朝鲜多次进行了划定边界，上面这份地图就是基于新中国成立后的历次划界。1962 年，中华人民共和国政府和朝鲜民主主义人民共和国政府在平壤签订了《中朝边界条约》（双方代表分别为周恩来、金日成），全文如下①：

第一条

缔约双方同意，两国的边界确定如下：

一、白头山天池的边界线，自白头山上围绕天池一周的山脊的西南段上的 2520 高地和 2664 高地间的鞍部的大体上的中心点起，向东北以直线穿过天池到对岸山脊上的 2628 高地和 2680 高地间的鞍部的大体上的中心点止，其西北部分属于中国，东南部分属于朝鲜。

二、天池以南的边界线，自上述山脊上的 2520 高地和 2664 高地间的鞍部的大体上的中心点起，沿该山脊大体东南行到该山脊最南端的一点，然后离开山脊以直线向东南经 2469 高地到 2071 高地以东的鸭绿江上游与该高地最近的一小支流上的一点，从此界线即顺该小支

① 关于《中朝边界条约》的内容，中国政府还未正式公布，目前可以看到的《中朝边界条约》及相关文件是在互联网上广为流传的，据某些学者考证认为，中国互联网流传的中朝边界条约文本出自于韩国东北亚历史财团第三研究室。本文引于此，仅供辩证参考。

流的水流中心线而下，到该小支流流入鸭绿江处。

三、从上述2071高地以东的鸭绿江上游与该高地最近的一小支流流入鸭绿江处起到鸭绿江口止，以鸭绿江为界。鸭绿江口处，从朝鲜的小多狮岛最南端起经薪岛北端到中国大东沟以南的突出部最南端止所连成的直线，作为鸭绿江和黄海的分界线。

四、天池以东的边界线，自上述山脊上的2628高地和2680高地间的鞍部的大体上的中心点起，向东以直线到2114高地，再以直线到1992高地，再以直线经1956高地到1562高地，再以直线到1332高地，再以直线到图们江上游支流红土水和北面一支流的汇合处(1283高地以北)，从此界线即顺红土水的水流中心线而下到红土水和弱流河汇合处。

五、从红土水和弱流河汇合处起到中朝边界东端终点止，以图们江为界。

第二条

缔约双方同意，界河中的岛屿和沙洲按照下列规定划分：

一、在本条约签订前，已由一方公民定居或耕种的岛屿和沙洲，即成为该方的领土，不再改变；

二、本条第一款所述以外的岛屿和沙洲，靠近中方一岸的属于中国，靠近朝方一岸的属于朝鲜，位于两岸正中的由双方协商确定其归属；

三、位于一方河岸和其所属的岛屿之间的岛屿和沙洲，虽然靠近另一方的河岸或在两岸正中，仍然归该方所有；

四、在本条约签订后，界河中新出现的岛屿和沙洲，根据本条第二款和第三款的规定确定其归属。

第三条

缔约双方同意：

一、鸭绿江和图们江上边界的宽度，任何时候都以水面的宽度为准。两国间的界河为两国共有，由两国共同管理、共同使用，包括航行、渔猎和使用河水等。

二、鸭绿江口外，中朝两国海域的划分，确定从江海分界线上的东经124度10分6秒的一点起大体向南直到公海为止的一线为两国的海上分界线，以西的海域属于中国，以东的海域属于朝鲜。

三、在鸭绿江口江海分界线以外，自东经123度59分至东经124度26分间的海域，两国的一切船舶都可以自由航行，不受限制。

第四条

缔约双方同意：

一、本条约签订后即成立两国边界联合委员会，根据本条约的规定勘察边界、树立界桩和确定界河中岛屿和沙洲的归属，然后草拟一项议定书和绘制边界地图。

二、本条第一款所述的议定书和边界地图经两国政府代表签字后，即成为本条约的附件，联合委员会的任务即告终止。

第五条

本条约须经批准，批准书应尽速在北京互换。

根据《中朝边界条约》第四条的规定，中朝边界联合委员会勘定了两国边界，通过平等协商、友好合作，圆满地完成了两国边界的勘察、竖桩和确定界河中岛屿和沙洲的归属的任务，明确和具体地勘定了两国的边界。1964年3月20日，在北京，陈毅和朴成哲分别代表中、朝两国在《中朝边界议定书》上签了字。根据条约规定，双方于1964年勘定了两国边界的具体走向。中朝边境线全长1 334千米，其中陆界45千米，水界1 289千米。辽宁段上自辽宁省与吉林省交界的浑江河口起，下至鸭绿江入海口止，全长306千米。经过1972—1975年进行的中朝第一次边界联检，确定沙洲、岛屿61个，其中划归中方13个。

在中朝边界的辽宁段有10个岛屿的归属问题一直没有解决。从1990年开始的中朝第二次边界联检计划把这些归属问题协商解决掉。这10个岛屿是：①下尖沙洲；②套里夹心子岛；③套里上岛（朝方称间桑岛）；④上桑岛下岛；⑤燕窝外岛；⑥套里夹心子与北桑岛上部粘连，夹心子岛面积49 058平方米，上部扩大部分与朝方北桑岛有930平方米重合，1995年特大洪水时已粘接；⑦东太平岛；⑧楸桑岛本岛下部增大部分；⑨楸桑岛子岛明显增大。在协商解决的过程中，朝鲜方面提出，中方下尖沙洲的出现，是因为中方在“文化大革命”期间修筑马市夹心子120米堤坝，堵死了界河支流所致。所以在考虑确定下尖沙洲的归属问题之前，中方必须先扒掉夹心子堤坝。朝鲜的建议，中国没有同意，由此，第二次中朝边界联检被暂时搁置起来，至今未能结束。

追溯历史可以发现鸭绿江口一步步流失的痕迹，而不是像很多国人想当然的那样是在1964年的《中朝边界议定书》中，中国“慷慨”让给朝鲜的。

结合着中国国内相关媒体上公布的几张有关中朝界限及岛屿归属变迁的地

图来看。

图 3.5 显示，从明清时期，中朝两国均是以鸭绿江为界，那时的薪岛属于中国，中国控制着鸭绿江口的大部分水域。

图 3.5　明清时期的中朝界图

（注：此图来自谭其骧《中国历史地图集》）

在1933年的中华民国地图上，薪岛仍为中方所有，两国仍以鸭绿江为界。

到了20世纪三四十年代，中华民国的地图上，绸缎岛基本未成型，薪岛虽小但已经划到了日本的朝鲜殖民地范围内了。

图3.6　1933年中华民国地图

据资料记载，位于辽宁省宽甸县长甸镇拉古哨村与朝鲜之间的鸭绿江上，也就是在鸭绿江中游的位置上，有一个叫水丰湖的人工湖，俗称为水库。作为水丰电站的主要组成部分，水丰湖是日伪时期以“满洲国”的名义于1937年至1941年修建的。水丰水力发电站的建设，是日本利用伪满洲国推行第一次

图 3.7　申报馆《中华民国分省新图》第四版（1939 年版本）时的中朝边界地图

“产业开发五年计划”的重要组成部分。水库蓄水的目的不是补给当地老百姓生产和生活的，而是计划用以淹没中国和朝鲜的部分土地的。为补偿朝鲜的损失，日本人“慷慨”地将属于中国的鸭绿江江面的大部分岛屿划给了自己的殖民地——朝鲜。

1964 年的《中朝边界议定书》对于鸭绿江口“被划走”的现实进行了确认。以前绸缎岛和薪岛这两个岛屿的面积并不大，也不与中国大陆相连，但伴随着河道的不断淤塞，主航道逐渐向东改道，致使现在薪岛和绸缎岛“慢慢长大”并与我国丹东市陆地相连。

中国对于江口诸岛的丧失，使该段鸭绿江成为朝鲜的内河。中国对黄金坪岛、黄金下岛、绸缎岛和薪岛的丧失，使中国永远失去了鸭绿江出海口，不得

边门镇
凤
宽甸满族自治县
虎山镇
汤山城镇
五龙背镇
九连城镇
楼房镇
振安区
元宝区
丹东市
振兴区
新义州
朝
鲜
长安镇
(红石)
合隆
满族乡
十字街镇
汤池镇
浪头镇
安民镇
前阳镇
东港市
长山镇
绸
缎
岛
(朝)
西湖岛
(朝)
薪岛
(朝)
草介岛
(朝)
永岛
(朝)
艾岛(朝)
细岛
(朝)
小多狮岛
大多狮岛
大烟童岛
加次岛
太平湾街道
水口岛
(朝)
朝 鲜
海 鸭 绿 江 口

图 3.8 现中朝边界地图

不建设丹东新港，同时失去了河口段大片新生土地和岛屿的机会，失去了大片海洋国土。可以说，中国失去鸭绿江口是历史的屈辱与无奈，而这种无奈正随着中国经济“走出去”战略的实施而愈加凸显！

江心岛到底有多重要

国际上界河的划分普遍采用主航道划分的办法，但1964年《中朝边界条约》却开了划分国界的先河，中朝两国鸭绿江的边界以水面为界，只要不登陆就不算越界；鸭绿江中的60个岛屿除了10个袖珍岛屿归中方外，其余的全部归朝方，包括位于入海口、面积最大的绸缎岛。从唐朝开始，中方管理控制了1000多年的领土给了朝鲜，中国驻军从1964年撤离，至今在东港市前阳镇安康村仍可见到当年中国驻军在岸边的营房。

从图3.9中可以看到，绿色圆圈中为中方岛屿，红色圆圈为朝方岛屿，如果不仔细看，很难分辨出中方岛屿，鸭绿江心主要岛屿几乎全部为朝鲜管辖。鸭绿江江心岛从下游到上游有大大小小300多个岛屿，比较有代表性的有薪岛和绸缎岛、下岛、上岛、柳草岛、威化岛、千赤岛、九里岛等。其中的200多个岛屿由朝鲜占有着，有的岛屿甚至就位于极靠近中国一侧的江岸，水小的时候一步就可以迈上去。

现在，鸭绿江江心以及江口部分岛屿和陆地面积，由于水位下降和河道淤塞在不断扩大，造成大片新生地，而这些新生土地也都属于朝鲜。岛屿数量和现有部分岛屿的面积不断扩大，使朝方拥有了更多管辖的岛屿和海洋面积。虽然鸭绿江中方一侧也有少部分陆地在扩大，但总的来说，双方对于中朝界河鸭绿江管治和资源管理，朝鲜占有绝对的优势。

鸭绿江出海口处最大的两个岛是薪岛和绸缎岛。薪岛在退潮的时候可以完全与中国的海岸连在一起，而绸缎岛是近年来由于河道淤积而形成的，其面积逐渐扩大并与我国连在了一起。出海口这两大最关键的岛屿的丧失，使得朝鲜钳制住了我国鸭绿江出海口，且不准我国商船沿江（主航道）而上进入丹东，并在大部分江心岛上驻军。现在因为鸭绿江口这几个我国的岛屿划给朝鲜，已经使我方在军事、外交、出海通道整治等诸多方面受制于朝方，不利的一面已经开始显现出来。

薪岛位于鸭绿江口中心主航道的中国一侧，是鸭绿江口最大的冲积岛屿，也是鸭绿江流域最大的岛屿。薪岛原本是属于中国的重要岛屿，但在20世纪

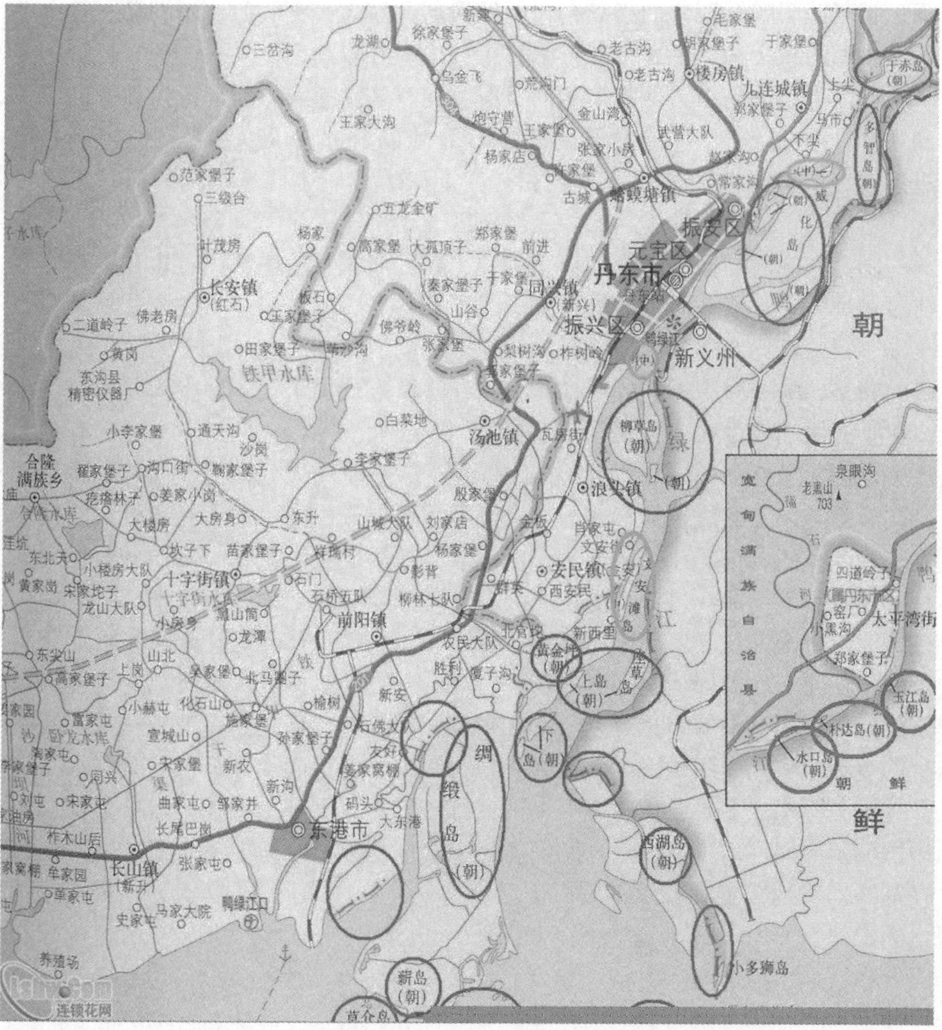

图 3.9 中朝岛屿分布

30 年代，朝鲜成了日本的殖民地，日本凭借其强大国力，将鸭绿江中几乎所有的岛屿抢到自己名下。朝鲜实现独立之后，顺势继承了它原来作为日本殖民地时与中国形成的国界，江口的薪岛也就“顺其自然”地被朝鲜占为己有了。

出于中朝之间的友谊和当时的战略合作需要，中国在 1964 年的《中朝边界条约》中确认将薪岛正式让给朝鲜。中朝划界时规定，岛屿属于朝方，水面属于中方，江口是双国界线。1991 年，朝鲜在岛屿上设立了薪岛郡，整个郡包括了若干鸭绿江口的小岛，包括绸缎岛、薪岛、绯缎岛、西湖岛、黄金坪岛等，总面积大约为110平方千米，人口约1万多人。

薪岛上多是高山，面临浩瀚的黄海，拥有建设深水不冻港得天独厚的资源和条件。据估计，不冻港一旦建成，10万吨以上货轮可以不受潮汐限制自由进出港口，30万吨的货轮也可进出。在港口的背后还拥有广阔的后备土地资源，可以建设成为条件优越的特别经济区。

随着鸭绿江的泥沙淤积和芦苇生长，薪岛面积不断增长，短短几十年已经比过去增大了几倍，而且在周围又形成了马鞍岛、草介岛、永岛和艾岛等多个小岛，目前已经基本和同样曾经属于中国的绸缎岛连成一片。

薪岛的失去对中国的战略性影响正在逐渐显现出来，它使中国在鸭绿江出海口上的主动权尽失，失去了可以有力支撑东北亚经济走出去的天然有利条件，例如，虽然中国在最北端建设了深水不冻港——大东港，但由于地形限制，十万吨以上的货轮只有在天文大潮期才可以进出港口。作为欧亚大陆桥的东端起点，随着东北亚经济的进一步发展，薪岛的丢失，是中国的巨大损失。

绸缎岛是鸭绿江口口上的第二大岛，位于鸭绿江老西航道以南，靠近中国一侧，与中国大台子口岸隔江相望，面积67平方千米。绸缎岛现在隶属于朝鲜的平安北道薪岛郡，是朝鲜的经济特区的候选地。绸缎岛是鸭绿江入海口的淤积所形成的一个岛屿，得名于一片一望无际的芦苇荡，当芦苇开花时，浅灰色的芦花在阳光的照耀下闪着银光，像绸缎似的波浪起伏，景色壮观。

由于鸭绿江多年淤积，绸缎岛的北部已经与我国陆地相连，成了朝鲜长在中国领土上的一块“飞地”，民间称之为“一步跨”，即，一步就能跨过去。在这些“飞地”上，鸭绿江实际上已成为朝鲜的“内河”。其实，朝鲜与中国之间的“一步跨”还有黄金坪，面积仅仅几十平方千米，与中国之间也只有隔着一条小小的水沟。

“杨斌计划”与中国何干

“杨斌计划”这个词语对于大多数中国人来说是陌生的，但很多人会产生好奇之心，它与中国何干呢？

2002年9月12日，朝鲜最高人民会议常任委员会发布政令，决定设立新义州特别行政区。根据这一政令，新义州特别行政区脱离平安北道，成为受朝鲜中央政府直接管辖的特殊行政单位。新义州特别行政区的成立，方便了朝鲜对外招商引资以及扩大对外经济贸易合作。金正日委任荷兰籍华裔商人杨斌为特区的最高行政长官，并负责管理特区事宜。

新义州是朝鲜西北部平安北道的首府，位于鸭绿江下游左岸冲积平原上，距鸭绿江河口约 40 千米，人口约 50 万。新义州与中国辽宁省的丹东市隔江相望，与丹东市跨江有长 900 多米的铁桥相连，是朝鲜第二大城市，为朝鲜与中国进行贸易往来和经济合作的重要通道。

新义州原本只是一个小山村，自 1910 年被辟为河港、1924 年被定为平安北道的行政中心后，就开始迅速发展。现在，新义州共设有本部、彩霞、南上、南中、南下、站前、海关和五一等近 30 个“洞”。本部洞是靠鸭绿江最近的一个洞，五一洞和彩霞洞是经济较繁华和发达的洞。

现在，通往平壤—咸兴—罗津电气化铁路的起点站就设在新义州，在政府的“厚待”下，新义州逐渐发展成为朝鲜重要的轻工业中心，尤其是其纺织工业较发达，并且在外港龙岩浦建有造船厂、轻工业大学和师范大学等。新义州华侨大约有 200 多户，是朝鲜华侨主要居住城市之一。

“杨斌计划”的主要对象就是新义州。在朝鲜最高人民会议常任委员会发布设立新义州特别行政区政令的同日，通过了由 6 章、101 款组成的《新义州特别行政区基本法》。基本法以法律的最高形式确定了新义州特别行政区的“特殊”地位，即，为中央直辖的特殊行政单位，由国家行使主权。国家赋予新义州特别行政区以立法权、行政权和司法权等三大权力，规定行政区的法律制度 50 年不变。朝鲜的内阁、委员会、省、中央机关不干预新义州特别行政区的工作，与行政区有关的外交工作由国家负责。新义州特别行政区在国家授权的范围内以自己的名义开展对外工作，并可另行发放行政区护照。国家还赋予新义州特别行政区以土地开发、利用和管理权限，新义州特别行政区土地租赁期限至 2052 年 12 月 31 日。

就像中国的香港和澳门一样，新义州特别行政区设立了立法会议，行使立法权。立法会议设有议长、副议长，并由立法会议选举产生，立法会议议员可由新义州特别行政区的朝鲜公民担任，也可由拥有行政区居民权的外国人担任。新义州特别行政区设立专门政府，对特区进行全面管理，其负责人为长官，长官由工作能力强、声望高的行政区居民担任；另外，新义州特别行政区设立检察所、警察局和审判所，并拥有司法终审权。新义州特别行政区除使用朝鲜国徽、国旗外，还使用区徽、区旗。

朝鲜在新义州特别行政区内还对居民的创造能力和精神文化需要给予了极

大的关照和满足，注重引进尖端科学技术，积极开辟新的科学技术领域。居民无论男女、国籍、民族、种族、语言、财产和文化水平、政见、信仰，都不受歧视。没有居民权的外国人享有与朝鲜居民相同的权利和义务。

“杨斌计划”在这个面积与香港差不多大小的特区内，建立起朝鲜目前唯一一个自由的经济小区域。新义州特别行政区的目标是要建成国际性的金融、贸易、商业、工业、尖端科学、娱乐和旅游区等一体的城市区域。国家鼓励投资者在行政区投资，保证向企业提供有利的投资环境和经济活动条件。

对于新义州特别行政区的建设，朝鲜可谓“一切从零做起”。首先，计划从朝鲜与中国相连的130万平方千米的地区迁移超过50万人口。此外，根据欧洲法律体制推出新的一套法律制度，并计划举行选举推选立法机构和行政管理人员，从外国其中包括西方国家聘请法官。经济特区拥有完全的立法、行政与司法权，完全不受中央政府干涉。不过，他们将在特区周围建立一道围墙，以阻止朝鲜普通老百姓进入这个特区范围内。

建设者的终极目标是要将新义州建成“世界上目前为止最优惠的投资区，不分种族、肤色、不分大小，不分贵贱”。

在《新义州特别行政区基本法》里，新义州经济特区实施的政策计划可谓“大胆”而“全面”。其主要内容如下：

人员出入

新义州完全免签证，全球公民（除朝鲜居民）可以自由进出，并2002年9月30日开始生效。

移民问题

新义州经济特区将会迁出目前居住该地区的50万朝鲜居民，先吸引20万优秀人才进去，最终目标是建立一个有150万人口的大都市，其中大约有70万是中国人。

税收

在税收问题上，区内所得税将设为14%，比香港还低，比荷兰低40%，比中国低30%还多，而进出海关则全部免税。

货币

任何货币都可以在新义州自由兑换流通，基础货币是美元。特区居民的薪水将以美元支付。

主导产业

经济特区将以金融、高科技产业为主，加工、贸易、旅游等多元化产业发展，并参考瑞士的金融管理经验，借鉴其他国家资本运营的成功经验。

设股票交易所

特区将设立股票交易所，帮助中国的中小企业上市，解决其上市困难重重的问题；并设立具有良好发展前景的概念股，创业者可以在新义州股票市场拿到创业资本。

特区大法官

拟选择一位欧洲人做新义州最高法官，而警察局局长“不是朝鲜人，也不是韩国人、中国人”，特区立法会成员会有相当数量的欧美籍人士加入。

法律制度

新义州将完全借鉴欧美的健全的法律制度，形成基本法和未来的民法、刑事法。

更让外人对于特区刮目相看之处是，除了国防和外交隶属平壤朝鲜中央政府管理外，其他所有权力都归地方，也就是行政长官杨斌拥有“超强”的管理权限，包括基本法的解释权都归新义州地方政府。

在一个封闭国内环境中，一向保守的朝鲜人能如此“放手”而“大胆”地划出这么一下“重笔”，能有如此的“雄心壮志”来建设一个连美欧国家都企及不了的“自由之区”，这不仅需要很大的勇气，更需要很多的刺激性因素作为动力支持。

让外界了解朝鲜需要一个窗口，新义州经济特区就被金正日“钦定”为这个窗口。新义州经济特区被设立的主要目的之一就是展示朝鲜如何进行改革的试验。在20世纪90年代初，虽然朝鲜的经济已经开始由过去的负增长逐步转变为正增长，但是，它还不能实现粮食的自给自足。经济要完全复苏、要发展，就需要外部资金的进入，朝鲜希望借助这种重大改革，来改善固守不前的保守形象，吸引西方国家的投资，努力营造一个有利于更多改革的外部环境。另外，金正日多次访问中国、俄罗斯，感触良多，尤其是对中国改革开放所取得的成果佩服不已，希望先从新义州开一个“窗口”，试验性地做一些探索。

新义州经济特区的想法公开之后，国内外猜测莫衷一是，其议论主要集中在五个方面：朝鲜这个国家政局能否保持稳定？只有稳定，投资者才会有信心和勇气投资；特区的政策是否真能如其所说，保持50年不变，是否不受外部的干扰？是否有保障投资者权益的措施？特区的水、电、交通、通讯等基础设施能否跟上特区建设的需要？人口大迁移是个巨大的系统工程，劳动力的素质能否适应要求？

图 3.10 中朝友谊桥

对于新义州经济特区的发展前景究竟会如何，现在已经知道了答案，其“短命”的原因除了朝鲜内部的政治原因外，与国际大环境也息息相关。新义州特区的想法在现在看来带有太多的“妄想”成分，仿佛无根之木、无源之水，注定其步伐开启之时就是停止之日。

中国是朝鲜的近邻，“杨斌计划”与中国有关吗？

朝鲜宣布在中朝边境设立高度自治的新义州特区以后，一些舆论指称中国政府对新义州特区持相当保留态度，其原因是朝鲜若通过新义州经济特区，最终实现强大必然会有违中国战略利益。但实际情况是，中国政府对朝鲜设立新义州经济特区的做法是支持和欢迎的，并密切关注朝鲜的经济改革行动，中国外交部发言人说，“中方注意到朝鲜宣布将设立新义州特别行政区。我们欢迎和支持朝在经济建设方面的这一新举措。中朝是友好邻邦，两国之间有着传统的友谊，中方愿与朝鲜加强互利合作，促进中朝两国及本地区的共同发展。”“中方注意到朝鲜在经济建设中的这一新举措，我们对此表示欢迎和支持。”

中国对朝鲜改革的积极肯定和支持，其根本原因是中国希望自己的近邻与友邦能够走上富强之路，朝鲜的稳定与繁荣有助于中国乃至亚洲地区的繁荣和稳定。中国的丹东是新义州隔江相望的邻居，如果朝鲜设立新义州特区，那么丹东可能会成为最先的获益者。

丹东地处鸭绿江与黄海交汇处，是中国大陆海岸线北端的起点，与朝鲜的沿江边界线超过 306 千米。丹东市总人口 240 万，城市区人口 70 万，铁路、公路、水运、民航都很发达。丹东港开通了通往日本、朝鲜、韩国、俄罗斯等 30 多个国家的 70 多个港口的海上航线。由于中朝贸易超过 70% 的份额经由丹东出入，又有 30% 的中国出口产品是为丹东制造，所以 200 米外的新义州设立特区，对丹东绝对“意义重大”。

图 3.11 丹东区域图

在与朝鲜的贸易往来中，丹东口岸承载了一半的进出口量，以丹东外经贸局提供的2001 年的资料，2001 年中国与朝鲜的贸易总额为7. 3986 万美元（朝鲜的对外贸易总额为20 亿美元），其中出口为5. 7313 万美元，其中有分别47. 5% 和54. 7% 是经由丹东口岸完成的。同时在中国对朝鲜的出口产品中，有价值1. 7080 万美元是丹东市地方完成，占中国对朝鲜总出口额的29. 8%。

中国是朝鲜最大的贸易伙伴，丹东和新义州又分别是两国经贸的“主力”，新义州特区的设立对基建——例如电力、道路、供水及通讯等多方面——的要求提高，包括新建企业所需大多数通用设备将由中国进口，所以，丹东的外贸机会可谓“千载难逢”。如果新义州特区如计划所列顺利实施，肯定会“加速韩国资本和企业迈向丹东的步伐”。

中国为什么要租借黄金坪岛

“杨斌计划”虽然未能按其所愿打造成世界上的“最优惠之投资区”，但朝鲜经济改革的意愿和吸引外国投资的想法并未停止，朝鲜在2010 年开放了位于中朝边境鸭绿江上的两个面积最大的岛屿——黄金坪岛和威化岛，定为自由贸易区域，允许包括中国在内的外国人可以不需签证自由出入。

2010 年5 月，朝鲜国家领导人金正日访华，与中国国家主席胡锦涛，就中朝共同开发和共同管理朝鲜罗先经济贸易区和黄金坪、威化岛经济区达成了共识。同年11 月，商务部部长陈德铭率团访问朝鲜时，与朝方正式签署了中朝两国关于共同开发和共同管理罗先经济贸易区和黄金坪、威化岛经济区的相关协议，形成了中朝合作开发最基本、也是最具法律约束力的纲领性文件。

黄金坪岛，位于朝鲜平安北道薪岛郡，隔鸭绿江与朝鲜本土对望，面积约为11. 94 平方千米，是鸭绿江中的第二大岛，也是朝鲜新义州地区的代表性粮仓地带。海水涨潮之时，黄金坪岛与中国的丹东市振兴区安民镇仅隔一条水道，而落潮之后则会与安民镇文斌村、东港市前阳镇海龙村陆路相连，中间仅隔一道铁丝网。

根据两国政府达成的相关协议和文件，中国商务部委托中国国际工程咨询公司编制完成了《中朝合作开发罗先经济贸易区和黄金坪、威化岛经济区2011、2015 年及2025 年远景目标规划纲要》，作为协议的补充。2010 年12 月

图 3.12　黄金坪岛卫星图

朝鲜的合营投资委员会和中国商务部在北京缔结了《合作发展黄金坪的谅解备忘录（MOU）》，备忘录中确认朝鲜将向中方租借黄金坪并转让开发权，租借期为 50 年，可延长 50 年，对于开发计划，只要不涉及军事、政治开发以及威胁朝鲜安全的话都将被允许。此外，为了配合黄金坪岛开发，朝鲜政府还计划在鸭绿江上新修建一条连接中国的大桥。

中国当初和朝鲜划分国界时将鸭绿江上的大部分岛屿都划给了朝鲜，但现在随着丹东经济的迅速发展，丹东沿河黄金地段的土地已经日渐匮乏。而朝鲜一侧的岛屿虽然不属于中国，但距离丹东却比朝鲜其他地区更近。比如黄金坪岛，很适合被租借过来进行开发。由于泥沙淤积，这些岛屿已经和陆地基本上连接到了一起，和丹东仅以铁丝网分隔，成了朝鲜在鸭绿江西岸的属地，导致旧丹东港因出港要经过朝鲜领土而荒废，为了解决出海问题，不得不在别处另觅新港。界河现实地理条件和需要，丹东市政府提议国家租借黄金坪岛 50 年。黄金坪岛不仅是鸭绿江上面积比较大的岛屿，土地肥沃，而且方便建设通往丹东市区的道路，而朝鲜只将它作为简单的农垦区和荒地，所以拥有着巨大的开发利用潜力。目前丹东在该地区规划了一系列建设方案，包括旅游休闲区、商业区、副农产业等，开发前景巨大。

2011年5月28日至29日，朝鲜国防委员长金正日的妹夫、劳动党行政部部长张成泽访问丹东，同中方签署了“50年+50年”的租借协议，将黄金坪岛的开发权正式转让给中国。

2011年6月6日，朝鲜最高人民会议常任委员会在《关于朝鲜民主主义人民共和国将黄金坪和威化岛指定为经济区》的政令中表示：“为了进一步加强朝中传统的亲善友好关系，并进一步扩大发展对外经济关系，做出了批准黄金坪和威化岛经济区开发计划的决定。”根据规划，黄金坪岛将被开发成为一个物流、旅游和制造业中心。

2011年6月7日，中国和朝鲜举行中朝罗先经济贸易区和黄金坪、威化岛经济区开发合作联合指导委员会第二次会议。双方明确了“政府引导、企业为主、市场运作、互利共赢”的开发合作原则，表示将努力把两个经济区建设成为中朝经贸合作示范区和与世界各国开展经贸合作的平台。6月8日，中国商务部长陈德铭和张成泽等中朝高级官员出席黄金坪岛经济区开发启动仪式。按照约定，黄金坪经济区项目采取由朝鲜提供土地和人力，中国提供资本和技术进行合作的共同开发模式，重点培育信息、旅游、轻工业和现代农业等四大产业。

2011年12月3日，朝鲜最高人民会议常任委员会通过了《朝鲜黄金坪和威化岛经济区法》。这一法律共分74条。根据这一法律，黄金坪地区开发将以信息产业、轻工业、农业、商业和旅游业为主，由开发者进行整体租赁和综合开发经营；威化岛地区将按照威化岛开发计划进行，具体开发方式将同开发当事者协商决定。各国法人、个人和经济组织可进行投资，在经济区内设立公司、分公司、代表处等，自由进行企业活动。朝鲜将在土地利用、劳动力雇佣、纳税和进入市场等方面提供特惠的经济活动条件，对投资基础设施建设、高新技术产业以及生产具有国际竞争力产品的企业给予特别奖励。投资者的财产和合法所得以及相应权利将依法得到保障，朝鲜不对投资者财产进行国有化，如因社会公共利益不得已没收投资者财产或临时使用，将事先通报并按照相应合法程序对其价值进行及时、充分、有效的补偿。企业所得税率为决算利润的14%，享受特别奖励的企业所得税率为决算利润的10%。计划投资10年以上的企业将减免所得税。将利润进行再投资、提高注册资本或设立新企业并运营5年以上，再投资部分的企业所得税将返还50%。

2012年8月14日，中朝共同开发和共同管理罗先经济贸易区和黄金坪、威化岛经济区联合指导委员会第三次会议在北京召开。中朝双方宣布成立罗先经济贸易区管理委员会和黄金坪、威化岛经济区管理委员会，并签署了成立和运营管理委员会的协议、经济技术合作协定。8 月 17 日，朝鲜劳动党中央行政部部长张成泽访问了辽宁省，双方就共同开发和共同管理黄金坪经济区进行了深入洽谈，达成了一系列共识，并签署了相关谅解备忘录。9 月 15 日，“中朝共同开发和共同管理黄金坪经济区管委会办公楼奠基仪式”在朝鲜黄金坪举行，这标志着中朝共管“两岛经济区”中的黄金坪经济区开发工作正式启动。9 月 26 日，在北京共同举办中朝两个经济区（朝鲜罗先经贸区和黄金坪、威化岛经济区）投资说明会。这是落实中朝两个经济区开发合作联合指导委员会第三次会议共识，推动相关合作尤其是招商引资的重要举措。

目前，中国方面负责管理黄金坪岛、威化岛的合作开发的是丹东边丹东临港产业园区，合作区单独设立了“两岛”开发办公室来负责具体的合作开发。未来中国企业将在黄金坪岛和威化岛投资大约 5 亿美元和 3 亿美元之多。

租借黄金坪岛无论对于中国还是朝鲜，都是双赢的。据统计，2010 年朝鲜对华出口增加了 51%，达到 12 亿美元，主要出口产品是铁矿石、煤炭和铜。中国对朝鲜出口同期增长 21%，达到 23 亿美元，产品以小麦和燃油为主。朝鲜核危机之后，国际社会对朝鲜实施了严重的经济制裁和封锁，朝鲜击沉韩国舰艇后，国际社会加大了对朝鲜的制裁力度，韩国也因此终止了对朝鲜的经济援助。这进一步加剧了朝鲜因歉收而面临的粮食供给问题。因此，朝鲜需要从中国进口大量的粮食和小麦来补充国内的需求缺口。

中国海关统计显示，朝鲜 2010 年从中国进口原油价值 3.25 亿美元，比 2009 年增加了 37%，其他主要进口产品是汽车、面粉、稻米和手机；中国从朝鲜进口煤炭同比增加 54%，将近 4 亿美元，铁矿石进口翻了一番，将近两亿美元。目前，中朝两国贸易大部分是通过铁路穿越鸭绿江大桥往返于中国丹东和朝鲜新义州之间的，随着中朝两国贸易的不断发展，中国通过租借两个岛屿——威化岛和黄金坪岛，并将之打造成物资存储和中转站，这将会大大的方便两国之间的贸易往来。

两国共同建设黄金坪岛经济区对两国来说还具有很强的战略意义。对中国来说，租借黄金坪岛非常有利于丹东市经济的进一步发展，加强同朝鲜的经济贸易往来。而对朝鲜而言，一方面通过这个合作项目进一步密切与中国的合作关系，在经济和政治上把中朝两国绑在一起，一旦自己受到国际社会孤立，可以进而“绑架”中国的外交政策，从而摆脱制裁可能造成的一些严重后果；另一方面，黄金坪岛原本是一个很小的泥沙岛，归朝鲜所有，但后来随着泥沙淤积越来越厉害，面积也越来越大，在这种情况下，朝鲜邀请中国开发黄金坪岛，可以借助中国来固守黄金坪岛。中国人要在上面投资开发，就要防止河水泛滥时把岛冲没或冲小，要打地基，一旦黄金坪岛固定下来，就等于帮助朝鲜将这块领土占住了。从长远来看，朝鲜方面是很划算的。

另外，有专家分析，中朝两国共同开发黄金坪岛更重要的战略意义是，这不仅是朝鲜打开国门的一项重要行动，而且有助于将朝鲜早日拉回“六方会谈”的谈判桌上来，以和平与共赢的方式来实现东亚地区的和平稳定，促进整个东亚地区经济的繁荣发展。

第四章　北仑河口：渔业、资源、主权的三重之争

一个河口，三个起点

北仑河，是中国和越南边境东段上的一条界河。它发源于中国广西防城境内的十万大山中，向东南在中国东兴市和越南芒街之间流入北部湾，全长109千米，其中下游60千米构成中国和越南之间的边界线。

中国18 000多千米的海岸线，从东到西经过八省两市后，最后到达北仑河口。北仑河口，中越陆地边界的起点，中越北部湾海上边界的起点，也是我国大陆海岸线的起点。

图4.1　中越北仑大桥

北仑河发源于十万大山以南的捕龙山，注入北部湾，下游为中越分界线。中国位于北仑河口的城镇为东兴镇，与越南的芒街隔河相望。

2000年底，中国和越南签署了《关于在北部湾领海、专属经济区和大陆架的划界协定》，确定了中越两国在北部湾的海上边界线。这条海上边界线第一界点，就位于北仑河口的海域，所在地政府在一座大理石墙面上镌文刻图，文为“广西东兴市竹山村北仑河口，中国大陆海岸线起点”。中国的大陆海岸线南起北仑河口，北至辽宁丹东鸭绿江口。在中国的版图上，从北仑河口向北一路放眼远望，穿越台湾海峡，沿着东海、黄海、渤海，直达鸭绿江口，祖国万里海疆、千里陆地边界线一览无余。

中越陆地边界全长1 300多千米，从北仑河口起到中国、越南和老挝三国交接点止。中国海岸线的起点和陆地边界的终点也在北仑河口交汇。如今在北仑河口，最引人注目的是古榕树下的“大清国一号界碑”。

图4.2　大清国一号界碑

这块一米多高的石碑上是清朝光绪十六年二月（公元 1890 年 4 月）立于北仑河口的大清国钦州界 1 号界碑，石碑正面用正楷字体镌刻着六个苍劲刚健的大字：大清国钦州界。右刻：光绪十六年二月立；左刻：知州事李受彤书。1885 年 6 月 9 日，清政府和法国在天津签订《中法越南条约》，规定中越边界自竹山起界，循北仑河自东向西，以河心为界线。越南当时为法国殖民军占领，是法国的殖民地。

清朝光绪十四年（1888 年）划出钦州西部设置了防城县，作为中国的南部边陲，防城县南临北部湾，北连南宁，东接钦州，西邻越南。1968 年，为援越抗美修建海上隐蔽运输航线时将其作为主要起运港来建设，被称为“海上胡志明小道”的起点，1993 年设立地级防城港市。在《中法越南条约》中，防城县与越南的边界线，从竹山的北仑河口至峒中的北岗隘，长 200 多千米，全段以石碑为标志，共立 1 号至 33 号界碑。其中以河为界之处，双方各于己方河岸相对立石，以山为界之处，双方共立一块界碑，一面书“大清国钦州界”（当时防城属钦州府辖），一面书“大南”（即越南）。

在勘界过程中，中国军民与法国殖民者“斗智斗勇”挫败了其妄图侵占中国领土白龙尾、江平等地的图谋。1890 年中越边界钦州第一段 1 号至 10 号界碑立毕，1893 年第二段 11 号至 33 号界碑立毕，至此中越边界广东段立界工作全部完成。防城港市现在共包括港口区、防城区、上思县、东兴市等四个辖区。现在东兴市内还存有大清国钦州界界碑八块，竹山的界碑为第 1 号。

其实，中越之间的陆地边界勘界直到 2009 年才算尘埃落定。

1999 年，中越签署了《中华人民共和国和越南社会主义共和国陆地边界条约》，双方约定了中越陆地边界全线勘界立碑工作的期限。

2008 年 12 月 28 日至 31 日，中越政府边界谈判代表团团长会晤在河内举行，双方就解决中越陆地边界勘界立碑全部剩余问题交换了意见。

2009 年 11 月 18 日，中越陆地边界勘界文件签署《中越陆地边界勘界议定书》及其附图、《中越陆地边界管理制度协定》和《中越陆地边境口岸及其管理制度协定》三个文件，其中规定了在中越 1 300 多千米的边界线上，164 处、共计 227 平方千米的争议土地，有 113 平方千米划归越南，114 平方千米划归中国。中越完成陆地边界全线勘界立碑工作，是中越关系中具有重大历史意义的事件。

在东兴市离界碑不远的地方，放置着一个大理石修筑起来的平台，平台中央置放着一个巨大的石头圆球，其精致的修饰和新颖的设计，成为北仑河口一处亮丽的景点。圆球刻着“零点”这两字，此标志物是“东兴—那坡”沿边公路起点标志，也被视为中国陆路边界的起点。

图 4.3　“东兴—那坡”沿边公路起点标志“零点”

北仑河全长 100 多千米。其中，作为中越界河的河段长 60 千米。界河段河道最宽处百余米，最狭处仅一二十米，最深处有五六米，最浅处不足一米。这段界河从河口大堤向西望，河的西侧就是越南。中越陆地边境曾经的硝烟和战火已经成为久远的历史，相比之下，中越海上划界问题虽已起步，但进展似乎更为缓慢。

长期以来，中越海上边界争议主要集中在北部湾、西沙、南沙及其附属海域。广西北仑河入海口处的竹山港，在 2000 年 12 月的《中越关于两国在北部湾领海、专属经济区和大陆架的划界协定》中，被划定为中越北部边界的起点。如今，竹山港已是我国海岸线与陆防线的交汇处。

“中越两国实现北部湾划界，为中越解决海上边界争端开辟了先例。”根据两国签订的划界协定，中越在北部湾的领海、专属经济区和大陆架的分界线共由21个坐标点连接而成，北起中越界河北仑河的入海口，南至北部湾的南口，全长约500千米。从面积上算，中越所得海域面积大体相当。

北部湾划界的经验和教训使中越双方都希望在西沙群岛、南沙群岛及其附属海域上的谈判“最好能一揽子解决问题，不留下任何后遗症”。如今，中越围绕北部湾的争议已尘埃落定，但在南沙群岛和西沙群岛问题上，却没有达成任何划界协议，据报道，目前中越南海划界停留在“确定具体争议地区”这一程序上。

中越双方一度就争议海域的名称问题就争论了很久，中国一直称呼的西沙群岛和南沙群岛，在越南方面被称作“黄沙群岛”和“长沙群岛”，中方习惯称“南海”，越南则叫“东海”，中越开始互不让步，坚持自己的传统叫法。最终为打破僵局提议，双方将这些争议地区以模糊化的“海上问题”代替。

根据《联合国海洋法公约》的划界标准，中国在南海海域内拥有250多个岛屿。然而，在南海200多万平方千米的主权海域中，中国实际控制的仅占1/3。在南沙群岛及其附属海域，中国仅控制了8个岛礁，越南则牢牢控制着我29个南沙岛屿。

近年来，越南政府沉溺于“谁控制，谁有理”的强权政治法则，力图通过修建军用机场、堡垒，进行海岛移民、进行国内立法、设立南沙占领海岛的行政管理机构、向联合国提交外大陆架划界海申请等一系列措施，制造“我已实际占有”的现实，力图将南沙群岛“越南化”。“将老虎口中已吞食的肉吐出来，是件很难的事情。双方围绕现有利益占有不均衡问题上的较量，注定中越海上边界谈判要比陆地划界更加艰难。”

北仑河一个河口，三个起点，风雨沧桑之中见证着中越关系的发展。

在河内的历史博物馆中，地图、图画和硕大的灰色石柱，处处记载着焦虑不安的越南人对中国的抗拒。越南直至10世纪才脱离中国，有了独立于中国的政治身份，在11世纪、15世纪和18世纪都抵抗过中国宋、明和清朝帝国的入侵。所以，从历史的角度讲，越南对中国有一种天然的抵触和害怕。

越南有着漫长的海岸线，地处海上大动脉的十字路口，与近海丰富的能源储量近在咫尺。为了早日进入梦想中的发达世界，这个潜在的中等强国不仅在忙于探索如何促进更快的经济发展，更由于所谓历史的“伤痛”思考着如何与其数百年的邻国，现在生机勃勃的中国共处。

于是，越南坚持发扬着“两手抓”的精神，一方面以势在必得姿势与中国争夺着南海的寸土寸金，一方面拉手美国，跻身东盟，走“加入世界”之路。越南国民大会外交事务委员会副主席吴光春说，当代越南的关键年份，不是北方共产党推翻南越的1975年，而是1995年，当时越美实现关系正常化，越南加入东南亚国家联盟，与欧盟签署“框架”协定。

现在，在越南国内，很多年轻人喜欢认为“中国霸权对我们是威胁。”

在越南人眼里，南海“不仅关乎领土争端，还是全球海上商贸的十字路口，对韩日能源需求至关重要，也是中国可能日后会制衡美国在亚洲影响力的地方。”2010年，美越结成了事实上的战略伙伴关系。美越对中国将有共同看法，即，中国国力的增长会带来威胁。但不同的是，美国拥有不少地缘政治利益，而越南目标只有一个——抗衡中国。

就像在河口划界的天然地理优势一样，越南在与中国争抢南海及南沙群岛时也具有先天的战略优势。越南与中国的广西、云南接壤，国土南北狭长，呈现S形，像块“腊肉条”，整个国土就是贴着南海的一条边，海岸线长达3 260千米，对控制南海具有天然的地利之便。所以，中国在与越南的外交博弈中，需要“动脑筋，想办法”。有专家指出，现在首当其冲的是要强化中国海警的维权执法能力。提高武器装备的级别，以适应海上紧急公务的处置，同时加大海洋执法的立法授权力度，允许对违法的外国船只，非法入侵的执法船只进行相应的执法管制与武力威慑。

越南现在加紧从南海攫取油气资源，甚至摆出一副“不惜与中国一战”的咄咄姿态，在很多中国人眼里，中国有必要采取内外两手来打击其嚣张气焰，即，一方面“加强中越两国经济的紧密联系，加重越南对中国的经济依赖程度，如果越南一再挑衅，中国就可以对其实行经济制裁，从经济上对其重击”；另一方面，要继续强化在沿“九段线”油气资源的开发与招标，加强对越南入侵我南海经济圈内石油的非法开采的打击力度，只有如此才能有效扼制越南把南海、南沙群岛的问题进行国际化。

河中划界，北部湾成合作之湾

北仑河从十万大山以南的捕龙山出发后，一路流经防城港市板八乡的东面，在那桐附近与其支流嘉隆河汇合，后沿东南方向流到东兴镇附近分为两支汉河，一支向南，一支向东，在东兴镇东侧约3千米处与罗浮江汇合，最后在松柏乡南面流入北部湾。

北部湾，旧时称东京湾，位于中国南海的西北部，是一个半封闭的大海湾。东临中国的雷州半岛和海南岛，北临中国广西壮族自治区，西临越南，南与南海相连。北部湾被中越两国陆地与中国海南岛所环抱，总面积约12.93万平方千米。其不但是中国通往东南亚的海上交通要冲，且是南海传统渔场和油气资源丰富的地区。

自古以来，中越之间的北部湾岛屿归属权之争就没有停止过。

中越两国山水相连，历史上越南曾是中国的藩属国。越南的主要民族被称作“越人”或“安南人”，是中国东南部的百越（同粤）族的一支——雒越人之后。公元前221年秦始皇统一六国，出兵平岭南“百越人”居地，设南海、桂林、象三个郡，其中象郡就位于今天越南的中部与北部。自此，古代越南进入了文明时代。到了秦朝末年，将领赵佗割据岭南，建立“南越国”。其中，越南中部与北部地区属“南越国”境。赵佗治理越人的重要方法是实行“和绥百越”的政策，即一方面自称“蛮夷大长”，以示尊重越人风俗，另一方面接受汉朝册封“南越王”的名号，鼓励汉族与越族通婚。越南风俗渐改。可以说，古代越南文明的产生，与古代中华文明有着不可割舍的关系。

越南最早出现独立的国家政权，始于公元939年（后晋天福四年）。交趾人吴权趁着中国五代乱世的“天赐良机”，割据交趾自立门户，自封“交趾王”。吴权死后，交趾出现了“十二使君”割据混战的局面。公元963年，丁部平定“十二使君”之乱，自封为“万胜王”。公元968年，即，宋太祖开宝元年，丁部称帝，建立“大瞿越”政权。公元973年，丁部遣使向北宋王朝请封，被封“交趾郡王”。清末以前，中国同越南无领土、领海纷争，北部湾更无所谓划界问题。

1894—1895年，清政府在中法战争中不战而败，于1885年同法国签署了《中法会订越南条约十款》，承认了法国对越南的统治，中越主藩国关系结束，也由此埋下了领土问题的隐患。1887年清政府和法国签署了《中法续议界务专条》，划分了两国陆地边界。该条约划分了北部湾岛屿的归属，条约中记载：“至于海中各岛，照两国勘界大臣所划红线，向南接划，此线正过茶古社东边山头，即以该线为界（茶古社汉名万注，在芒街以南竹山西南），该线以东，海中各岛归中国，该线以西，海中九头山（越名格多）及各小岛归越南”。这条“红线”，即俗称的“茶古线”，就是“巴黎子午线东经105°43′”，即格林尼治子午线东经108°03′13″。至此，岛屿归属划分完毕。

但此条约中未涉及北部湾海域的归属，原因有二：一是当时双方海洋权益意识淡薄；二是遵循惯例，清政府以往签署的不平等条约中只有陆地划分，未有海域划分。长期以来双方海洋权益意识淡薄，且捕鱼量都不大，渔业资源丰富的北部湾对两国来说是双方取之不竭的宝库，因此中越两国的渔船均可自由作业于北部湾整个海域，相安无事。

进入20世纪70年代，海洋法有了新的发展。与此同时，北部湾也被证明蕴藏着丰富的自然资源，中越边境的居民出现了因捕捞发生纷争的事件。尤其到了70年代中后期，中越关系恶化，越南经常采取控制措施，有时甚至开枪射击、没收中国渔船。按照以1982年签字、1994年生效的《联合国海洋法公约》为核心的现代海洋法制度、沿海国可拥有宽度为12海里的领海、200海里的专属经济区和最多不超过350海里的大陆架。沿海国对领海享有主权，但其他国家的船只可以无害通过。至于专属经济区和大陆架，沿海国不拥有主权，但享有对其自然资源的勘探、开发、养护和管理的排他性的权利。任何国家的船只在未经允许下不得随意进入他国的专属经济区进行渔业捕捞。由于北部湾最宽处也不超过180海里，根据公约规定，两国在北部湾的专属经济区和大陆架全部重叠，整个北部湾均为中越权益主张的重叠区。中越两国如何划分北部湾领海、专属经济区和大陆架的问题呈现出来。

从1973年开始，中越之间围绕着北部湾划界谈判前后经历了27年，历经三个阶段。

第一阶段是1974年。

1973年12月，越南政府因打算与意大利石油公司合作开发油田，所以主动向中国建议两国就北部湾的划界问题进行谈判。1974年1月18日，中方答复同意谈判，但条件是越南需暂停和意大利石油公司进行的合作谈判，越南不得已答应了中方的要求。

1974年8月15日，中越双方在北京举行了第一轮谈判。越方认为，在“1887年6月26日中法界约已经解决了全部陆地边界和北部湾的边界问题，北部湾的边界线即界约第二条载明的格林尼治东经108°03′13″线，所以提出越方以格林尼治东经108°03′13″线为界”；但是中方在谈判中表明：“1887年中法界约只涉及陆地边界问题，108°03′13″线只是岛屿归属线，因此在北部湾从未有过两国的边界线，对于湾内的边界线双方应该协商划定。”由于第一次谈判双方均不退让，所以没有取得理想的结果。

第二阶段是1977—1978年。

第二次谈判启动不久，两国关系急转直下，谈判破裂，无果而终。

第三阶段1992—2000年。

1991年11月5—10日，越共中央总书记杜梅应邀率领越南党政代表团访华，与中共中央总书记江泽民、国务院总理李鹏在北京举行高级会晤，两国发表《联合公报》，宣布中越两国关系正式实现正常化。在《联合公报》中，双方达成“两国之间存在的边界等领土问题将通过谈判和平解决”的协议。

两国关系正常化之后，中越双方都认为有必要尽早解决包括北部湾在内的边界问题，成立了包括外交、国防、渔业、测绘、地方政府等部门组成的政府边界谈判代表团，启动北部湾第三次划界谈判。从1992年开始直到2000年，双方共举行了7轮政府级谈判、3次政府代表团团长会晤、18轮联合工作组会谈，平均每年举行5轮各种谈判或会谈。

在谈判中，围绕着白龙尾岛等岛屿划界安排达成共识。

白龙尾岛，我国曾称浮水洲，后又将其命名为夜莺岛，俗称海宝岛，坐落于北纬20°01′，东经107°42′，西北距越南海防港，东南距海南八所港均为70海里，可以说正好位于北部湾中线上。1955年7月，中国人民解放军解放该岛，将其划归广东省海南行政区儋县，设立有“儋县人民政府浮水洲办事处”，区级行政单位。同时设立有党的基层组织“中共儋县委员会浮水洲工作委员会”和驻军单位“中国人民解放军海南军分区浮水洲守备大队”。

越南战争爆发后，中国决定援越抗美，为增加海防与河内的防空预警时间，越南要求在白龙尾岛设立雷达站、防空基地和通讯站，而如果该岛属于中国领土，则在外交上多有不便，所以在1957年3月，中方决定将白龙尾岛移交越南，并迁走了岛上全部居民。所以，在越南人的心目中一致认为，白龙尾岛是“中国代为解放的越南领土”。在划界谈判中，越方未再坚持以白龙尾岛等岛屿为基点。最终白龙尾岛只享有12海里周边领海和3海里专属经济区，而另一座离越南陆地13海里、属于越南的昏果岛，则在划定大陆架、专属经济区时只享有50%效力。

终于，两国经过3轮长达27年的谈判，北部湾划界问题尘埃落定。

2000年12月25日，中越双方签署《中华人民共和国和越南社会主义共和国关于两国在北部湾领海、专属经济区和大陆架的划界协定》和《中华人民共和国政府和越南社会主义共和国政府北部湾渔业合作协定》。2004年6月30日生效，北部湾海域划分问题最终定案。

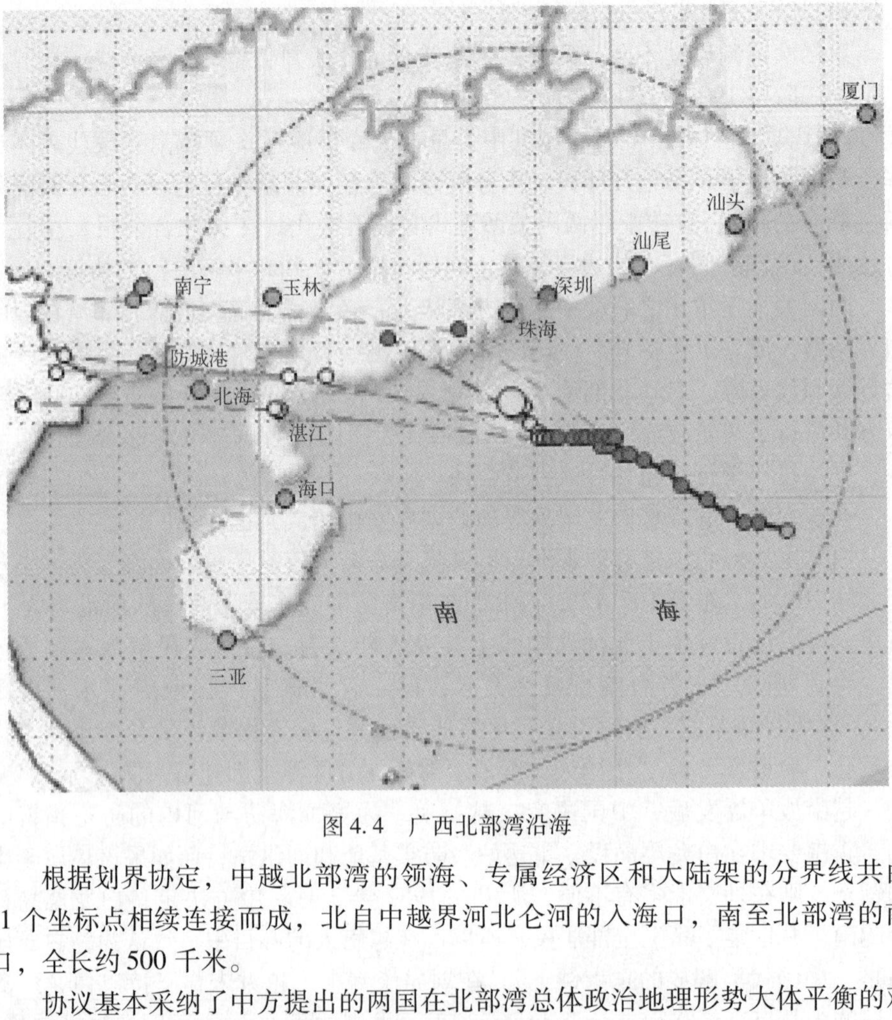

图 4.4　广西北部湾沿海

根据划界协定，中越北部湾的领海、专属经济区和大陆架的分界线共由 21 个坐标点相续连接而成，北自中越界河北仑河的入海口，南至北部湾的南口，全长约 500 千米。

协议基本采纳了中方提出的两国在北部湾总体政治地理形势大体平衡的观点，按照越南外长阮颐年提供的材料，最终中越各得北部湾面积的 46.77% 和 53.23%。中越双方经协商在北纬 20 度以南设立一个有效期为 15 年的共同的渔业区，并由两国渔政部门执法。每年的渔船数量由双方政府部门共同确定用以保护海洋鱼类资源。在共同渔区以北，中越双方同意对现有渔业活动做出过渡性安排。从《中越北部湾渔业合作协定》生效之日即 2000 年 12 月 25 日起，逐年削减在对方区域内的渔业活动，四年内全部退出对方水域。

北部湾划界协定的签署，确定了中越在北部湾的领海、专属经济区和大陆架的分界线，是中国第一条海上边界线，对于中越两国意义重大。

北部湾划界协定确定了中越在北部湾的领海、专属经济区和大陆架的分界线，是中越双方适应新的海洋法秩序，公平解决海洋划界的成功实践。根据中方提出的两国在北部湾总体政治地理关系大体平衡的基本观点，取得了划归双方海域面积大体相当的公平结果，同时也通过缔结渔业合作协定实现了划界后北部湾渔业资源的合理分配和养护。

北部湾划界协定是个双赢的安排，对中越关系长期稳定发展具有重要意义。北部湾划界协定和渔业合作协定符合两国和两国人民的共同利益，显示了双方完全有能力、有智慧，通过友好协商解决好两国关系中长期存在的历史遗留问题，对于两国构筑“长期稳定、面向未来、睦邻友好、全面合作”关系将起到极大的推动作用，并将增进两国政治上的相互信任和其他领域的密切合作。

中国一直主张通过和平协商的方式来解决领土边界纠纷，北部湾划界协定的签署，是又一次成功的外交实践，它充分显示了中方秉持公认的国际法处理国际事务的诚意，再次树立了负责任大国的形象。这不但有助于增进中国与周边国家的相互信任，而且对维护地区安全和稳定发挥积极作用。

对于中国来说，最有意义的是，北部湾划界是中国海上边界划分的首次实践，为中国今后与其他邻国划分海上边界线积累了经验。

北部湾划界结束，北部湾海域之争结束，之后，双方理性的开始寻求渔业、油气等自然资源的合作开发。

北部湾划界直接关系到渔业资源的分配利用，涉及中国几十万渔民的切身利益。《中越北部湾渔业合作协定》签订之后，双方又经过近 3 年的谈判，于 2003 年 4 月 29 日在北京签署了渔业合作协定的补充议定书，双方最终妥善解决了北部湾的渔业安排事宜。

根据渔业合作协定，双方划定了面积较大（3 万多平方千米）的两国渔船都可进入的跨界共同渔区；另外，在共同渔区以北，又划出为期 4 年的跨界过渡性安排水域，允许两国渔船进入作业。同时，协定还规定，双方本着互利精神，在共同渔区内进行长期渔业合作。双方同意设立北部湾渔业联合委员会具体落实有关合作事宜。做出上述安排的考虑是尽可能少地影响我渔民在北部湾的捕鱼活动；同时，在我国逐步按新海洋法制度进行渔业管理的大背景下，可以为我国渔业产业的调整、渔民的转产转业争取较宽裕的时间。

图 4.5　北部湾渔业

这种安排是向新海洋法制度的一种逐步过渡，有利于北部湾渔业的可持续发展。这些协定的签订，有利于中越两国边界的稳定和北部湾地区的长治久安，有利于进一步推动中越两国关系的健康发展，符合中国的根本利益。但大量渔船要从传统作业渔场撤出，仍将对我国琼桂粤三省区渔业生产带来影响。2000 年之前，广东有 6 000 多艘渔船在北部湾西面海域作业，协议签订后则要退回北部湾东部海域作业，海南省 59% 的渔船在北部湾海域作业。根据《渔业合作协定》，海南省计划从 2003 年起每年淘汰 570 艘渔船，转业渔民 1.2 万人，2002—2006 年将淘汰报废 2 471 艘渔船。中国渔民因此蒙受巨大经济损失。所以，从这个角度讲，渔业资源的“共同开发”，中方相比较与越方，付出的代价更大些。

除了渔业资源上两国努力探索合作之路外，还在油气勘探与开采上友好协商。

北部湾的谈判结束后，中越双方同意尊重划归对方的领海、专属经济区和大陆架的有关权利。因此，双方均有权在各自的大陆架上自行勘探开采油气或矿产资源。但对于尚未探明的跨界单一油气地质构造或跨界矿藏，参照各国的划界条约和实践，双方约定应就此进行友好协商，达成合作开采的协议。

2011 年 10 月 15 日，中国与越南发表联合声明，双方就海上问题坦诚交换

图4.6 《中越北部湾渔业合作协定》图解

意见，强调通过友好协商与谈判解决争议。声明说，双方将稳步推进北部湾湾口外海域划界谈判，同时积极商谈该海域的共同开发问题。积极推进海洋环保、海洋科研、海上搜救、油气勘采、减灾防灾等领域的合作。此举标志着双方合作开发北部湾迈入了新的领域。

共同渔区能否消灭渔业纷争

北仑河入海的北部湾地区，渔业资源极其丰富，是中国重要的热带渔场。在中国传统渔区内，可供捕捞的海区有40多处，鱼类达500多种，其中常见的有122种，最主要的有69种，尤以红鱼、红三、头鲈、石斑、赤鱼、马鲛、奎龙、鲨鱼、偺鱼、门鳝、黄鱼、鲚鱼、棍子、鲳鱼、带鱼、单线、银米、横泽、青鳞、鱿鱼、墨鱼等30种为大宗；虾类有36种，其中对虾达32种；海蛇约20种；软体动物约95种。

由于北部湾地区为中越两国所环抱，长久以来，其丰富的渔业资源是沿海两国人民的重要经济来源。但因渔业问题所产生的冲突也不断出现，渔业问题与两国的政治、经济、外交关系相互影响，成为影响两国关系的一个关键问题。为了能够最大程度地控制冲突的发生，两国政府在两国签订渔业协定上做出了很大努力。1957年，为适应中越两国沿湾渔民的传统捕鱼习惯而提供必要的作业渔场和避风港，中越两国曾签订《北部湾渔业协定》，并于1961年作了部分修改和补充。1963年8月，中越双方再次协商补充协定，规定双方10吨以下的小渔船不超过120艘可进入对方距岸12海里协议线内捕鱼，其他渔船均应在12海里协议线外作业，该协定到1966年8月失效。

上述三次协定的谈判中，双方都承认两国边境渔民有互进对方沿海捕鱼的历史习惯。此后直至20世纪70年代初，中国曾与越南联合举行北部湾渔业资源调查，并为越方提供技术援助。1975年越南南北方统一以后，中越关系发生很大变化。在海洋渔业方面，越方对我国在北部湾的渔业捕捞限制日趋严格。70年代中期以后，越方常在其领海基线外12海里附近抓扣我方渔船，到了80年代，扩展到距其海岸线24海里附近，继续破坏我方渔船正常生产。1982年11月12日，越南在《关于越南领海基线的声明》中，公然宣称，按1887年6月26日法国同中国清政府签订的边界条约，中越在北部湾以东经108°03′13″线为界。1991年以后，越南对我方越过此线生产的渔船常进行罚款、扣押和枪击，中越北部湾渔业矛盾日趋尖锐。

2000年12月25日，中越政府级边界谈判代表团中方团长、外交部部长助理王毅和中越政府级边界谈判代表团越方团长、越南外交部部长助理黎功奉在北京签署了《中华人民共和国和越南社会主义共和国关于两国在北部湾领海、专属经济区和大陆架的划界协定》及《中华人民共和国政府和越南社会主义共和国政府北部湾渔业合作协定》（以下简称《渔业合作协定》）。这是我国第一次签署海上划界协定，同时也是第一次在海域划界后就渔业问题签署的渔业合作协定。自2004年6月30日起两个协定正式生效实施。

双方互换协定批准书以及两个协定生效是中越关系史上的一件大事，不仅将为北部湾营造和平稳定的环境，也将为推动中越两国睦邻友好与全面合作关系发展创造条件。

中越北部湾海域划界以后，我国大部分渔船不得不退出越方一侧渔场，双方的一部分渔船按照《渔业合作协定》的规定，可申请捕捞许可证互相进入共同渔区、过渡性安排水域对方一侧依法进行渔业捕捞活动。协定的签订，缓解了北部湾沿湾渔业生产出路的突出矛盾。中越双方渔业职能部门积极履行职责，双方渔民守法生产，海上生产秩序不断好转，北部湾渔业涉外事件逐年减少。《渔业合作协定》得到有效落实，取得双赢的局面。两国领导人互访时对中越北部湾划界协定和渔业合作协定的落实情况给予积极评价。

自协定签订以来，中越两国在这一区域展开了广泛的渔业合作。中越渔业管理合作加强，并实施了共同渔区渔业资源联合调查和海上联合检查。据农业部南海区渔政局的一份资料透露，北部湾共同渔区渔业资源联合调查是实施《渔业合作协定》的一项重要内容，双方根据渔业资源调查结果确定的可捕量，并从可持续发展需要出发，确定各方在共同渔区内的作业渔船数量。同时，通过渔业资源联合调查，评估北部湾和共同渔区渔业资源状况及变化趋势，进一步了解《渔业合作协定》实施后北部湾渔业活动和渔业资源现状，为北部湾渔业产业结构调整及其他各项渔业管理措施的实施提供了依据。

2005 年 10 月，中越北部湾共同渔区渔业资源联合调查第一阶段的调查实施。双方互派观察员随对方调查船进行调查。调查内容主要包括底拖网采样、渔业环境监测和渔船分布观察。双方各自使用单船底拖网进行现场采样，分析底拖网渔获样品的组成、产量、分布状况及经济种类的生物学数据，评估渔业资源的利用现状和变化趋势；渔业环境监测项目除初级生产力外还包括鱼卵仔鱼数量分布、浮游生物和底栖生物等；观察渔船分布，掌握北部湾海域渔船和捕捞强度的相对分布情况。

2006 年 1 月至 2009 年 4 月，中越双方已完成北部湾共同渔区渔业资源调查第一、第二阶段共 14 个航次联合调查，每航次历时 18 ~ 20 天，累计航程约 16 500 海里。双方在联合调查数据分析的基础上撰写中越北部湾共同渔区渔业资源联合调查年度报告，为中越北部湾渔业联合委员会确定共同渔区渔船生产规模提供了科学依据。

随着时间的推移，中越两国在北部湾的渔业合作不断加强。协定生效后，中越两国每年召开一次中越北部湾渔业联合委员会年会，协商最近一年在这一区域出现的渔业问题和渔业纠纷，及对未来的工作进行研究和规划。

2012 年 8 月 11 日，中越北部湾渔业联合委员会第九届年会在越南胡志明市举行。双方对 2011—2012 年度《渔业合作协定》执行情况进行了回顾和评价，一致认为，经过共同努力，北部湾渔业生产秩序继续维持正常和基本稳定。会议就 2012—2013 年度北部湾共同渔区渔船安排、开展共同渔区渔业资源联合调查、海上联合执法检查等问题达成一致，并确定了进入共同渔区己方一侧水域的对方作业渔船数量和功率分别为 1 543 艘和 211 391 马力（1 马力≈735 瓦）。双方表示将继续合作加强海上执法检查力度，加强对渔民的宣传教育，以保证协定顺利实施。会上，双方还就共同养护北部湾渔业资源进行了讨论并达成共识。鉴于近年来北部湾共同渔区越方大型渔船数量增多，加大了共同渔区越方一侧水域捕捞强度，渔业资源有过度利用的趋势，中方建议越方在北部湾共同渔区实行休渔。越方表示将予以积极考虑，并允许将向其政府报告。双方同意授权资源专家组讨论并提出共同渔区休渔时间、休渔渔船作业类型、减船数量方案，并提交中越北部湾渔委会第十届年会审议确定。

图4.7　海南渔民在北部湾渔区捕捞

在《渔业合作协定》中，尽管划出了一块面积较大的“共同渔区”，“过渡性水域”和“小型渔船缓冲区”也体现了一定的过渡和弹性，但由于我国在北部湾生产渔船数量多、渔业资源已普遍处于过度开发状态，此协定的签署将不可避免地对我国南海区海洋渔业产生冲击，对该地区的社会稳定、经济发展、渔业资源开发与养护等产生影响。

在社会、经济方面，北部湾渔业作为我国北部湾地区支柱产业，在渔业经济发展的同时，带动了当地旅游业、饮食业和市场贸易等发展，对保持社会安定也极为重要。由于该地区人多地少，沿湾居民大多数是纯渔户，对北部湾渔业有着直接的依赖性。20世纪80年代以来，我国沿湾地区常年在北部湾的作业渔船和捕捞产量连续大幅度增长。目前，其捕捞渔船总功率和船数超过整个南海区的40%；捕捞产量达到约50%。由于资源分布状况和历史原因，我国渔船主要集中在北部湾中西部作业，但是按照《渔业合作协定》，渔委会将根据资源可捕量确定双方渔船配额。此举很可能涉及进入“共同渔区”和“过渡性水域”作业的许可作业渔船数、同时作业的最高渔船数等。因此，划界后，南海区将有大批渔船从湾西部渔场退出，一些相关产业会随之萎缩，每年由此造成的直接或间接经济损失超过99.3亿元。同时，由于多数渔民长期依赖于捕捞业，失业后不易转产，大量渔业人口的生活受到影响，如处理不当，会波及沿湾地区的社会稳定。

另外，我国南海区沿岸作业小渔船，因难以确切把握中越北部湾分界线的准确位置，从而可能误入对方管辖水域生产；或者被对方误认为进入其水域，引起纠纷，甚至可能采取过激行动，以至引发政治问题。出于竞争压力、经济利益和我国近海渔业资源衰退等原因，部分渔民可能会不顾有关规定，擅自越界生产，造成渔业涉外事件，影响我国对外关系。

实践中，两国时有渔业冲突发生，而且这种冲突主要集中在两国协定的共同渔区中。其原因包括：部分渔民抱着侥幸心理，在没有取得共同渔区捕捞许可的情况下进入两国共同渔区违法捕捞等。

由于两国政府的沟通与协商，相比与频发的中韩、中菲渔业冲突，北部湾地区的渔业环境更加稳定与和谐，共同渔区的建设与发展也有着长足的进步。2013 年以来，中越两国交流与经济联系的不断加深，在这期间两国之间必然会出现许多新的矛盾与问题，但是随着两国的依存度越来越高，基于不断加深的共同利益，两国之间的沟通会越来越迫切。而良好的沟通将会使两国之间发生严重矛盾与冲突的可能性降低。因此我们相信，在不发生重大政治、经济、外交冲突的前提下，两国之间关于渔业的协定在两国渔业合作中充当着基础性的作用。随着协定的不断完善及广泛认可，两国共同渔区的建设会有一个更加光明的前景，两国渔业矛盾也会得到较好，较为妥善的解决。

油气资源开发引发新关注

北部湾作为中越之间的一个半封闭海湾，除了蕴藏着丰富的渔业资源、海洋生物资源、海底砂矿资源外，油气资源也异常丰富，成为引发中越两国共同注目的新因素。

中国海域的油气资源是相当丰富的。它主要包括两大部分，一部分是近海大陆架上的油气资源，另一部分是深海区的油气资源，目前数据显示，中国海域已发现了 18 个中新生代沉积盆地，总面积约 130 多万平方千米，其中近海大陆架上已发现含油气沉积盆地 9 处，石油资源量达 500 亿吨，天然气资源量为 22.3 万亿立方米。

北部湾和渤海、南黄海、东海、珠江口、莺歌海一起构成中国六大含油气盆地。北部湾含油盆地是一个中新生代沉积盆地，面积 3.5 万平方千米，其北面以广西海岸为界，南面以海南岛隆起为界，东面与雷琼地区新生代凹陷相连，西南与莺歌海盆地相连。盆地构造走向北东东向。至 1992 年，北部湾盆地共发现构造圈闭134个，非构造圈闭21个，盆地中已发现的油田有涠10－3、涠11－1、涠11－4、涠12－3、乌石16－1等，含油气构造7个。北部湾盆地石油资源量约为21亿吨，天然气资源量5 900亿立方米。

2005年，中国海洋石油总公司和越南石油总公司在河内签署了关于北部湾油气合作的框架协议。根据此协议，两公司将携手在北部湾进行油气资源考察。中国和越南都是发展中国家，对能源和战略资源尤其是原油、天然气、煤炭等需求量越来越大，为了共同的油气资源诉求，2013年，中国和越南将共同勘探北部湾油气资源的协议延长至2016年，将联合勘探协议所覆盖的区域从之前的1 541平方千米扩大至4 076平方千米。

中国的媒体在报道中越携手在北部湾进行油气资源考察的新闻时称，“这为双方共同开发北部湾的油气资源打下良好的基础。中越北部湾油气合作框架协议的签署，是中越双方本着邓小平在1986年提出的‘搁置争议，共同开发’原则，在南海有争议海域共同开发油气资源上迈出的重要一步”。越南方面的回应是，“一直以来，我们都希望寻求一个能够增近双方互信的办法，而此次合作无疑将为中越间的互信创造基础。”

北部湾位于南海的西北部，在这个油气资源丰富的弹丸之地，越南选择与中国进行合作开发，越南的“温和”与其在南海其他海域的抢先型表现形成了很鲜明的对比。

进入21世纪之后，在北部湾，油气资源的发现源源不断。2007年，中国努力提高海洋油气开采能力，海洋油气业继续保持快速增长势头。中海油在渤海湾、北部港等海域新发现10个油气田，其中9个为自营油气田。2011年10月25日，正与越南合作在南海开发油气资源的美国石油公司埃克森－美孚宣布，在位于越南中部海岸外的南海海域119区发现石油和天然气。事实上，美孚公司两个月前就获得了这一发现。8月，美孚公司在越南岘港海岸外钻下第二口探井，并发现了碳氢化合物。在南海局势刚刚有所缓和之际，美孚看似不经意捅出的这一消息，无疑将使周边各国对南海资源的争夺更加激烈。

同年10月26日，就在“美孚”宣布发现油气资源的第二天，广西、广东、海南三省区海事局共同派出多艘海巡船、近百执法人员，顺着防城港、中越边境海域、涠洲石油钻井平台等地巡海，开始为期两天的北部湾海区联合巡航执法，希望借此深化三省区海事联合巡航合作机制，保障海上交通安全，维护国家南海主权。

此次参加巡航的包括中国目前等级最高的巡航船“海巡31”，其拥有直升机起降平台、直升机库和飞行指挥塔等全套船载系统，装备 AIS 等现代化的巡逻通讯设备，可连续航行 40 天，中途不需加油加水。海巡船将巡查北部湾海域船舶航行、停泊、作业状况和中越海上边界中国海域内海上通航环境情况，检查航标、海上建筑物安全标志的使用状态及北部湾海上通讯情况。

其实，从整个南海的油气资源开发来看，越南已经成为南海油气资源利益最大的获得者。南海是天然宝藏的藏身之地，是中国四大海域中最大、最深、自然资源最为丰富的海区。南海在西太平洋众多的海盆当中，是一个比较大的边缘海，在世界上排第 3 位。尽管南海形成的时间是在距今约 4 000 万年左右，并没赶上生成石油的好时候（生成石油的年代主要是在 8 800 万年前），但南海的油气储量还是非常丰富。中国国土资源部地质普查数据显示，南海大陆架已知的主要含油盆地有十余个，面积约 85. 24 万平方公里，几乎占到南海大陆架总面积的一半。南海石油储量至少有 230 亿～300 亿吨，乐观估计达 550 亿吨，天然气 20 万亿立方米，堪称第二个“波斯湾”。仅在海南近海海域，就分布着北部湾、莺歌海和琼东南盆地等 3 个新生代沉积盆地，面积达 16 万平方千米，是油气资源勘探远景区，已勘探出 55. 2 亿吨石油、12 万亿立方米的天然气。

南海北至北纬 22 度，南到将近赤道，南北跨越大约 20 度，东边包括台湾岛，到东经 120 度，西部到北部湾附近，如果把岛屿去掉以后，南海的大致面积是 350 万平方千米。南海既有陆架海的性质，也有深海大洋的性质，物质极其丰富。目前，南海传统的疆界线内每年开采石油 5 000 万吨，中国的全海域可燃冰资源量粗略估算是 690 亿吨油当量，其中一大部分在南海海域。

南海的“黑金”使得这片空虚的战略要地成为周边国家眼里的“香饽饽”，越南凭借着地理位置的优势，在南海油气资源的抢占中主动而积极。目前，已经在南海划定 185 个区块，其中相当一部分是属于中国的西沙、南沙海域。在这些占有他国地域的区块上对外招标，越南与 50 多个外国石油公司签订了石油勘探和开发合同，据统计，在南海开采的油气资源产值已经占到了其国内生产总值的 19% 以上。在中越争议海域，越南的年产油量已达 800 万吨，占越南 3 000 万吨年产油量的相当比重。截至 2008 年，越南已从南沙共开采了逾 1 亿吨石油、1. 5 万亿立方米天然气，获利 250 多亿美元。

凭借着在南海的开发，越南已经成为石油出口国，而且越南原油第三大出口市场就是中国，据统计，越南 2011 年的原油出口达 824 万吨，出口额 72. 4 亿美元，其中对中国出口原油 125 万吨。

由于资金匮乏、技术和设备落后而不具备独立开发勘探开采油气资源的能力，越南还通过开出极为优惠的诱人条件来拉西方“入伙”，通过直接或间接合资的方式，邀揽西方大的石油公司合作开采南海油气资源，开展所谓的联合勘探与开采。越南政府规定，与越南签订石油、天然气勘探和开发产量分成合同的外国投资者，可按事先达成的协议，以产量的一定比例进行成本回收。成本回收后，产量分成将按浮动比例进行，外国投资商将得到30%～50%。而且，外国投资商还不用缴纳所得税、海关税或与石油勘探活动有关的进口税。为加大开采力度，2000年越南修订了《石油法》，不仅使外国石油公司参与竞标的过程更加公开、透明，而且条件非常优惠，合资公司里，外方股份可占到80%。

越南“邀请”的国家有苏联、美国、英国、加拿大等。整个20世纪80年代，苏联在采油方面向越南提供了大量的人力和技术支持，总共帮助越南在南海开辟出8块油田，分别是“白虎”、“龙”、“代洪”、“沃克”、“巴赫”、“巴登”、“坦高”及“汉龙”。其中白虎油田至今仍是越南第一大油田，最高年产量可达到540万吨。苏联在“帮助”的过程中，也是经济和政治双丰收。根据1981年签订的成立越苏石油合资公司的协议，苏联可以从合作石油公司拿到一半的销售分红。20世纪80年代末，苏联之所以能成为世界上最大的石油生产国之一，很大一部分份额就来自南海的合作石油公司。

近年来，美国和日本也加入了“助越抢油”的行列。身为美国第三大石油公司的康菲石油，在越南海岸争议区拥有3个油气项目的股权。据了解，康菲石油在越南的资产规模多达15亿美元。其中青龙油田处于中国拥有主权的海域之内。1993年，包括美国莫比尔和几家日本公司在内的国际石油财团向越南政府申请开发青龙油田，并于次年获准。之后越南又把附近的两块石油勘探区出租给美国大陆石油公司，越南的这些举动严重侵犯了中国的主权和海洋权益。

日本从20世纪70年代起就涉足南海的资源开发，最近几年，虽然经济萧条，却没有阻挡住日本石油公司进军南海的步伐。2007年4月，日本石油公司投资5 300万美元，启动了“东方”油田的开发，日本石油公司通过其子公司日本越南石油公司持有东方油田64.5%的股份。现在，日本石油公司和日本国有石油、天然气和金属开采公司已经与越南石油和天然气集团公司签署了协议，三方将联合开发南海油气资源。

越南在南海的表现，是很多国家的一个缩影。南海海域周边国家基本上都是发展中国家，高速的经济发展对石油的渴求程度不断提高，据美国能源信息署的远期估计，从现在起到2025年，亚洲发展中国家的石油消费预计将平均每年增长3%。如果照这种趋势延续，这些国家的石油需求将从2002年的1 510万桶/天上升到2025年的近3 360万桶/天。在对能源极度渴求的年代，南海凭借丰富的油气储备，成为炙手可热的争抢目标。

近30年来，南海周边国家已先后在南海开了1 380口油井，年石油产量达5 000万吨，全世界各大石油公司都从中获利。这些严重地影响了中国的海洋能源安全，据报道，中国失去的南海资源，相当于失去全国油气总资源量的1/3。现在周边国家在南海海域不断扩大勘探范围，划分了重重叠叠的招标区，但是大部分区域在中国传统海疆线即“九段线”之内，尤其是越南在1977年公布了其专属经济区和大陆架，进入中国传统海疆线内达100多万平方公里。

从北部湾到南海整个海域，面对丰富的油气资源，中国的姿态已经日趋主动，中国在坚持的“主权属我、搁置争议、共同开发”原则的同时，开始积极争取应有的海洋权益，而与中国在南海海域的权益争夺也最为激烈的越南，已经开始在北部湾同中国开展油气开发的合作，这在一定程度上说明了，中国如果一味地在南海权益争取上“高度克制”不但不会换来周边国家同样的尊重和克制，反而会纵长其“肆意”开发的胆量，相反，如果中国积极维权，主动加大开发力度，不仅会获得最大化的经济利益，还有助于海洋话语权的建立和战略威慑的形成。

需要注意的是，除了周边国家，域外国家也在积极参与南海海域的油气开发，除了巨大商业利益的诱惑外，还源于南海地缘价值的吸引力。时代催生了一个名叫“油权”的新概念，意思是说，谁掌控了世界的石油，谁就掌控了整个世界。南海已经证明蕴藏着惊人的油气储量，未来势必成为影响世界石油市场的一个重要杠杆，西方国家利用一切可能的机会参与拼抢，争取获得地缘政治的支配权，究其根本就是力图最大化地把控油气资源的源头，提升对能源定价权的影响力和对全球油气市场的把控力。

“中间沙”主权较量

中间沙是一个四面环水的江心沙洲岛屿，位于北仑河的河中，面积约7平方千米，是中国不可争议的领土。

据中国华东师范大学河口海岸研究所的专家们考证，北仑河口段的上游河道已经形成，到了绿林岛东端后有一个水域宽广的河口湾。泥沙在湾中堆积，水深较浅，发育着大片的滩地和沙洲，滩地与沙洲之间分布着由水流冲刷而成的槽沟。湾口两侧发育着沙嘴，西侧沙嘴与茶古岛相连，并向东南方向延伸。东侧沙嘴与巫头沥尾岛相连，并向南延伸，东、西两沙嘴之间湾口深槽水深在6米以上，海图上称之为东兴外港。

北仑河里的绿林岛把北仑河口分成两汊，南汊进入越南，北汊为中越界河，北汊从分汊口向下游约1千米处有罗浮江汇入，合流处有岛屿（独墩岛）存在。由于罗浮江的汇入迫使北仑河口的主流从独墩岛的南汊通过，独墩岛南汊道的走向基本向东略偏北。该河段的水道已被人为控制，河道的走向变化不大。但从独墩岛往下游至累利翁塞奥山河段河道开始展宽，至竹山断面河口宽度已达1.5公里，河面开阔，水流分散，泥沙在这里堆积形成沙岛，后称之为“中间沙”。

中间沙，隶属于广西壮族自治区东兴市竹山村，岛屿上面遍布红树林。1893年中法划分中越国界时约定，“倘遇水大，水涸将所定界河线变移，或河中将来新成有沙洲，则仍以水深为界，沙洲在中国者归中国，在越南者归越南。”这项规定起初看似是比较公正客观的，但随着气候的变化，中国利益受损的现象就出现了。

近些年来，由于不合理的开发，护岸的红树林遭到大面积的砍伐，导致红树林面积的锐减，残存的红树林严重次生化，红树林的衰退直接加剧了水流对滩涂的侵蚀，以至于造成北侧水道刷深、南侧水道淤浅、中间沙南移的趋势。这种趋势表明，中国的宝贵国土正在流失。

中间沙本来就比较靠近越南，部分越南人想当然地认为这个岛屿是属于越方的，因此经常上岛破坏中国边民与科技工作者种植的红树林。过去我国边民经常在岛上从事砍樵、挖沙星、捉螃蟹等生活作业，近年来由于护岸的红树林遭到大面积的砍伐，中国一侧河岸滩涂被严重冲刷，该岛日益朝靠近越南一方偏移。

事实上，越南正在利用中间沙地形变化的特点，通过控制渔业捕捞来宣布对中越争议区域的实际占有。一些中国渔民在中国北部湾上边界、“中间沙”附近海域进行捕鱼时，会遭到越南政府机构的阻挠，不但不和中国方面“打招呼”就随意没收渔民的船只，甚至扣押渔民，交由他们当地法院进行处置，同时派遣越南渔船闯进中国领域进行捕鱼。

北仑河口是中国大陆海岸最西南端的入海河口，又是中越两国的界河河口。从北黄海中国与朝鲜交界的鸭绿江口向南到南海北部中国与越南交界的北仑河口是中国海洋边界线的主要路径。因此，两国在中间沙上领土的划分，很大程度上决定了领海基线的确定，也决定了两国领土划分的基调，为此，中国应该充分的重视中间沙的领土被侵蚀问题，积极主动调动国内力量维护国家权益。

现有事实已经证明，越南民间力量已经成为中间沙的主权争取的主要力量，而中国所应该做的就是最大程度地发展民间维权力量，加大护岸红树林的种植、栽培和保护，减少中国一侧河岸滩涂冲刷的速度，防止海岸侵蚀，使中越在北仑河口的边界线不再一味地向中方偏移。

鸭绿江口和北仑河口是我国单一海洋边界（又称：单一线，即专属经济区与大陆架两者合一的边界线）的起点和终点。从北仑河口的问题延伸来看，中国需要做好岛屿尤其是离岸较远的岛屿在划界中的法律地位的认定工作、领海基点的选择和领海基线的确定工作，要理性地看待在海洋权益上遭遇的挑战，思考如何有利地维护领海主权。

根据1982年《联合国海洋法公约》和中国的一贯主张，中国领海、大陆架和专属经济区等管辖海域总面积约为300万平方公里，只相当于我国陆地面积的三分之一，而美国、日本、菲律宾、越南、印度尼西亚、印度等国宣布的管辖海域面积却相当于本国陆地面积的3倍以上，甚至达10倍。中国“依法守法”的有理行为并没有换来这些邻国的尊重和善待。现在中国海疆主权正在遭遇多方挑战，从东海到南海，周边邻国“不约而同”地集体向中国发难。在争议海域，越南战机巡航、国会立法同步进行，菲律宾和中国直面对抗；日本地方政府购买钓鱼岛意欲“国有化”……周边国家在美国的明帮暗助下，举行环太平洋军演，利用香格里拉安全对华和东盟“10+1”峰会机制，形成了以美国为核心、亚洲邻国为圈层的对华主权对碰上的连横合纵。

在这种现有的区域大格局下，如何维护中国的海疆主权，打破周边国家联合美国等国在中国周边建设的遏制网，已经成为中国的当务之急。中国的周边外交已经呈现出复杂化的发展趋势，单纯的“睦邻、安邻、富邻”政策已经难以应对目前周边地区存在的新现实和新问题，“搁置争议，共同开发”的政策意义正在周边国家疯狂蚕食中国领海权益的行动中渐渐失去其本应有的意义。正如有学者指出的，在民意苏醒多元表达恣肆的今天，中国政府的政策选项都会引发民意的过滤与沉淀。仅靠外交辞令维权，会被民众视为老生常谈和软弱，激情亮剑则又有投鼠忌器树敌四方以及影响中国的和平崛起形象。“黄色文明”的大陆型国家遭遇到了向“蓝色文明”转型时的麻烦，中国只有创新外交、经济、军事、民间等多种手段和策略，才能既维护海疆主权又能树立良好的大国形象。

虽然现在看来，中国和菲律宾、越南这些海洋邻国相比，还没有展示出完全震慑的威信，但正是美国和邻国的联手挤压，“成功”地再次唤醒了中国人民的海洋主权意识。除了政府层面，中国正在逐渐地加大威慑力度外，中国还应该积极的借用中国的非军事力量。从历史的经验看，西班牙、葡萄牙、“日不落”的大英帝国，都是在大航海时代中崛起的，他们成就海洋强国的共同手段都是借助非军事力量来完成。所以，运用非军事力量为国家服务，进可凝聚财富和拓展主权，退则国益无损，它是一个创新性的维护国家主权的手段。

而中国如何发挥国内的非军事力量呢？2012 年 6 月底，国务院批准撤销海南省西沙群岛、南沙群岛、中沙群岛办事处，设立地级三沙市管辖西沙、中沙、南沙群岛的岛礁及其海域。中国将通过更加强有力的地方管理来捍卫国家利益，由过去单纯的外交抗议演变为更多利用民间形式进行实质性的主权宣示，尽显“亲者快、仇者痛”的正面意义。

过去渔民单一生产的比较多，而且船也比较小，要去南沙捕捞风险大，一个是台风，一个是受外国船只的干扰，所以，很少人冒风险去南沙捕捞。现在三沙市成立了，行政和边防管理都已经前沿化，处于最南端的永署礁也已经成为三沙市渔民的“近水楼台”。2012 年 7 月，海南省的 30 艘渔船统一抱团前往南沙开展捕捞活动，经过 78 个小时的航行后，选择在距离三亚大约 650 海里的永暑礁附近海域进行捕捞。30 艘渔船共 550 人，分成 2 个编队，6 个小组。此次捕捞活动是渔民自发行动，不同于往常零散渔船“单打独斗”的模式，而是由渔业合作社和渔业企业统一组织协调，是海南省历年来最大规模的捕捞活动，也是中国渔船首次以这么大规模赴南沙捕鱼，被外界认为是中国在南海宣示主权的新方式。

过去，中国在南沙单纯的外交抗议居多，实际维权较少，通过渔船出海、渔政护航，不啻为宣示主权和执法维权的重要动作，因为最早发现、开发、从事民间经济活动等都是海岛主权归属的重要依据。2012 年的远洋捕捞，将在南海开启民间经济活动的常态，比直接的油气招标，或者在某个岛上宣布主权更具操作性。

自2012年以来，中国在南海问题上逐渐体现出了新应对、新思维的动向。例如，在黄岩岛事件发生之后，中国不是外交先行，而是立即派出海监船、渔政船前往维权，逼退菲律宾军舰，国内有学者因此总结出了“黄岩岛模式”，即，强调维权的非军事化特征，即不以武力为解决争端的主要手段；强调多样化维权手段的配合运用，不再单纯以外交手段为主；强调中国在处理争端中的积极态势；维权的目标不仅是平息争端，而是努力将态势向有利我方转变。通过抓住或创造时机，积极作为，采取挤压方式，主动维权是“黄岩岛模式”的核心，这一点形成于黄岩岛对峙中，在钓鱼岛争端中得到很好实践。军事威慑是中国维权的有力保障，但武力手段不应成为处理争端的手段。“黄岩岛模式”在一定程度上改变了中国韬光养晦的政策，标志着中国开始积极主动应对海上争端。

此后，中国又打出了一套组合拳，例如国家气象局将南海诸岛纳入天气预报、中国海监船展开定期巡航、中海油对外开放九个海上区块、国务院设立三沙市等，被外界形容为“三沙模式”。其实，无论是“黄岩岛模式”，还是“三沙模式”，都强调了非军事力量参与的重要性和必要性，都是通过非军事力量参与宣示主权的最新体现。可以预见，未来中国在争议海域问题上将更多的动用非军事力量，非军事力量的较量将是中国和周边国家博弈的重要手段和方式。

2013年伊始，中国出版了新版“中华人民共和国全图”，这份地图的最显著之处就是将中国版图“竖”了起来。现在还在广泛使用的旧版中国地图都是横版形式，源于清朝政府“划界分疆”确立的中国版图，它把海上疆域列为一个缩小比例尺的附图，形成陆地国土和海洋国土分离、并区分为主图和附图的做法。横版地图经常造成三个明显误区：一是中国疆域东西长、南北短；二是由于采用比例尺不同，海上疆域被缩小了一倍，显得陆地大、海上小；三是会误导“重陆轻海”的疆域意识，成为导致国民海洋意识的淡薄的原因之一。在横版地图中，南海诸岛作为附图只有主图比例尺的1/2，只能标注东沙群岛、西沙群岛、中沙群岛、南沙群岛、永兴岛、黄岩岛、曾母暗沙等大的岛屿岛礁，很大一部分岛屿岛礁被忽略。而在新版的竖版地图中，原来作为缩略图放在右下角的“南海诸岛”附图，这次被全面展示，将南海诸岛与大陆连在了一起。在地图上可以清楚地看到南海诸岛内的主要岛屿、岛礁以及与周边岛国、岛屿、岛礁的地理位置关系。

“版图”是国家主权和领土完整的象征。只有准确记录国家完整疆域，树立陆海整体的国土意识，才能有效维护国家主权。从 2013 年开始，中国版图的形象不再是“雄鸡”，而是“火炬”，中国的南海海域，则构成了“火炬”的坚实柄体。中国地图版式的更新，说明了中国政府坚决维护国家海洋主权和利益的决心和信心，中国国民的国土观念日益完整，海洋国土意识和海洋文化素质正在不断提升，中国国内上下正在为建设海洋强国而全力以赴。

第五章　额尔齐斯河河口：北极主权角斗

唯一注入北冰洋的河

“大漠孤烟直，长河落日圆”。美丽的塞北流淌着一条与众不同的河——额尔齐斯河。她是中国唯一一条自东向西流的大河，又名“倒淌河”。她独辟蹊径，冲出寒冷的雪山，向西北奔去，成为唯一注入寒冷北冰洋的外流河。

图 5.1　额尔齐斯河

额尔齐斯，是准噶尔语“峡”的译音。

相传在阿克塔拉草原住着一对孪生姐妹——乌伦古和额尔齐斯。姐妹俩能歌善舞，心地善良，被誉为草原上的并蒂雪莲。可是，有一天突然风沙大作，魔王带兵闯进了草原，抢走了两个姑娘，企图霸占她们，但姐妹俩机智勇敢，刺伤了魔王。魔王一怒之下，命人将她俩分别掷在两座山顶上。她们饥寒交迫，孤苦无援，更加怀念父亲和家乡。她们哭啊哭，泪水流在脚下，融化了积雪，变成了溪流，进而变成了两条大河向西流去，要到阿克塔拉草原与父亲团聚，与乡亲会面。

恶毒的魔王又施魔法，搬来一座山堵在两河之间，于是一条河注入盆地成为布伦托海，另一条河被山挡住，悻悻西下……人们为了纪念这对坚贞不屈的姐妹，便将这两条河分别以乌伦古和额尔齐斯两个姑娘的名字命名。

图 5.2　阿尔泰山

额尔齐斯河的源头在阿尔泰山脉西南坡的新疆富蕴县境内。那里有一片片美丽富饶的绿洲和牧场，风光秀美，成为越来越多的旅行者的目的地。阿尔泰山是一条西北—东南走向的跨国山脉，西起东经 82 度，东止东经 106 度，长约 1 600 千米，海拔 4 374 米的友谊峰为群峰之最，矗立在中国、俄罗斯、蒙古三国交界处。在我国境内的阿尔泰山为其中段南麓，长约 800 千米，自西向东，横亘在阿勒泰地区哈巴河、布尔津、阿勒泰、富蕴、青河等县市的北部。

阿尔泰山被大片绿色森林覆盖，是一个巨大的森林宝库，由于山峰终年积雪不融，一些冰川和积雪在太阳的作用下，慢慢地融化，汇集成溪，汇集成湖，汇集成河，久而久之形成额尔齐斯河的源头。河流在山区为东南流向，流出山谷后在库额尔齐斯东南 1 500 米处，受断裂带与地势倾向制约，以 90 度急转弯进入低山丘陵区，向西北奔腾而去。

额尔齐斯河水域呈庞大的“梳状”，沿途流经阿勒泰地区的富蕴、福海、阿勒泰、布尔津、哈巴河等县市及农十师 185 团垦区，在哈巴河县西南、185 团境内、海拔约 400 米的北湾流出国境，进入哈萨克斯坦国，注入斋桑泊（现过境后即注入布赫塔尔马水库，斋桑泊已成为水库的一部分），出湖后继续向西北流穿行于哈萨克斯坦东北部，进入俄罗斯后，过鄂木斯克转向东北，于塔拉附近又转向西北，于托博尔斯克转向北流，在汉特曼西斯克附近汇入鄂毕河，为鄂毕河的最大支流。

从地图上可以得知，塞米巴拉金斯克以上为上游，以下至鄂木斯克为中游，鄂木斯克至河口为下游。在俄罗斯和哈萨克斯坦将斋桑泊以上河段称黑额尔齐斯河。中国把全河统称额尔齐斯河，而把富蕴与福海两县交界处的支流称黑额尔齐斯河。额尔齐斯河源头至河口，全长 4 248 千米，流域面积 164 万平方千米；中国境内河长 633 千米，流域面积 5. 37 万平方千米。额尔齐斯河的主要支流自东往西依次是：额依尔特河、额拉额尔齐斯河、库尔木图河、克兰河、布尔津河、哈巴河和别列孜克河。额尔齐斯河是一条跨国河流，也是我国唯一属于北冰洋水系的外流河。她的河水量充足，四季流淌，年平均径流量为 119 亿立方米，占阿勒泰地区地表径流总量的 91. 5%，是新疆河川径流总量的 1/7，仅次于伊犁河，是新疆第二大河流，具有开发水能资源的优越条件。

额尔齐斯河是一条母亲河。河水滋润了土地，养育了几十万边疆儿女，“绿茵中的白色毡房，风吹草低见牛羊”是额尔齐斯河边上的草原风光最好的写照。据史书记载，成吉思汗曾 6 次带兵路过阿尔泰山，每次都要在额尔齐斯河畔休息整军，长春真人丘处机曾写下了 3 首著名的阿山诗，其中一首最为著名：“金山南面大河流，河曲盘桓赏素秋。秋水暮天山月上，清吟独啸夜光球。”这首诗描写了额尔齐斯河的秋夜风光，寄托了作者对祖国边疆河山的热爱与留恋。

额尔齐斯河是一条充满历史蕴感的河流。

公元前 3 世纪，生活在现河西走廊一带的“塞种人”因不断受到“月氏人”的排挤，西迁到额尔齐斯河边，建立起逐水草而居的游牧行国。公元 90 年，北匈奴连遭汉军打击，首领单于带领民众迁徙到额尔齐斯河边，建立起了“金微山单于延”。

公元 661 年，大唐名将薛仁贵率领千军万马手发三箭，射杀敌军三员将领，数十万敌军慑于薛将军神威全部下马投降。大唐兵不血刃，奠定了天山南北安西、北庭两个都护府的广阔版图，也留下了“将军三箭定天山，壮士长歌入汉关”的美名。

13世纪中叶，一代天骄成吉思汗率领蒙古铁骑统一了翰南河流域，之后兵至额尔齐斯河流域。据史书记载，成吉思汗曾六次往返阿尔泰山，在这里击败过古出鲁黑和太阳汗的大军。

清代初期，准噶尔叛乱，清政府数度在额尔齐斯河进行屯垦，于1757年将叛乱平息，此后，乌梁海人从科布多盆底迁来额尔齐斯河流域生活。清同治八年，布伦托海农民起义军在张兴的领导下，转战额尔齐斯一带，打击了非法在我国斋桑泊一带建立哨所的沙俄军队。清末民初，沙俄政府窥觑我额尔齐斯河的渔业资源和两岸大片沃土，但被我军民一一粉碎。

晚清之时，外寇入侵，山河破碎，外蒙古失守，额尔齐斯河成为中国唯一一条北冰洋水系的河流。中亚浩罕国将领阿古柏趁新疆发生反清起义时率兵侵占了新疆，英俄两国又企图通过阿古柏政权把新疆从中国割裂出去。1876年，年已六旬的湘阴人左宗棠抬棺出征，率领清朝兵将驱逐了入侵的阿古柏匪帮，使新疆重归祖国版图。

图5.3　额尔齐斯河畔

1947 年，外蒙古军队无端向中国国民党驻新疆部队发动进攻，北塔山事件爆发，马希珍率领百余官兵抱着与阵地共存亡的决心，将外蒙古侵略军打败，保卫了祖国的神圣领土。1949 年，宁乡人陶峙岳率领国民党 10 万官兵和平起义，举旗易帜，挫败了超级大国把新疆从中国版图上分裂出去的阴谋，使占祖国六分之一面积的新疆和平解放，同年，浏阳人王震率军进疆戍边，成为新疆至今保持稳定繁荣的中流砥柱。

额尔齐斯河记载了数不清的战争，记录了数不清的仁人志士为保家卫国、戍边建设而付出的困苦艰辛，中华儿女凭着“为有牺牲多壮志，敢教日月换新天”的豪情和信心，在这静静流淌的额尔齐斯河的陪伴下，正在这片热土上书写着改天换地的辉煌篇章。

北冰洋成大国角斗场

经过 4 248 千米的流淌，额尔齐斯河在俄罗斯注入北冰洋，成为中国唯一注入北冰洋的外流河。

北冰洋是世界上最小、最浅、最冷的大洋，有“正对大熊星座的海洋”（希腊语）之称。北冰洋位于地球的最北端，它以北极圈为中心，周围被欧洲大陆和北美大陆环抱着，通过狭窄的白令海峡与太平洋相通，间隔着格陵兰海和许多海峡与大西洋相连。

北冰洋中半数以上的大陆架水域深度不超过 50 米，包括极区北冰洋、边缘陆地及岛屿、北极苔原带和泰加林带的北极地区，总面积为 2 100 万平方千米，约占地球总面积的 1/25。《联合国海洋法公约》规定，沿海国可以划出自领海基线量起 12 海里宽的领海、24 海里宽的毗连区、200 海里宽的专属经济区和大陆架。这些海洋区域都属于沿海国的管辖海域，沿海国对其享有包括资源的勘探开发等多种权利。

现在，北极地区的边缘陆地近 800 万平方千米全部归属于俄罗斯、挪威、丹麦、加拿大、美国、冰岛、瑞典和芬兰 8 个环北极国家，但北冰洋属国际公共海域，不属于任何一个国家。

北极地区本是一块冰封地的白雪之地，千百年以来，只有因纽特人（旧称爱斯基摩人）在此世代繁衍生息，但随着丰富自然资源和战略地位的日益被“认定”，冰冷的北极地区开始成为“群雄逐鹿”的热门区域。

北极的资源包括石油、天然气、煤、铀、水能等。其中，油气资源是北极

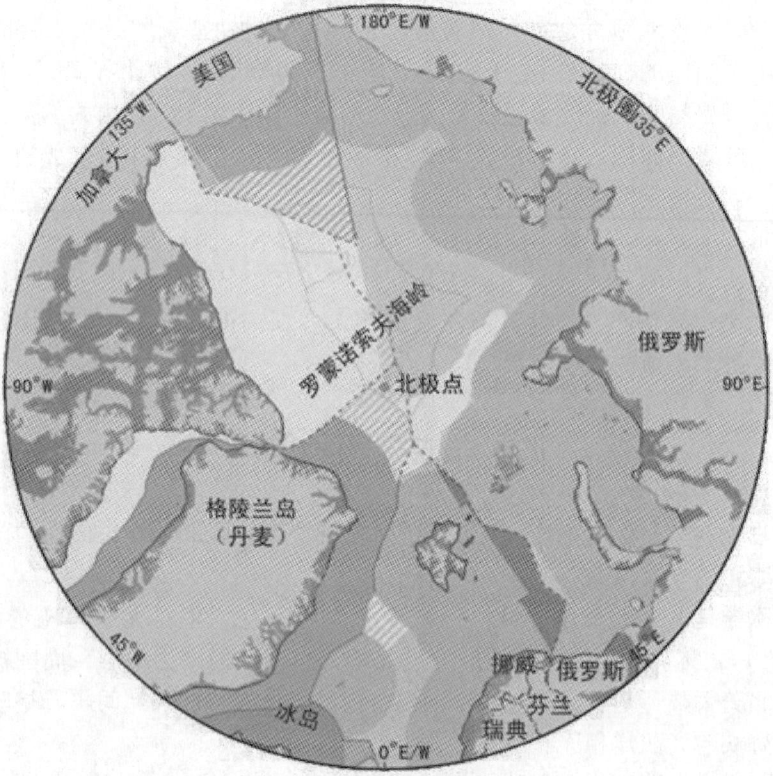

图 5.4　“北极地区的海事管辖和边界”示意①

的主要资源。2004 年 8 月，欧洲联盟 3 艘破冰船在北极进行大洋钻探。它们经过对北纬 88 度、水深 1 200 米之处钻探后发现，北冰洋在 5 000 万年前很可能是一个淡水湖。在长达 80 多万年的时间内，水面大量生长蕨类植物满江红，沉积物中有机碳高达 5%，以此推算，北冰洋具有丰富的生油潜力。

在北极，铁、铜、镍、锌、铅、金、银、铀、钚等矿产资源储备丰富，例如科拉半岛的世界级大铁矿举世闻名，诺里尔斯克的世界最大的铜－镍－钚复合矿基地人尽皆知。在阿拉斯加，库兹布北部的红狗矿山拥有 8 500 万吨矿石，其中含锌 17%，铅 5%，每吨含银 75 克，近些年其已经发展成为价值高

① 该图由英国杜伦大学国际边界联合会（IBRU）2008 年 8 月绘制并公布，此图既显示了北极圈内各国已经划定的边界，也绘出了尚未划定或尚存争议的地区。

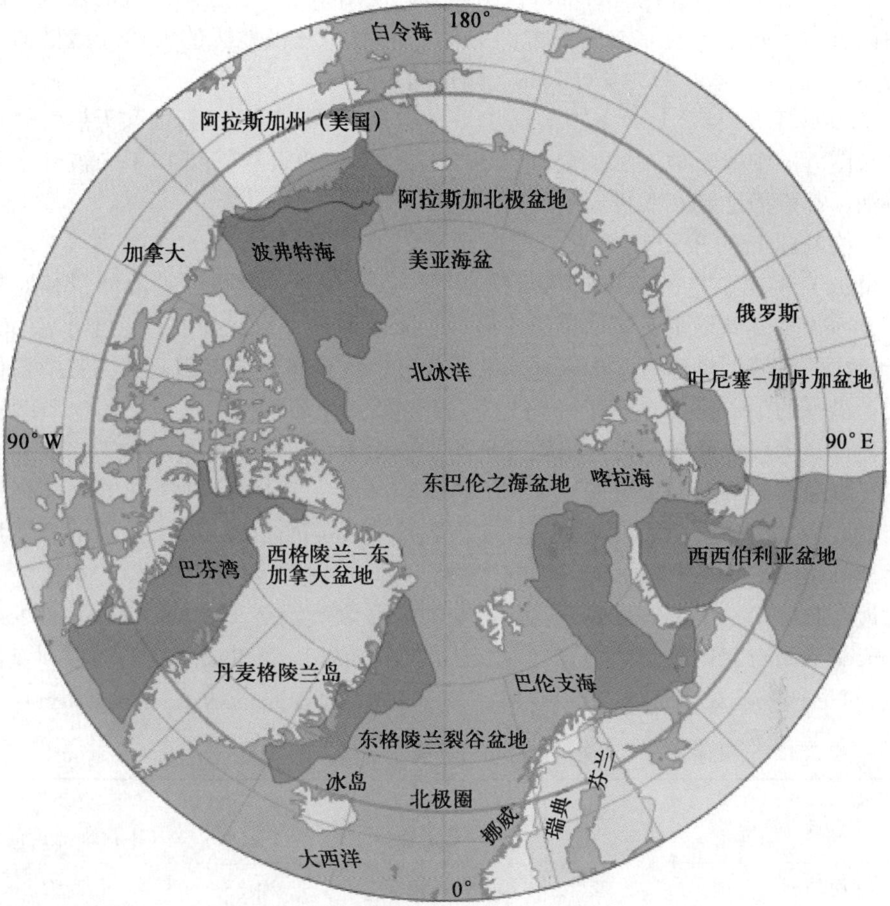

图 5.5　北极地区石油和天然气分布图

达将近 200 亿美元的世界级大矿。另外，在阿拉斯加－朱诺石英脉型金矿区，仍存有将近 13 吨的黄金待开发。此外，北极的威尔士王子岛上的盐夹矿就蕴藏有 28.5 万吨钚矿石。

北极的油气资源也是相当丰富，从 20 世纪 60 年代末起，该地区的油气资源就已经开始被陆续发现。2009 年 5 月 28 日，《科学》杂志上发布了一份由美国地质调查局和丹麦地质调查局联合完成的北极地区油气资源报告。该报告中称，北冰洋水面下所蕴含的石油资源储量可能高达 1 600 亿桶，是之前人类所知的两倍。据统计，全球未被探测到的石油蕴藏量大概有 5 000 亿桶。按照目前的石油消耗量，这些石油可供全球共同使用5年。在全球所有的未探明原油储量中，北冰洋的原油储备占到13%。同时，北极地区的天然气储量估计为80万亿立方米，约为全球天然气储量的41%。

2009年5月29日，美国《科学》杂志公布了北极地区石油和天然气储备分布图。图中清晰地展示了全世界30%未被开采的天然气和13%未被开采的石油，都静静地躺在北极周围的冰层之下。

绘制此图的小组负责人、美国地质调查局的唐纳德·戈蒂埃（Donald Gaultier）指出，与世界其他地区石油生产总量相比，北极的石油储量相对较小，而天然气储量是石油储量的3倍。北冰洋的油气资源主要蕴藏于水深500米以内的区域。全球近1/3未开采的天然气，均分布在北极圈北部，其中西伯利亚沿岸的南卡拉海蕴藏了北极地区39%尚未开采的天然气。美国地质调查局估计，这些在北极圈以内未被发现的、技术上可采的常规石油、天然气和天然气凝液资源的蕴藏量可能为4 120亿桶油当量。其中的87%（3 600亿桶油当量）主要分布在7个北极盆地：美亚盆地（Amerasia Basin）、北极阿拉斯加盆地（Arctic Alaska Basin）、东巴伦支海盆地（East Barents Basin）、东格陵兰盆地（East Greenland Basin）、西格陵兰东加拿大海盆（West Greenland East Canada Basin）、东格陵兰裂谷盆地（East Greenland Rift Basin）、西西伯利亚盆地（West Siberian Basin）和叶尼塞－Khatang盆地（Yenisey-Khatang Basin）。

表5.1　北极地区石油和天然气分布统计表（资料来源：http：//geology. com）

含油区	原油（十亿桶）	天然气（万亿立方英尺）	天然气液体（十亿桶）	总共（十亿桶油当量）
西西伯利亚盆地	3.66	651.50	20.33	132.57
北极阿拉斯盆地	29.96	221.40	5.90	72.77
东巴伦支海盆地	7.41	317.56	1.42	61.76
东格陵兰裂谷盆地	8.90	86.18	8.12	31.39
叶尼塞－khatang盆地	5.58	99.96	2.68	24.92
美亚盆地	9.72	56.89	0.54	19.75
西陵兰东加拿大海盆	7.27	51.82	1.15	17.06

据统计，北极冰盖在过去20年间减少了20%，一些冻土地带已经在开始解冻。从现在起的25年到30年内，北冰洋的海冰将有可能在夏天消失。届

时，油气开发、运输都将是不成问题的问题。随着低温钻井技术的发展，开发极地地区油气资源在技术上已不成问题。据有关专家估计，在假定勘探开发和运输都不成问题的情况下，开采北极原油的成本在30美元/桶左右。如果北冰洋原油储量大，产量高，吨油成本还会下降。因此，在目前国际油价居高不下的情况下，开发北极油气显得诱惑无限。

戈蒂埃指出："虽然这一结果还不足以改变世界能源供需平衡状况，但对于北冰洋沿岸国家来说无疑具有重要意义。"美国地质调查局的报告称，北极地区拥有的原油储量，能够供给接下来几十年世界市场的需要。虽然这还不足以改变世界石油的开采平衡，但"可能影响到经济版图，尤其是这个地区人们的生活方式"。

随着全球油气资源的日趋匮乏，北冰洋的"第二个中东"的潜在价值日益被显现。尽管现阶段开发北极地区的油气资源无论是在技术上，还是成本上都还不现实，还不可行，但全球变暖正在使该地区冰面以每10年递减9%左右的速度消失，油气开发今后可能会趋于可行。因此，有评论称，未来谁掌握了北极地区的油气资源，谁就将是世界的主人，而客观带来的后果就是北极地区将有可能成为世界的第二个"中东战场"。

北极地区还拥有世界上9%的煤炭资源，地质学家估计，北极地区从楚科奇海岸向东延伸至内陆480千米处（多数位于布鲁克斯山脉的西缘），是世界上最集中连片分布的特大煤田，其煤炭储量差不多相当于美国南部48个州的煤炭资源总和，据估计北极西部煤藏的理论储煤量高达30亿吨。有报道称，北极不仅煤炭资源丰富，而且煤质优良。西部的煤经过了1亿年古老的地质形成过程，是一种高挥发烟煤，其平均热值超过每千克12 000焦耳；低硫（0.1%～0.3%）、低灰（10%）、低温（含水5%），可以称得上是全世界最洁净的煤，具有极高的蒸汽和炼焦质量，可直接用于能源和工业原料。

除了丰富的矿物资源被世人皆知外，北极地区的重要战略地位，尤其是航运价值，更被国际关注。科学家预计，随着全球气候变暖，北极地区气温上升，冰层融化，东起美国和加拿大东海岸，向西穿过加拿大北极群岛，经波弗特海、白令海峡抵达美加太平洋港的"西北航道"，每年也会有几个月的时间可以通航，这将成为北美洲、欧洲和东北亚国家之间最快捷的通道。与巴拿马运河航线相比，走西北航道可使北美西海岸与亚洲之间的航程缩短6 500千米，从大西洋穿越北冰洋到达太平洋的航行时间将会缩短近1个月，全球航运业每年可以节省数十亿美元的成本，其商业利益非常可观，也因为如此，"西北航道”有“黄金水道”之称。有报道称，北冰洋航线的启用，有可能影响世界贸易重心的转移，北极航道将改变世界贸易格局，形成俄罗斯、北美、北欧为主体的超强的环北极经济圈，进而影响整个世界的经济和地缘政治格局。于是，“谁控制了北极航道，就等于控制了世界经济的新走廊”。

早在冷战时期，北冰洋就是美苏两国核战略的“要冲”之一。如果美苏想通过导弹来攻击对方首都，跨越北冰洋就是最近距离，导弹的到达时间短且命中率高。现在，北冰洋的洋底已经是美俄战略核潜艇的栖身之所，北冰洋厚达几十米到几百米的冰层阻挡了来自卫星、飞机等的跟踪和探测，从而使核潜艇的行动很难被发现。一旦战争需要，核潜艇就能选择突破冰层发射战略导弹。

因此，北冰洋优越的先天条件，不仅可以为国家发展提供巨量能源储备，更可以控制未来世界新航路，强化国家海权的支点。正因为如此，北冰洋周边国家为了自身未来的利益谋取，都在“八仙过海各显神通”，积极抢占有利地盘。这些国家或先声夺人，或磨刀霍霍，或暗中联合，白皑皑的冰雪世界中暗流涌动。

目前，还没有专门关于北极、北冰洋法律地位和规则的国际条约。现在能适用于北极的主要国际法就是《联合国海洋法公约》。根据此公约，任何国家均可把其海岸线200海里以内的水域当做专属经济区，而海岸线350海里以外的大陆架主权也归该国所有。目前，还没有一个北冰洋沿海国家的大陆架远到足够“名正言顺”地对北极提出主权诉求，因此，在这些国家主权所属和北极之间，就形成了由国际海底管理局监管的中立区，即所谓的“灰色地带”，而这些地区被证明蕴藏有大量的石油和天然气。现在，对北极的争夺就集中在北冰洋下面的大陆架上。

另外，《联合国海洋法公约》也规定，即便是距某国海岸200海里（约370千米）以外的海域，只要海底地质地形相连，在一定条件下也可视为是该国领土延伸的大陆架，该国就可以拥有大陆架下面的资源开发权。为此，北冰洋沿岸的五个国家——俄罗斯、挪威、美国、丹麦和加拿大就紧紧抓住这一点，很早以前就开始以各种形式为各自在北冰洋海域的疆域扩张寻找依据，纷纷跑马圈地，不断的主张自己对周围原始土地的主权，企图在蕴含的海量能源抢夺中争得先机与优势，而在正常愈演愈烈的争夺战中，俄罗斯、加拿大和美国则是这场博弈的主角。

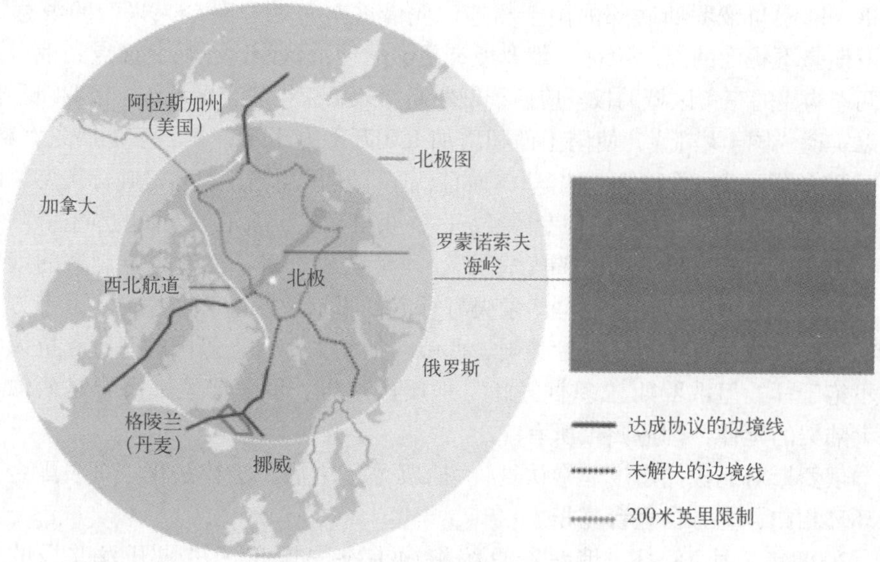

图5.6　北极划界

俄罗斯：先声夺人，雄心勃勃

在北冰洋的周边国家中，俄罗斯是当仁不让的头号国家，它有1/3的领土位于北极圈内，一直将北冰洋视为自己的传统势力范围，现在更是理直气壮的认为自己更有理由和优势从北极“蛋糕”中分得大块。

俄罗斯对北冰洋领土主权的宣示行动可谓是全方位的、战略性的，不仅积极搜集有利地质证据，甚至将国旗插在北极点的洋底，还制定专门的国家北极战略计划，并为将来往北极派驻军队稳打基础。

早在2001年，俄罗斯就非常积极地向依据《联合国海洋法公约》建立的大陆架界限委员会提出申请，要求能把本国的大陆架扩展到北极的罗蒙诺索夫海岭水域，但是因为“缺乏证据”，要求被驳回。但执著的俄罗斯人始终坚信自己能找到“合理”扩展区域的理由，从2007年开始，多次奔赴北极开展科考活动，努力的挖掘支持本国主张的证据，为再度申请做准备。

2007年6月，由俄罗斯知名北极专家、国家杜马（议会下院）副主席奇林加罗夫率领的俄罗斯科考队搭乘核能破冰船开展了为期6周的科学考察。此次科考中，他们前往位于北冰洋东部地区罗莫诺索夫海脊，乘深海潜水器从北极点下潜至4 000多米深的北冰洋洋底，发现这个位于俄罗斯东部偏远地区的水下大陆架与俄罗斯联邦的国土相连。凭借这次科考“最令人兴奋的消息”，俄罗斯毫不犹豫的以此声称，俄罗斯有足够的理由认为这个从北极点到俄东西部两端构成的三角区域的权益应属于俄罗斯。如果获得联合国承认，俄罗斯不仅可以实现“国土增肥”，使国土面积增加120万平方千米，相当于扩展意大利、德国及法国面积的总和的“地盘”，而且，还能获得相当于100亿吨标准燃料的天然气与石油资源，大大延伸专属经济区，获得渔业、航道等方面的利益。

为了展示此次科考的“伟大成果”，科考队成员将一面钛合金制造的俄罗斯白蓝红三色国旗插在了罗莫诺索夫海脊上，昭示俄罗斯对这片120万平方千米的海底区域拥有主权，尽管美国、挪威、加拿大和丹麦等国的谴责和抗议之声不绝于耳，但俄罗斯“理直气壮”地屡次重申，罗蒙诺索夫海脊是西伯利亚大陆架的延伸，理应归俄所有。

俄罗斯对北极的态度非常认真，“插旗秀”之后，法律法规、军事配合开始环环相扣，全方位登台亮相。

2008年7月18日，俄罗斯总统梅德韦杰夫颁布了尽快开发北极的法令，该法令授权俄联邦政府可以跳过竞拍程序，直接指定企业开采大陆架上的石油和天然气资源，而此处的“大陆架”概念显然包括有争议的地区。

2008年8月，俄罗斯召开特别安全会议，总统梅德韦杰夫指出：“北极对俄罗斯具有战略意义，我们应当可靠而长远地保证俄罗斯在北极的国家利益，首要任务是把北极变成俄罗斯21世纪的能源基地。”此次会议还通过了2020年前关于北极的国家政策。

2008年9月，俄罗斯通过《2020年前北极地区国家政策原则及远景规划》，提出将“北极地区作为保障国家社会经济发展的战略资源基地”。2009年5月，

图5.7　2007年8月7日，俄罗斯知名北极专家、国家杜马（议会下院）副主席奇林加罗夫在莫斯科展示插在北冰洋底的俄罗斯国旗的照片

总统梅德韦杰夫批准《2020 年前俄联邦国家安全战略》。在这份文件中，俄罗斯认为在十年之内，全世界可能会围绕争夺丰富的石油和天然气资源爆发一场世界大战。俄罗斯向全世界发出警告，俄罗斯将不惜动用武力捍卫国家利益。

2007 年插旗事件之后，正当很多国家愤愤然表示抗议的时候，俄罗斯“趁热打铁”，在靠近北极附近一个面积约为 16 平方千米的岛屿上，建起了“北极 35”号浮冰漂流站。同年 7 月 12 日，俄罗斯“圣彼得堡”号破冰船投入使用，普京亲自登船参观。俄罗斯运输部表示，俄造船企业从 2008 年开始将再建造 3 艘破冰船。

紧接着，俄罗斯利用核潜艇，在北极附近海域进行了两枚 RSM－54“轻舟”洲际弹道导弹的试射。对于“轻舟”的性能，有报道称，“轻舟”有能力携带核弹头打击美国本土。7 月 28 日，俄罗斯空降兵司令宣布，俄空降兵计划在 2008 年 4 月在北极地区实施数个载有货物和人员的平台空投行动。

2009 年 3 月 27 日，俄罗斯联邦安全会议公布了一份北极战略规划——《2020 年前及更远的未来俄罗斯联邦在北极的国家政策原则》。根据这一战略规划，俄罗斯将在北极部署一支专门部队——“北极独立部队集群”，与此同时，俄罗斯还要加快边防部队的军事现代化进程，建立边防部队对北极的有效监视和反应机制。俄罗斯的卫星、空军、海军也将更为密集地巡逻北极领土，以维护俄罗斯在北极地区的利益和保持在该地区的“领先优势”。在这份北极战略规划中，俄罗斯明确表示，将在 2011—2015 年完成俄在北极地区的边界确认，确保实现“俄罗斯在北极能源资源开发和运输方面的竞争优势。”

图 5.8　俄罗斯“台风级”战略核潜艇在北冰洋发射导弹

有专业人士分析称，俄罗斯始终视北极为自己的战略大后方和攻击北约的战略通道，早在冷战期间就致力于经营极地军事网络。著名的北方舰队、太平洋舰队、第37航空集团军（俄罗斯战略轰炸机隶属单位）和战略火箭兵都拥有相对完善的北极据点。在2011年6月30日，德国《焦点》杂志自称获得俄罗斯军方人士消息透露，俄罗斯将向北极地区派驻第一支部队。俄罗斯北极驻军将采用特种技术和服装，驻军来自摩尔曼斯克（Murmansk）附近的军事基地。

有报道称，俄罗斯对北极争夺中随时使用军事武力的“迹象”早在苏联时期就已经凸显出来。在苏联时期，苏海军的核潜艇就将北极视为重要的“发射基地”。而现在，俄罗斯海军的核动力破冰船和远程轰炸机的身影也常常出现在北极，尤其是在核动力破冰船领域，俄罗斯优势明显。所以，有分析认为，面对各国在北极地区日益激烈的竞争，俄罗斯很可能以破冰船等优势装备为先导，支持俄罗斯海空军在北极地区活动，进而加强对北极海域的监控。

俄罗斯一个多维立体争夺北极的军事方案已经逐渐呈现在世人面前。如此的运筹帷幄，如此的下大力气推行“北极战略”，从政治军事的层面上来说，其实质就是要强化其地缘政治大国地位。“俄罗斯欲借占领部分北极地区，弥补其因失去欧洲势力范围而造成的遗憾，同时希望控制北冰洋，进而控制世界经济新走廊。更重要的是，可以借开发北极地区经济的同时在军事上从东西两侧威慑欧美。”有俄军事专家指出，北极圈与世界主要大国和军事强国有着最短距离。俄从北冰洋发射的洲际导弹只需10分钟就可对美国腹地进行有效核打击，美国的反导系统根本来不及拦截。验证这种分析的是普京，他强调：“北极是俄罗斯的战略储备，是俄罗斯国家发展和未来保持大国地位的战略储备”。

目前，世界上最大的核动力破冰船“胜利50周年”号已经在俄罗斯圣彼得堡市涅瓦河岸诞生了。

这艘“胜利50周年”号破冰船是世界上第一艘符合海洋环保要求的核动力破冰船。它长159米，宽30米，排水量2.5万吨，可破冰厚度达到2.8米，其船体外壳内设有环保隔离区域，可以防止核辐射对海水造成污染。核动力破冰船的最特殊之处是不必更换燃料，尤为适合在海上长期航行。在2.8米冰厚的洋面上，核动力破冰船的航行速度大约为每小时4~5.5千米。

图 5.9　俄海军台风级战略核潜艇群

核动力破冰船除了具有特殊的军事优势之外，目前更重要的职能是帮助俄罗斯把北极圈内的矿藏运出来。俄罗斯北部地区有将近 36% 的领土都在北极圈内，矿产宝藏丰富，俄罗斯 40% 的煤、99% 的金刚石就储藏在这里。由于该地区的土壤是永久冻土，修建公路和铁路的难度较大，所以，绝大部分的矿藏至今还未被开采，如果未来开采并被运输出来，就只能从海路由船舶运输，此时破冰船的作用就举足轻重了。据俄罗斯政府估计，“胜利 50 周年”号投入使用之后，再加上已有的 8 艘核动力破冰船，将能保证俄罗斯北方航线每年 500 万 ~ 700 万吨的货物运输，目前这一数字还不到 150 万吨。

还有俄罗斯工程师建议研制核动力破冰潜艇打通北冰洋航道，如果这个计划实现，2012 年通过这条航线的货运量可能会超过 500 万吨，今后若干年这一货运量还有望增长 10 倍。通过北方海上航线运输货物比通过苏伊士运河要节省 2 440 海里路程和 10 天运输时间，每艘船平均可节省大约 800 吨燃料。

俄罗斯在巴伦支海西部的摩尔曼斯克港设有一个不冻港，但目前，巴伦支海东部每年只有 110 天的无冰期，剩余的 200 多天时间里，俄罗斯就依靠破冰船来保证航线长年相对畅通。目前，俄罗斯的破冰船可以在摩尔曼斯克港和位于西伯利亚北部的杜金卡港之间全年巡航，为货船开辟海路通道。

俄罗斯现在已经“一马当先”，开始引进外资来开发北极地区石油资源。

2012 年 4 月，俄罗斯石油公司与世界头号石油巨头埃克森美孚公司签署了一项协议，将成立一家合资公司，联合开发北冰洋喀拉海的 3 个矿区和黑海的大陆架，预计将在 2014—2015 年进行试开采。如果全面投产，总投资额有

图 5.10　俄罗斯的核动力破冰船

可能超过 5 000 亿美元，其中三分之二的资金由俄石油公司负责，而埃克森公司承担剩余部分和用于勘探的 32 亿美元启动费。

目前埃克森在全世界拥有相当于 250 亿桶石油的可开采储量，而喀拉海 3 个矿区的储量估计就有 850 亿桶。在主要产油国加强对石油和天然气资源控制的时代大背景下，埃克森公司此次可以通过大幅度增加资源储备来为未来的大收益做好准备，而俄石油公司也获得了埃克森在加拿大、美国得克萨斯州西部以及墨西哥湾的 3 个项目中的 30% 的股份，这些矿区的先进技术对于联合开发项目的开展也是作用积极。

意大利石油巨头——国家碳化氢公司（ENI）也紧随其后，与俄罗斯石油公司签署了联合开发协议，与俄罗斯方面成立合资公司，共同开采位于北极圈巴伦支海的两个预计储量 257 亿桶的矿区，预计将在 2020 年至 2021 年左右开始试开采。作为交换条件，俄罗斯方面获得 ENI 在北非等地的一部分权益。

在北极地区开发石油矿产需要先进技术和巨额资金，在“单刀单枪”力不从心的情况下，俄罗斯与国外石油公司的两份协议的达成意味着俄罗斯已经下定决心在北极地区大干一场了。

众所周知，俄罗斯是世界上最大的产油国，其主产地是在西伯利亚，但由于采油高峰期已过，基于目前的国内需求现状，仅凭现有的生产水平和技术，俄罗斯的“可开采年数”正在不断下降，从 2006 年的 22.3 年，下降到 2010 年的 20.6 年。紧迫的现实迫使俄罗斯不得不把开发的重点转向东西伯利亚和北冰洋的大陆架，俄政府更是不断的表示，俄罗斯将坚定不移地保护自己的地缘政治利益，必要时，俄罗斯将通过武力维护在北极地区的利益。

俄罗斯的“北极战略”是最高调的、最激进的、最强硬的，未来俄罗斯会一直认定，“北极纷争的结果不是由国际法，而是由军事实力决定的。”

加拿大：针锋相对抢“领土”

加拿大在北极地区的领土、领海占用面积仅次于俄罗斯，对北极资源的渴望程度相比较于俄罗斯，更是有过之而无不及。早在20世纪50年代，加拿大就“勇敢的”宣布对北极地区拥有主权，虽然没有得到国际社会的承认，但加拿大“毫不气馁”，继续加强对北极地上地下、水上水下的关注，制定出国家层面的北极战略，以更迅速、更深入、更实际、更丰富的动作展示其“拥有北极”的决心。

第一招：强化军事存在，保卫“领土”。

2007年的俄罗斯在北极极点海底的插旗行动，深深地刺激了加拿大人的神经。作为领土面积一半在北极圈内的大国的防长，彼得·麦凯言辞激烈，“现在不是15世纪。你不能在世界各地奔走，仅靠插国旗就对这片地域提出领土要求。”此后，加拿大针锋相对地开始了一系列加强北极地区军事力量的军事行动，以此向世界表明对北极的“一片冰心”。

2006年执掌总统大权的斯蒂芬·哈珀在竞选之时就将捍卫北极主权作为自己的主要政治纲领之一，上任之后更是连续三年访问北极地区，彰显其对北极主权的格外重视，同时向世界宣称加拿大在北极问题上的首要原则是“要么拥有要么失去”。

加拿大《多伦多星报》曾这样评价哈珀的北极“亮相”：他身着牛仔服、T恤、毛衣和远足靴，一副牛仔打扮，先乘坐橡皮艇，登上护卫舰“多伦多”号，继而换乘海军航空兵“海王”直升机，登上潜艇“布罗克角”号，并随同下潜，可谓上天入海，辛苦异常。该报评论称，这是哈珀在刻意向同样喜欢个人“出风头”

图5.11　2007年8月10日，加拿大总理哈珀（左）视察加拿大巴芬岛的南尼斯维克镇

“秀肌肉”的俄罗斯总理普京叫板：你能做到的，我也不含糊。

2012 年的 8 月 20—24 日，加拿大总理哈珀第七次视察了加拿大北极地区，此次视察范围包括加拿大北部的育空地区、西北地区、努纳武特地区和马尼托马省北部。在哈珀看来，加拿大北极地区的发展潜力不可限量，因此在视察期间，哈珀宣布加联邦政府对上述地区的经济与社会发展项目予以资金支持，以将加北极地区建成加拿大主权范围内的一个安全与繁荣的地区。有评论称，加拿大北极战略包括 4 项内容，分别是行使北极主权、保护北极环境、促进北极地区社会与经济发展、改进加政府对北极地区的管理。哈珀就任总理的七次北极之行，是加拿大推进北极战略的一个重要举措，旨在宣示对北极地区的主权管辖。

图 5.12　2009 年 8 月 19 日，在北冰洋东部海域巴芬岛，加拿大总理哈珀（左二）、加拿大国防部长麦凯（右）接近一艘潜艇

其实，加拿大在北极的军事装备极富竞争力，他拥有全球一流的破冰船队和适合极地航行的导弹护卫舰，也有规模庞大的北极港口提供后勤支援。2007 年 8 月 10 日，哈珀视察加拿大巴芬岛的南尼斯维克镇时发表声明说，加拿大将在北极地区建立两个军事基地，其中包括加拿大在北极地区的首个深水港和一个军事训练中心。同时宣布了 3 项旨在增强加拿大对北极主权的决定：更新北极圈内战略要地雷索卢特湾的军事设施，扩充那里的武装巡逻部队并改善装备，在巴芬岛的南尼斯维克镇建立主要为军用的北极深水港。2012 年 8 月，有关方面披露，加拿大政府准备拨款 10 亿美元购买先进的武装无人机，用以强化该国对其北极地区的监控。

2011 年 8 月，哈珀在再次前往北极视察之前表示，加拿大北部地区“是国家身份的根本部分，是政府议程的基石”。加拿大政府将把重点放在那里的基础设施建设与经济开发上，如港口建设、导航设施以及海空难救援设施的配备等。另外，政府已决定投资 1.5 亿加元（1 加元约合 1.02 美元）建设一条从内陆通往北冰洋海岸的道路。

同样是在 2011 年 8 月，堪称加拿大史上之最大的“北极熊”军事演习在加北极地区举行。此次军演共有 1 100 人参加并分数个阶段举行，演习地点位于巴芬岛和埃尔斯米尔岛周边区域。加拿大军方派出运输机、侦察机和 CF－18 大黄蜂战斗机，而且无人机也首次在北极地区亮相。国防部长麦凯表示，“北极熊”行动有两大目的，一是显示加拿大在北极地区“永久性和季节性的”存在，维护加拿大在这一地区的权益。二是表现相关合作意愿。

尽管和美国、俄罗斯等军事大国比，“北极熊”的军事演习规模可谓微不足道，但需要看到的是，在 2007 年的“8000 千米北极行军”中，加拿大只出动了 24 名军人，时隔一年之后，加拿大就出动了 1 000 多名陆海空军人、两艘战舰、两架战机，不仅安全情报局和边境服务局等相关力量参与其中，而且潜艇和新组建的极地特种部队也第一次出动了。短短一年，加拿大的进步是“今非昔比”。

2012 年的 8 月 1—26 日，加拿大连续第六年在加北极地区举行年度军事演习。据加拿大国防部透露，此次参演兵力达 1250 人，是六次军演中参与人数最多的一次。

第二招：加大科研力度，准备开发北极。

除了加强军事部署这块短板外，加拿大也在加大科研力度，为将来开发北极资源做准备。加拿大发起了大型北极测绘项目，加拿大政府计划 5 年内投资 1 亿美元，绘制加拿大北部能源和矿藏地图，预计到 2013 年结束。2009 年 5 月份，加拿大公布了世界上首张北极地区综合地图。加拿大媒体报道称，凭借这张地图，人们不仅能认识大陆冰架下的各种情况，也可找到油气、金矿、钻石矿等矿产资源。时任加拿大外长的劳伦斯·坎农紧随其后宣称，作为“北极超级大国”，加拿大政府对于根据联合国条款获得北极极地海床的权益充满信心，加拿大将在科学数据、国际法和世界领先技术的引导下，保证对北极资源的所有权。

从 2007 年开始，加拿大决定出资推进 26 个基础建设和科研新项目。据加拿大《环球邮报》报道，因纽特人是北极地区的“永久居民”，作为加拿大国

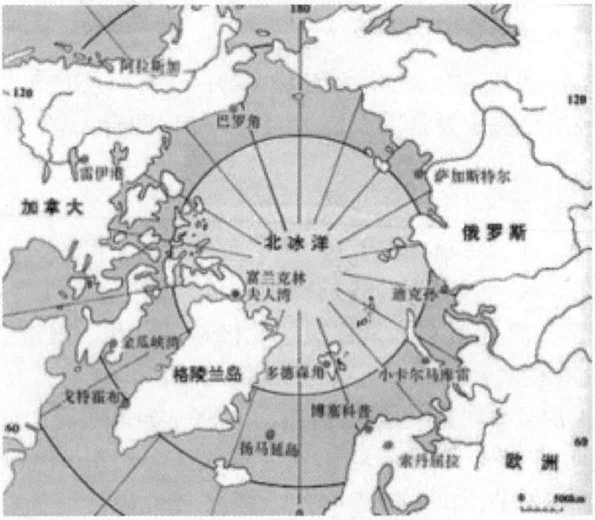

图 5.13　北极周边示意

家的起源和重要历史阶段之一，因纽特人的这段“非白人历史”是长期被淡漠和忽视的。为此，加拿大将开始着手修订历史教科书，将当地因纽特人的历史大幅写入其中。

为了真正地成为“北极超级大国”，加拿大还强化了对靠近北极领土的建设。加拿大总理哈珀 2007 年 8 月 18 日到该国北极地区进行视察时，对加拿大北部地区的民众做出承诺，将成立“北部地区经济发展局”，总部将设在加拿大最北部的省份——努勒维特（处在北极圈内）。

2009 年，争取连任的哈珀把对北冰洋海域的所有权作为竞选的重要纲领之一，他主张，加拿大政府要把《北冰洋水域污染防治法案》规定的范围扩大一倍，从加拿大海岸延伸到 233 英里海域，表示“加拿大将对北冰洋海域的环境和资源拥有双向责任。”《北冰洋水域污染防治法案》禁止船只在北冰洋海域丢弃任何污染物，包括陆地和船只的污染物。哈珀声称，“从环境、安全和经济问题出发，我们宣布拥有对加拿大北冰洋地区的主权。而且，加拿大政府会倾注所有的力量来保证这种主权。”

第三招：宣布航道新规则，定格话语权。

加拿大在北极地区的另一个天然优势是拥有著名的“西北航道”的控制权。

西北通道全长约5 150千米，从北大西洋经加拿大北部海岸、美国的阿拉斯加及丹麦的格陵兰岛，进入北冰洋，再进入太平洋，此航道是连接大西洋和太平洋的捷径。未来随着全球气候变暖，此航道可能每年有几个月的通航期。有专家认为，北极航道一旦开通，将会出现巨大的经济利益，甚至将改变世界贸易格局，形成俄罗斯、北美、北欧为主体的超强的环北极经济圈，进而影响整个世界的经济和地缘政治格局。目前，这部分水域是作为加拿大内海而被加拿大政府控制的。

2008年8月27日，加拿大总理哈珀突然宣布，今后，所有经过“西北航道”——从大西洋经欧亚两洲北部诸海到达北冰洋——的船只必须向加拿大海岸警卫队提出申报。目前，这种申报行为是自愿的、非强制性的。报道中称，此前，加拿大对“西北航道”的单独占有已经引起了国际争端，包括美国、欧盟在内的西方国家都认为，北冰洋水域是国际水域，不应归任何一个国家单独所有。美国承认北极“西北航道”蕴藏的自然资源应属加拿大所有，但也坚持这一水域属于国际航道，并非加拿大专属航道。目前，巡洋舰要进入这一区域，可以自愿向加拿大海岸警卫队申报，以获取天气、冰面情况等信息，私人所有的游玩潜艇进入这一水域则无需申报。

哈珀说，“加拿大政府推出的新措施在给世界各国发出明显信号。可能会有一些国家不同意我们的做法，不承认我们的领土权。我希望我们能够就新规则中最重要的部分进行合作。因为归根结底，必须有人来管辖这一地区，包括对环境的保护和商业利润的获取。”“希望所有的外国船只都能遵守加拿大政府的新规定，同时，加拿大已经加强了海岸警卫队舰艇的数量和能力，随时准备拦截、拘留那些不听话的船只。”

全球气候变暖加剧了各国对这一航道的争夺。如果未来冰层进一步融化，如果还按照目前沿岸12海里水域为主权海域的国际标准来划分的话，那么这些岛屿之间的水域就会不受加拿大的支配和控制，所以加拿大此举可能是对未来挑战的一种提前布局吧！据报道，哈珀领导的政府已经向国会提出了总金额超过10亿加元的预算申请，以扩大海岸警卫队在“西北航道”的部署。

美国：科研先行，军事压后

面对俄罗斯的剑拔弩张和加拿大的志在必得，美国以“大国风范”的沉稳“低调”，务实灵活地实施着自己的北极战略。

2009年1月9日，乔治·沃克·布什总统签署了《2009年美国北极政策指令》，用以取代美国1994年颁布的有关北极政策的“第26号总统指令”，由此，美国的新北极战略正式“问世”。新战略的宗旨涵盖了六方面的内容：确保美国在北极地区的国家安全和国土安全；保护北极环境和生物资源；确保该地区资源开发和经济发展的可持续性；加强北极八国之间的合作；吸收北极土著居民参与有关北极议题的决定；加强对区域性、全球性环境问题的科学监测和研究。小布什在离任前所签注的这项政策指令，再次确定了北极对美国的国土安全具有重要意义，认为《联合国海洋法公约》对于确保美国北极利益极为重要，肯定了大陆架划界的必要性，并标明期待通过国际海事组织发展北极航运。

2012年6月，美国国务卿希拉里访问北欧的紧张行程中将重要一站留给了北冰洋。在全球瞩目北极丰富资源储备、多国摩拳擦掌欲在争夺战中铩羽而归的大背景下，希拉里的北极之行耐人寻味。希拉里在挪威北部城镇特隆姆瑟登上了一艘研究船，然后在挪威外交部长的陪同下穿越北冰洋海域。结束了大概两个小时的峡湾之行之后，希拉里对记者表示，很多国家都在研究该地区自然资源勘探开采以及新航线开辟的潜力，就北极的开发规则达成一致是非常重要的，这会使新开发具有经济可持续性和环境友好性。有评论认为，希拉里的此行与此言充分表明了对北极的兴趣与关注。

图5.14　2012年6月，希拉里与挪威外交部长乔纳斯·盖尔·斯托雷（Jonas Gahr Stoere）在穿越北冰洋的研究船上交谈

其实，仔细观察就会发现，对待北极，美国低调的背后是扎实的未雨绸缪与运筹帷幄。

策略一："闷声不语"搞科研。

北极的资源储备丰富，美国是心知肚明，其开采北极地区石油的想法在1977年就已经萌生了。当时美国国会向内政部咨询开采北极地区石油的可行性，但因环境保护问题而被搁置。尽管此后不断被提出，但每次都无一例外地被否定、被搁置。

美国是第一个到达北极极点的国家。2003—2005年间，新罕布什尔大学研究院与海洋测绘中心曾两度派遣研究队到阿拉斯加北部的楚克奇海进行研究，试图为美国认领该地主权提供依据。2007年，美国海岸警卫队派出一艘名为"希利"号的破冰船启程前往北极进行海底地图绘制工作，再次为了寻找到支持美国北极主权诉求的新依据。

2008年，美国组建了一个特别的跨部门机构——北极形势分析及评估小组，该小组由美国国务院领导，其成员包括美国海军部的代表、美国国内安全部海岸卫队的代表及矿产资源管理机构的代表。该委员会最大的目的是支持北极考察委员会。

美国已经在北极地区建立了环北极观测网络和大量的基础设施，隶属美国联邦政府内政部的地质勘探局经过为期4年的调查，在2008年7月发布了调查报告，首次证实了北冰洋冰面下蕴藏着巨量的油气资源。有观察人士分析，此份调查报告肯定会把美国政府的目光从近海油田引向北极，开发北极势必会迅速提上美国政府的议事议程。

为了弥补自己地理位置上的相对劣势，美国还注意与自己的盟友、另一个北冰洋大国——加拿大积极协调立场，联合抗俄。2008年7月，北极形势分析及评估小组召开扩大会议，分析了美国在北极科学考察和地质勘探活动的结果。为了开展科学考察地质勘探活动直接使用潜艇，会议讨论了建造核动力破冰船的事宜。参会人士认为，俄罗斯拥有7艘破冰船，在北极领土之争已经领先。而美国目前只有3艘破冰船，巡逻和保护北极水域的能力远低于俄罗斯，因此，为了能达到或超过俄罗斯的技术实力，同时也为了瓦解加拿大与俄罗斯在北极大陆架边界划分上所达成的共识，美国决定暂时搁置与加拿大之间的争议，组建联合勘察队，对北极进行科考，收集有关北极大陆架和海底的科学数据。

2010年8月7日至9月3日，由美国国务院牵头，美国延伸大陆架特别工作组与加拿大相关部门联手，乘坐海岸警卫队所属的“希利”号破冰船，再次奔赴北极地区采集科学数据。对此，美国国务院曾发表声明称，此次科考活动不仅有利于准确描绘北冰洋大陆架的外界，而且有助于解决美加两国的海洋边界争议。

策略二：军事压后。

2009 年 1 月，即将卸任的小布什总统签署的《2009 年美国北极政策指令》中非常严肃地强调了美国准备动用所有能够动用的手段捍卫在北极地区的主权。当年 11 月，美国对外宣布了自己的“北极路线图”。这份“路线图”在美国在北极地区的政策制定、资源投入和行动中扮演着指导性的角色。

对于美国来说，美国在北极主要涉及三大利益——能源储备、航线和潜在的领土争端。2010 年 7 月 19 日，奥巴马总统签署行政令，公布美国的海洋政策，确定了“九大优先行动领域”，“北极事务”名列其中。美国认为，在未来五年中，北极事务主要包括：解决北极地区及附近海域，因气候和其他环境变化而引起的各类环境管理问题。与之前的“北极路线图”宗旨相一致，美国在北极的行动将以提升对北极地区环境变化的认知、促进合理的资源投入、增加北极地区活动经验，与相关国家建立合作伙伴关系以及支持《联合国海洋法公约》为主旨。

图 5.15　美海军弗吉尼亚级 SSN－775 德克萨斯号核动力攻击核潜艇海试中

图 5.16　海试中的美海军海狼级核动力攻击核潜艇

奥巴马政府在2010年国家安全战略中称，美国是“在北极地区有着广泛和重要利益的北极国家”。目前，美国已在阿拉斯加州建立了多个军事基地，加上美军在其北约盟国挪威、冰岛和丹麦格陵兰岛建的多个导弹和雷达基地，美国已经准备好了可覆盖北极的军事支持网络。美国国防部称，美国将通过导弹防御和预警、战略威慑、海空部署等确保在北极地区的国家利益，而当前美国在北极地区的军事部署能够满足现在到2030年的防务需求。

图5.17　美国“洛杉矶”级攻击核潜艇，经常采取在敌基地外围海域预先潜伏的战术

2009年10月，美国海军宣布，美国将在北极部署一支被称为“大绿舰队”的航母战斗群，以保持在北极的强大的军事存在。之所以取名“大绿舰队”，一方面是因为其航母采用核动力、舰载机使用绿色的生物燃料，另一方面，为了与美国海军史上的“大白舰队”对应，据知在1907年12月16日至1909年2月22日期间，美国海军派出一支庞大的舰队进行炫耀式的环球航行，因所有舰只周身都涂成白色而称为“大白舰队”。有评论称，美国海军此举旨在北极大打“环保牌”，在强调本国航母编队和战斗机“绿色环保”的同时，要求其他国家的军舰和战斗机也要“环保”。但是除美国外，其他国家都无力打造所谓的“绿色舰队”，这在将来完全会成为美国指责他国“污染北极”的借口，并借此排除其他国家介入北极的能力。

目前，美国海军拥有世界上规模最大的核动力航母战斗群，而为战斗机开发生物燃料也已经进入实用阶段。据报道，与其他国家的破冰船和军舰相比，美国的核动力航母战斗群有着先天优势，不需要频繁补充燃料，舰载机和预警机可监控大面积海域和空域，并可对未来形成的北极航线“重点监控”。分析人士指出，美国海军打造“大绿舰队”就是利用航母充当“海上移动基地”，维持在北极的长期军事存在，此举也是美国向外界高调发出的“进军北极”的强烈信号。

策略三：瞅准时机就下手。

美国早在布什执政时期就解除了在美国近海开采石油的行政禁令，这相当于把拴在美国脖子上的制约锁链给摘除了，美国可以放开手脚，大举勘探北极，继而开采北极石油了。美国联邦下属的地质勘探局对北极圈内 25 个被认为可能有油气的地质区域内进行了全面评估，将“资源宝藏”的藏身地主要圈在东巴尼特盆地，大约可分为 3 个地带，包括丹麦格陵兰岛东北部地区、格陵兰岛西部及加拿大东部地区和覆盖国际及美加水域的阿拉斯加地区。对此，美国地质勘探局局长马克 · 迈尔斯表示：“我们需要知道那里（北极圈内）都有些什么。而我们这份评估报告可以让世界上每一个公民都了解到相关信息，

图 5.18　格陵兰岛康克鲁斯瓦格机场的路标，
上面显示了去往北极点及纽约、莫斯科、东京和哥本哈根等城市的飞行时间

并让国际社会都来参与决定如何开发这一区域。”

2009 年 10 月，奥巴马政府组建之争不久，就在环保人士的反对声中，有条件地允许壳牌公司开始在环境敏感的波弗特海面钻取石油和天然气，美国政府的坚决态度表明，美国已经迈出了进一步开发北极资源极其重要的一步。2012 年 6 月 16 日，美国内政部长肯尼斯·萨拉查（Kenneth Salazar）表示，美国将很快就会批准宣布阿拉斯加的北极油田探勘案。看来在全球油价飙涨，中东的局势混乱的时代背景下，美国在北极卷土重来的趋势不可阻挡。

19 世纪中叶，美国国务卿威廉·亨利·西华德（William Henry Seward）以 720 万美元的价格从俄罗斯手中买下了阿拉斯加，很多美国人都指责西华德此举是个愚蠢而荒唐的行为，讽刺阿拉斯加是“西华德的冰箱”。但西华德不这么认为，他说：“现在我把它买下来，也许多少年以后，我们的子孙因为买到这块地，而得到好处。”一百多年之后，西华德的远见得到了证实。北极的丰富资源储备和独特地缘战略位置已经使多国投入到争夺战中，而阿拉斯加不仅可以为美国提供丰富的矿产，更让美国拥有了染指北极油气资源和海上战略航道的重要跳板。

在俄罗斯和加拿大高调亮相的“掩护”下，现在的美国已经“藏器于身，待时而动”，凭借着世界第一大国的综合实力，美国未来在北极的作为必然与其超级大国的名号相匹配。

中国是否应分享北冰洋开发“蛋糕”

北极地区并不是专属某一个国家的“后院”。作为非北极国家的中国，是否也和北极有关联呢？答案是：有，肯定无疑！

其实，北极之于人类的价值，简单可以概括为：环境、科研、资源和航道。北极对于中国的价值，亦是如此。

环境与科研

中国并非北冰洋沿岸国家，但北极却是影响中国气候变化的“始作俑者”之一。

全球气候变暖的大趋势已经不可改变，表现最明显的区域就在极地地区。科学研究表明，近 100 年来，北极平均温度升高的速度是全球平均速率的两倍。自 1978 年以来，北极年平均海冰面积以每十年 2.7% 的速率退缩。自 20

图 5.19　1999 年中国北极科学考察

世纪 80 年代以来，北极多年冻土顶层温度的上升幅度已高达 3℃。联合国政府间气候变化专门委员会的《气候变化 2007：自然科学基础》报告中曾指出，北极的格陵兰和南极冰盖的退缩使 1993—2003 年间的海平面平均每年上升 0.41 毫米，各年上升幅度从 0.06 毫米至 0.76 毫米不等。很多专家担忧，按照目前的全球变暖速度，格陵兰冰帽将会在几百年内融化掉，世界海洋水位会增加 6～7 米。

中国是一个沿海国家，拥有 1.8 万千米的大陆海岸线，在海岸线 30 千米范围内，有超过 12 亿人口生活在此。海平面的上升会严重地威胁到中国沿海地区的生存和发展。有专家指出，"如果格陵兰冰盖全部融化，全球海平面将上升 7 米；全球海平面只要上升 1 米，中国沿海地区就将成为泽国。"

而且，北极气候变暖会导致北半球气候紊乱，对自然生态系统、水资源、农业和人类社会产生深远影响，使我国的热浪、强降水、干旱等灾害性天气的出现频度与烈度大大增加。有研究证实，北极的气候系统影响着中国大部分经济区域的旱涝风霜和季节交替。如 1957—2001 年的 45 年间，冬季北极格陵兰海、巴伦支海北部、白令海峡等海区海冰普遍减少，鄂霍次克海冰增多，极地气压降低，北极涛动趋于增强，中国大部分地区冬季气温则趋于升高。另外，

2008 年的中国南方地区的冰雪灾害即与北极有关。

北极环境的变化对中国产生的影响是直接、快速、深刻的，中国在北极的科考工作非常必要与迫切。中国的很多专家学者已经明确指出，中国必须密切观察和跟踪北极地区气候等自然环境的变化，认真研究和客观评估自然环境变化对中国和国际社会的影响；中国必须加大力度进入北极地区开展北极科学考察和研究，以进一步了解和掌握北极自然环境的变化，认识北极气候变化和环境变化的规律，为正确应对这些变化提供科学依据，最大程度减缓对我国的不利影响。

资源

北极地区的海底资源可以说是世界闻名的一大资源宝库，很多人将其称为地球头顶上缀满宝石的王冠：1/4 全球未勘探的石油和天然气，将近 1/10 的世界煤炭资源，世界上最大的铁山，不可估量的铜、钴、镍、铅、锌、金、银、金刚石、石棉和稀有元素等矿产资源、水产渔业资源等。在全球资源日益匮乏的环境下，这些丰富的资源对每一个国家都充满诱惑。

中国的经济飞速发展，对能源的需求与日俱增，中国已经成为一系列原材料的最大进口国。从 1993 年开始，中国已经成为石油净进口国，到 2009 年石油对外依存度超过 50%。按照目前中国的能源消耗率和消耗速度，很多专家学者已经开始担忧，世界上的能源，例如石油和天然气将不足以满足中国未来的经济增长需求，尤其是很多像阿拉斯加和欧洲的北海油田等传统油田正面临枯竭。而中东地区，目前中国石油进口的主要来源地正因为局势动荡而导致石油价格波动频繁，原有进口国深受其害。因此，中国正面临着增加石油和天然气来源所带来的巨大战略压力，北冰洋海底资源可以成为中国能源来源多元化的新渠道，未来将北极开发考虑在多元化发展战略中，可能势在必行。

也有专家称，一旦对北极地区的资源进行开发，对中国最为有利的是与邻国俄罗斯进行相关的国际贸易，利用中国丰富的人力资源进行劳务输出或合作开发，以北极丰富的资源来发展我国经济。国际贸易的另一种形式是以我们的轻工产品和农副产品换取我们需要的矿产资源，特别是西伯利亚的石油、天然气、铅、锌、铜、金、金刚石等。

航道

北极航道对于中国同样具有特别的意义。从 1979 年开始，北冰洋的夏季海冰每年以11.2%的速度下降，这将使北冰洋真正以海洋的本来面目出现。据美国海军估算，到2040年，北极地区将会出现一个月没有结冰的时期，这就使连接欧洲、亚洲和美洲北部地区最短的航道的出现成为可能。据国际航运界计算，船舶从北纬30度以北的任何港口出发来往与北大西洋与北太平洋之间，使用北极航道要比绕行南部的苏伊士运河和巴拿马运河节省至少40%的航程。世界发达国家大多处于北纬30度以北地区，这个地带生产了当今世界80%的工业产品，占据70%的国际贸易。对于中国来说，经济利益也同样巨大。2010年，首次通过北极水域将挪威北海北部地区的4万吨铁矿石运往中国，比通过苏伊士运河运输缩短了18天航程。从上海出发到德国汉堡，如果走北冰洋的东北航道，航程将缩短约45%。

图5.20　中国首次布放极地大型海洋观测浮标

中国目前严重依赖波斯湾提供的石油，国际能源署预测，到2015年，中国进口石油的70%来自中东，其余来自非洲、俄罗斯的输油管道和铁路以及中亚的输油管道。中国进口石油的50%经马六甲海峡运抵中国。近年来，这条航道因为大国控制和海盗猖獗，安全系数大大降低，而且壅塞现象严重，通行能力接近饱和，航运成本不断提高。而北极航道将为中国物资和商品运输通道的多元化提供新路径，如果能够利用北极航道运输战略物资就可以减少目前高度依赖马六甲海峡和南中国海域的现状，有助于中国分散战略风险。因此，中国有媒体盛赞大大缩短航程的北冰洋航线为“北极黄金航道”。

北极是全人类的北极，中国在北极地区拥有重大利益，不应因距离原因而选择“局外中立”，而应通过正确的外交战略和产业链接，创造性介入到北极事务中去，明确在北极的身份与角色地位，争取在北极的合法权益，积极分享北极开发的“蛋糕”。

中国应如何部署北冰洋

“时五月二十四日，夜半十一时，泊舟登山，十二时至顶，如日正午。顶有亭，饮三边酒，视日稍低如暮，旋即上升，实不夜也，光景奇绝。”这首题为《携同璧游挪威北冰洋那岌岛颠，夜半观日将下没而忽升》的长诗，是1908年流亡海外的康有为所作。他记录了自己和女儿（同璧）在北极斯瓦尔巴德群岛的那岌岛，即今天挪威的埃季岛，所看到的特殊的极昼景象。这也成为中国人到达北极的最早记录。

100多年过去了，当年康有为笔下“万载寒冰冷我躯”的北极，现在因其经济和战略地位逐渐显现，已经逐渐演变成地球上的“第二个中东战场”。

20世纪初，挪威人首次发现了北极，北极归属之争也随之出现。1920年2月9日，英国、美国、丹麦、挪威等18个国家签订了《斯瓦尔巴德条约》。该条约是迄今为止北极地区第一个、也是唯一一个国际性、政府间的非军事条约。条约规定挪威“具有充分和完全的主权”，北极斯瓦尔巴德群岛“永远不得为战争的目的所利用”。在1924—1925年间，包括中国在内的7个国家签约加入该协定，由此，中国与其他缔约国一样，其公民可以自由进入和逗留，只要不与挪威法律相抵触，就可以在这里从事生产、商业、科考等一切活动。

根据《联合国海洋法公约》规定，沿海国可以划出自领海基线量起12海里宽的领海、24海里宽的毗连区、200海里宽的专属经济区和大陆架。这些海洋区域都属于沿海国的管辖海域，沿海国对其享有资源的勘探开发等多种权利。沿海国管辖海域之外的海洋，是不属于任何国家的公海。而北冰洋是沿海国管辖海域之外的海洋，是不属于任何一个国家的公海。公海的海底为“国际海底区域”，国际海底区域及其资源是属于人类共同的资产。所以，作为《联合国海洋法公约》缔约国，中国有权分享“区域”及其资源的权利，有权进入北极公海地区行使包括海洋科学研究在内的权利。

所以，无论是《斯瓦尔巴德条约》，还是《联合国海洋法公约》，都证明了中国参与北极活动有法理依据。

作为非北极国家，也非北极理事会的永久观察员，中国在北极问题上相对处于劣势，在2007年之前，中国对北极的关注主要集中在科考领域，并没有对自身在北极的权益问题给予足够的重视，对航道、资源等的参与明显不足。

直到20世纪90年代后期，中国才意识到《斯瓦尔巴德条约》可以成为中国开展北极活动的法理依据之一。

1991年，中国科学院大气物理所研究员高登义应挪威卑尔根大学的邀请，乘挪威极地研究所的“南森”号科学考察船，参加了由挪威、苏联、中国和冰岛四国科学家组成的斯瓦尔巴德群岛邻近海域的北极综合科学考察。此次考察最大的收获就是，高登义拿到《斯瓦尔巴德条约》的原文版并将其带回了国内，并告知有关部门，我国是《斯瓦尔巴德条约》的成员国。

虽然中国在1925年就已经签约成为《斯瓦尔巴德条约》的条约国，但直到20世纪90年代，北极才逐步进入中国人的视野。很多人可能不知道，中国与北极的渊源颇为深厚。

1925年，当时的段祺瑞临时政府签署了《斯瓦尔巴德条约》。中国首次以官方形式与北极发生联系。根据这一条约，中国公民获得自由出入北极圈内的斯瓦尔巴德群岛的权利。

1951年，武汉测绘学院高时浏到达地球北磁极，从事地磁测量工作，成为第一个进入北极地区的中国科技工作者。

1958年，新华社记者李楠从莫斯科出发，先后在苏联北极第7号浮冰站和北极点着陆，成为第一个到达北极点的中国人。

1995年3月30日至5月11日，中国首次以民间集资方式对北极进行考察。25名科学家、记者等从加拿大进入北极地区并由冰面徒步抵达北极点，沿途进行了海洋、冰雪、大气、环境等多学科的考察。

1996年，中国加入国际北极科学委员会，成为其第16个成员国。该委员会是美国、加拿大、苏联、丹麦、冰岛、挪威、瑞典和芬兰8个环北极国家发起而建立的非政府组织。

1998年，一个由专家和船长组成的中国代表团搭乘俄罗斯的破冰船赴北极考察，中国参与北极事务的新纪元由此揭开。

1999年7月至9月，中国政府组织了对北极地区的首次大规模综合科学考察。极地考察船“雪龙号”搭载124名考察队员首航北极，历时71天，航行14 180海里，最北到达北纬75度30分，对北极海洋、大气、生物、地质、渔业和生态环境等进行了综合考察。

图 5.21 中国“雪龙”号极地考察船

2003 年 7 月，中国政府组织了第二次北极科学考察。“雪龙号”搭载 109 名队员，破冰挺进北纬 80 度，全程历时 74 天，开展了海洋、大气、海冰和生化等多学科的综合考察。此次考察中，首次成功布放了两枚极区卫星跟踪浮标，中国自主研制的遥控式水下机器人也首次下水实验，深化了对北极海洋、海冰与大气相互作用的研究。

2004 年 7 月 28 日，中国首个北极科学考察站——黄河站在挪威斯匹次卑尔根群岛的新奥尔松落成并正式投入运行，从此结束了中国在北极没有科考站的历史。

2008 年 7 月 11 日至 9 月 24 日，122 名科考队员搭乘“雪龙号”，累计航行 12 000 海里，进行了中国对北极地区的第三次科考。本次考察共完成 132 个海洋学调查站位、1 个长期和 8 个短期冰面观测站位。

2010 年 7 月 7 日至 9 月 20 日，中国对北极地区进行了第四次科考，最北到达北纬 88 度 26 分。这次科考队由 121 位队员组成，其中包括美国、法国、芬兰、爱沙尼亚和我国台湾地区的 6 名科学家。本次科考主要研究北极海冰快速变化及北极海洋生态系统对海冰快速变化的响应，并首次把海洋综合考察和对北极海冰的考察延伸到了北极点。

自 2007 年 8 月俄罗斯北极科考队在北极点的北冰洋底插上了钛合金国旗之后，中国才开始在大国“明争暗斗”的火药味中关注北极航道、资源、地缘政治等问题，研究北极的一些科研机构逐渐建立起来。从 1999 年 7 月 1 日，中国派出首支北极科学考察队，至今已总共发起了 4 次北极考察活动，并建立

图 5.22　2008 年 8 月 2 日清晨，中国第三次北极科考队队员
庆祝“雪龙”号极地科考船进入北极圈

了黄河站。现在，中国的北极研究活动主要集中在北冰洋东部，对白令海、楚科奇海、加拿大海等北冰洋区域进行海洋科考，着重于研究北极冰川融化给气候和环境带来的后果。

中国在北极圈内的活动完全是出于常规的环境科学考察，与资源掠夺和战略控制等图谋没有任何关联。但这种低调和透明，在“乌烟瘴气”的北极资源争夺战争也免不了被臆测、被政治化、被攻击的命运。2010 年 2 月，瑞典斯德哥尔摩国际和平研究所中国和全球安全项目主任琳达·雅各布森撰写的一份报告，更是把中国卷入了北冰洋争夺的战场。

这份题为《中国走向无冰的北极》的报告，得到了挪威外交部的经费资助。刚刚发布几天，就在世界各国引起争论。报告认为：“谁控制了北极航道，谁就控制了世界经济和国际战略。北极航道将对未来政治经济格局产生巨大影响，对中国来说具有巨大的潜在战略和商业利益。虽然中国从来没有公开提出过任何关于北极地区的开发战略，然而中国应该仍有自己的北极行动日程，包括开展极地研究、成为北极理事会特别观察员、参与相关国际条约的修订等。报告认为，开发北极的计划将增加中国和北欧的经济往来，这对北欧国家是有好处的。拒绝让中国加入北极俱乐部是短视行为，邀请中国参与解决该地区的诸多问题才是更加明智的战略。报告总结了中国在北极的科学研究活动和中国在北极的战略和经济利益，指出中国领导层对北极的关注目光放在气候暖化带来的适于开采的自然资源，对北极的研究则主要放在自然科学研究上，而对北极航道相关的战略、国际政治等问题的研究则重视不够。报告认为，在北极冰层融化带来的航道、渔业发展和资源开发等问题上，中国可以与日本、韩国和朝鲜共同进退，因为他们有着共同利益。中国有资金，西方有技术，未来使用中国资金和西方技术的合资公司可能成为开发北极资源的重要合作形式。可以预期，在未来五到十年，而且很有可能在五年之内，中国将会发布白皮书，阐述在北极政策上的思路。"

这份报告最让人瞩目的是雅各布森的观点之一，即，"中国已经有了一个清晰的北极日程"。不过，相比较雅各布森的"指路式"的评论，日本则直接把自己的臆测加在中国身上，指责"中国贪婪的目光丝毫没有离开过北极这片肥肉"，借科学考察为名在北极地区进行地质勘探，企图掠夺丰富的油气资源，并通过投资北欧国家构建北极战略据点，控制未来冰川融化后的亚欧北极航线主导权。

加拿大更是具有"深邃眼光"，在得知俄罗斯石油公司与中国石油天然气集团公司签署备忘录后，《温哥华太阳报》在2010年12月13日的文章说，鉴于俄罗斯将通过北极航线向中国运送石油和天然气，这个不引人注目的备忘录体现了中国对北极所寄予的新希望，也可能仅仅是中国北极战略的一个组成部分。事实上，中国早已在人们视线之外悄悄地加大了对极地研究的投入力度。在北极战略上，中国深谋远虑，布局周密，"比如此前人们不明白，中国何以要在小小冰岛建设高规格的使馆，如今才恍然大悟地发现，一旦北极航线畅通，冰岛将是最合适的货运中转枢纽。"

这篇《中国在冰岛建高规格使馆北极战略深谋远虑》的文章将加拿大对北极主权和北极战略的敏感程度"暴露无遗"，对照加拿大在北极问题上和俄罗斯针锋相对，和盟国挪威、丹麦斤斤计较，甚至为了维护"东北通道"的独占权和美国闹翻脸，因此，可以肯定的是，未来加拿大将对中国的北极战略投入更多关注。

对于国外对中国北极活动的种种评论，中国的专家学者的回应是一致的。中国国家海洋局极地考察办公室主任曲探宙表示，在全球关注如何有效应对气候变化的大背景下，中国关注北极地区的气候与环境变化，不仅仅关乎中国的经济社会发展，实际上也是为人类加深对全球气候变化，特别是北极地区快速变化的科学认知与了解做贡献。日本的言论无非是想在北极圈国家和中国之间制造猜忌、离间关系，干扰中国的正常活动。中国极地研究中心战略研究室主任张侠说，“中国还没有针对北极的政策和战略。”持同样观点还有复旦大学国际政治系教授陈玉刚，他认为中国目前仍在“静观其变”的阶段。

其实，雅各布森也承认，中国尚未研究无冰北极的经济和安全意义，因为它“担心采取积极姿态会引起其他国家的恐惧、反感甚至是紧张情绪”，所以，“中国表现得非常谨慎”，“这是由中国的规模和其作为新兴全球大国的地位所致”。

作为人类最后的净土之一的北极地区，对其的开发可能将成为本世纪具有重大历史意义的事件，作为日益崛起的大国——中国来说，应当在中间扮演什么角色呢。是继续延续今天的蛰伏？还是勇敢构建属于自己的明天？对此，中国国内已经有人在大声呐喊，未来北冰洋开发，中国理应占有一席之地。

全国政协委员、中国海军战略研究所前所长、海军少将尹卓曾公开呼吁，开发北极，各国平等。当前一些国家争夺北极主权，无异于侵犯了世界上其他国家的利益。面对这场现实的却难以预测未来的“北极争夺战”，包括中国在内的世界众多国家也需要发出自己的声音。尹卓建议中国应建立国家海洋战略，应由国家领导人牵头，组建包括多个相关部门组成的国家海洋战略委员会。除此之外，一些中国学者也呼吁政府制定积极的发展战略，把握未来在北极地区运输、开发能源的机遇。

那么，中国应如何部署北冰洋呢？

第一，加强对北极地区的科学考察。

首先，加大对北极考察的投入。

新中国成立之后，中国对北极的考察始于1994年。此后，中国不断扩充北极科考的力量。1999年，中国从乌克兰购买的世界最大吨位无核破冰船“雪龙”号首次完成北极之行。此后的多次考察，“雪龙号”破冰船一直是单独作战，并且是南北极两头跑。从科研需求的角度讲，“雪龙号”破冰船不具备承担勘探资源的能力，在2009年，中国政府决定投入20亿元人民币自主建造一艘新的科考船，但到目前还没有完工。所以，未来中国要加强抗冰船舶的设计和研究，总结冰区航行经验，填补中国航海史上冰区航行和破冰技术的空白。

再次，开展有效而广泛的科学考察。

中国宣布到2015年之前，要再开展3次北极科考活动，中国应尽可能的掌握北极的气候变化规律、海冰的变化规律，熟悉有关的航行海区资料，全力勘测北极地区资源，绘制北冰洋航线资料，完善北冰洋信息库。

最后，加强冰区航行的航海人员的培训。

中国要充分利用《联合国海洋法公约》和《斯瓦尔巴德条约》赋予我们的权力，加强对冰区航行的航海人员的培训，为北极新航道开通做好人员准备，有效参与北极相关活动及事务，增强在国际事务中的发言权。

第二，积极参与现有北极合作机制。

对于现有北极合作机制，目前我国参与的程度还很低。目前很多北极合作机制还多采取没有约束力的协议、宣言、项目等，而非法律或条约。需要看到的是，北极国家之间逐渐达成共识，认为没有必要成立新的国际组织或机构主导北极治理，这些国家准备采取“内部协商、外部排他”的战略来维护其既得利益以及在北极治理中的主导权。所以现有北极合作机制的重要性越来越体现出来。中国目前对于北极战略、北极治理机制以及有关国际法的相关研究还非常滞后，在众多北极国际机构中只参加了北极理事会、国际北极科学委员会等少数几个。在许多北极论坛和国际会议上都很少看到中国学者的身影，听不到中国的利益表达。

因此，中国应该积极参与现有的各种北极合作机制，在加强对北极了解以及相关国家北极政策的同时，也让其他国家多了解我们的利益诉求；另外，要利用各种多边国际场合，阐明自身的立场，掌握国际舆论引导权，积极推动北极治理的国际化，倡导利益各方在表达自身利益诉求的同时开展合作与对话，引导北极治理机制向公开、公正、公平的方向发展，在潜移默化中完成对现有北极合作机制的了解、参与、融入、修订、完善。

第三，加强与北极国家之间的交往联系。

中国是非极地国家，如果想在北极开发中有所作为，就避免不了与北极国家发生交往联系。因为北极开发所涉及的许多问题，如资源问题、航道问题、能源问题、环保问题，牵扯到方方面面的利益，想抛开占绝大多数的非北极国家是不可能的。虽然现在 8 个“北极国家”在对待“非北极国家”时，表现出了罕见的“同仇敌忾”，但未来北极国家不一定会一味排斥非北极国家参与北极治理，一方面是由于北极国家间也存在着领土边界分歧等矛盾，另一方面，像北欧的北极国家由于缺乏与北极大国博弈的资本，对国际社会参与北极治理乐观其成。因此，很多专业人士批评北极理事会成员国故意将很多申请国排斥在外，认为这是很短视的行为，而明智的战略是邀请像中国这样的国家参与解决该地区的诸多问题。另外，认为“大多数国家被排除在北极理事会外，反而会降低北极理事会的作用，使之难以成为磋商北极事务的主要机构。”

挪威外长斯托雷也表示：“欢迎中国对北极的科考和研究，并希望中挪两国今后能在此领域加强合作。”加拿大政府也一贯支持和欢迎中国参与北极治理机制。因此，在制定和实施北极战略中，中国有必要、也有可能与北极国家加强交往联系。

总之，全球气候的变暖，使北极地区逐渐成为一个开放的海域，这一动态变化使很多国家看见了未来的机遇与收获，而这也同样给中国提供了一个新的舞台。俗话说“上兵伐谋”，现在的我们暂时缺乏明确清晰的北极战略框架的确是一种缺憾，但“知难而进，敢打敢拼”而获得的坚实国力基础已经使我们具备了在北极积极参与开发的实力和自信，未来，我们应强化北极意识，评估北极在我国未来发展中的战略位置与作用，从战略高度出发，尽早制定出国家层面的北极战略，并在此指导下，尽快出台中长期战略规划，分阶段、有步骤的实现我国在北极地区的国家利益。

中国是一个崛起中的大国，是一个积极倡导并努力推动世界和平与发展的国家，中国未来参与北极开发同样会以一个负责任大国的姿态，努力维护北极地区的和平与稳定，保障北极新航道的安全与高效，倡导资源开发与环境保护相结合，推进北极问题的国际化与非政治化，中国在获得自身国家利益的同时，兼顾其他参与方的利益需求，使北极共享资源转化为世界财富。

第六章　湄公河口：面向南海

不和之水，九龙入海

一江绕六国，一江有两名

在中国西南地区，有一颗璀璨的明珠，她是一条古老而神秘的河流，浩浩荡荡，气势磅礴，纵横亚洲六个国家而最后奔腾汇入南海，孕育生命与文明。她有两个大气而诗意的名字，澜沧江与湄公河。一江为何有两名？这就要从她特殊的地理位置来说了。纵观地图，她从中国西南出发，一路奔腾至越南，途径老挝、缅甸、泰国、柬埔寨。而这两个名字自然也是按照国界而划分的，其上游位于中国境内的部分，被称之为澜沧江；下游流经东南亚国家的部分，被称之为湄公河。

要说湄公河，就必须先说澜沧江。澜沧江是湄公河的上游，河源为扎曲（或“杂曲”），藏语的意思是“从山岩中流出的河”，“澜沧”一词有可能是来源于老挝的澜沧王国。澜沧江流经青海、西藏和云南三省（区），这里的民族也大多数信仰上座部佛教与藏传佛教。

澜沧江究竟发源于哪里？到目前为止，还没有结论，各种资料上记载的关于澜沧江的源头总共有十几种说法，以不同源头为起点测量的河流长度也有多种，估测的长度从 4 200 千米到 4 909 千米不等。一种说法是：澜沧江发源于唐古拉山北侧的扎纳日根山脉查加日玛峰南坡的莫云滩深处的扎阿曲，位于青海省玉树藏族自治州杂多县境内，北纬 33°42′31″、东经 94°41′44″，海拔 5 224 米的拉赛贡玛的功德木扎山上。遥感专家刘少创探测的结果是：澜沧江源头在青海省玉树藏族自治州杂多县吉富山，海拔 5 200 米，地理坐标是北纬 33°45′48″，东经 94°40′52″。如果从这里算起，澜沧江的长度是 4 909 千米。

在我国云南省西北境内，澜沧江与金沙江、怒江“三江并流”，形成了世界上罕见的“江水并流而不交汇”的奇特自然地理景观。其间，澜沧江与金沙江最短直线距离为 66 千米，而澜沧江与怒江的最短直线距离不到 19 千米。

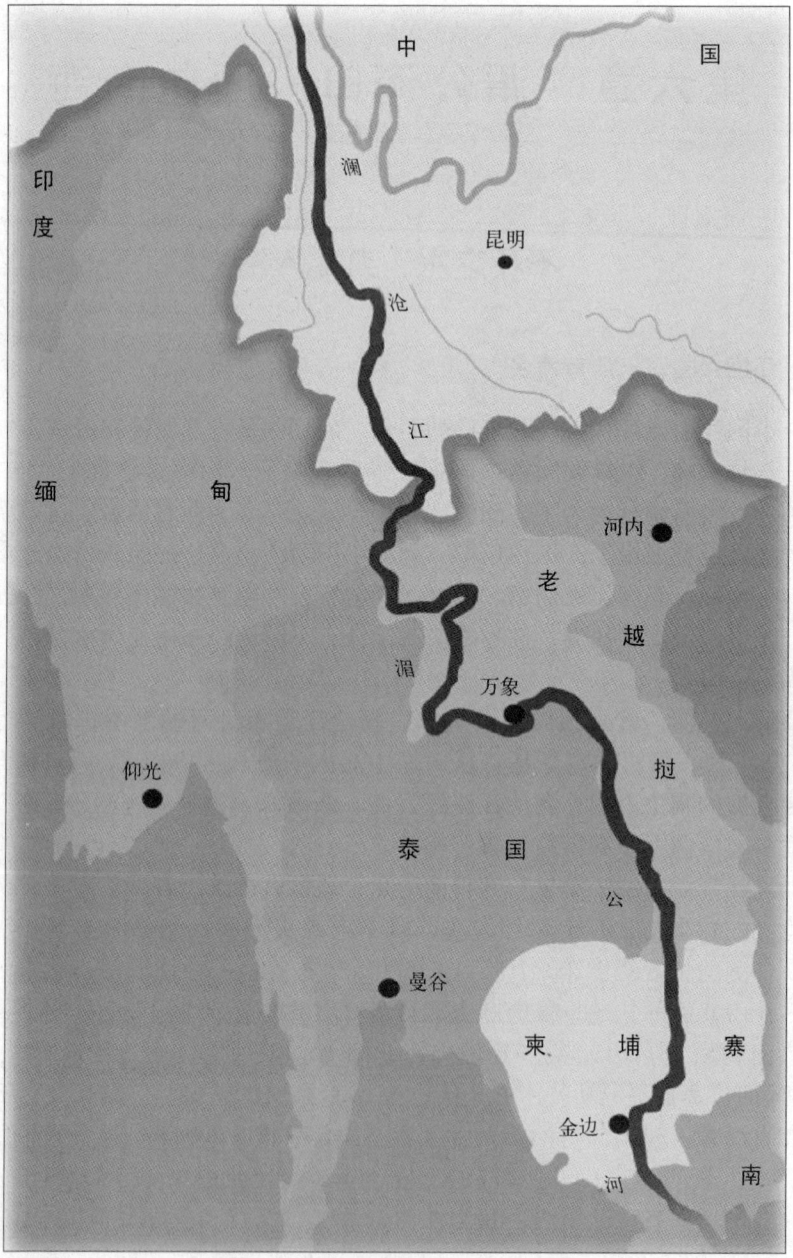

图 6.1　澜沧江—湄公河流域示意

2003年7月2日，联合国教科文组织第27届世界遗产大会一致决定，将“三江并流”自然景观列入联合国教科文组织的《世界遗产名录》。

九龙入海的由来

湄公河，在柬埔寨语作Mekong（意指“母亲”），寓意湄公河是希望之河、生命之河。湄公河全长4 180千米，流经老挝、缅甸、泰国、柬埔寨和越南，最后在越南的胡志明市流入南海，是亚洲最重要的跨国水系，被誉为“东方多瑙河”。在河口附近，湄公河又分成3条汊河入海，金边附近分成前江与后江，三角洲上再分六支，一共经九个河口入海。湄公河下流及其9条叉流入南海时所形成的冲积平原，称为湄公河三角洲，由于恰似九条飞龙奔腾入海，因此该河段也被越南人形象地称为“九龙江”。九龙江是越南第一大平原，面积约4.4万平方千米（其中1/5属于柬埔寨）。平均海拔不到2米，多河流、沼泽。肥沃的冲积平原吸引了越南南方60%～70%的农业人口集中于此，是越南稻米生产的主要产地，也是东南亚著名的产米区之一。

湄公河—澜沧江流域面积大约795 000平方千米。中国，澜沧江流域面积16.48万平方千米；缅甸，境内流域面积2.4万平方千米；老挝，境内流域面积20.2万平方千米；泰国，境内流域面积18.4万平方千米；柬埔寨，境内流域面积15.5万平方千米；越南，境内流域面积6.5万平方千米。

不和之水 名副其实

湄公河从古至今就有“不和之水”的称谓，围绕着湄公河的战乱与纷争从未停息过。

公元前2100年，这是湄公河可以追溯到的最早的古代史。研究表明，人类在湄公河流域有悠久定居历史的最佳证明就是泰国著名的班清遗址。据考古学家发现，当时班清遗址的居民已经进入了铁器时代的早期。另一方面，湄公河流域最早有文字记载的文明是位于现代越南安江省（An Giang）的厄尔（Óc Eo）遗址，据推断，该遗址属于扶南国。历史上，扶南国是盘踞在湄公河三角洲一带的历史古国，深受印度教—高棉文化的影响，兴起的时间大约为公元1世纪。后又经考古发掘，在当地发现从遥远地方而来的古罗马钱币，由此推断，当时扶南国的商业十分兴盛。公元5世纪，新兴的真腊国取代了扶南国。大约在公元9世纪期间，首都为吴哥的高棉帝国又取代了真腊国，成为湄公河流域最后一个强大的国家。在高棉帝国统治期间，湄公河一直都是高棉帝国对抗东南亚新兴国家暹罗、占城及交趾的前线。

湄公河的近代史始于公元1540年。第一个到达湄公河的欧洲人是葡萄牙人安东尼奥·法里亚。尽管较早前，西班牙和葡萄牙人已在湄公河流域进行探险贸易及传教，但是由于欧洲人普遍对该地兴趣不大，所以也只是到达湄公河三角洲便止步不前了，很少有人知道湄公河三角洲上游的情况。

直到1641年，隶属东印度公司的荷兰商人格里特·冯·温斯特夫率领的探险队才开始从九龙江逆流而上，对湄公河进行深入考察，但是令人遗憾的是他们最远也只是到达上游的万象，即现在老挝的首都，并没有完整地考察出湄公河的流域范围。

19世纪中叶，湄公河上再次炮火连连，耻辱的历史也逐一在这条古老的河流上上演。1852年随着法国皇帝拿破仑三世建立了法兰西第二帝国，法国政府野心膨胀，试图在远东的湄公河流域建立起法国殖民地，于是将扩张目光转至海外，组织了一只探险队对湄公河上游进行了大型及有系统性的探险科考活动，沧桑的湄公河有了耻辱的外侵印记。

1861年，法国人占领西贡。1862年6月5日，越南代表在西贡签署了《同法国和西班牙的友好条约》，史称第一次西贡条约。根据条约，越南割让位于湄公河三角洲的边和省（今同奈省）、嘉定省、定祥省和昆仑岛给法国。1863年，法国逼使柬埔寨成为法国的保护国。1867年，法国再夺得昭笃、河仙和永隆三省，并将以上六省称为交趾支那，首府是西贡。在1874年3月15日签订的第二次西贡条约中，越南政府正式承认法国对昭笃、河仙和永隆三省的割让。

胃口大开的法国自然不满足于东南亚的殖民统治，还虎视眈眈的觊觎着中国的西南地区。为了能够早日进入中国内地市场，打通来往于交趾支那与中国内地的“黄金水道”，法属印度支那总督府开始了对湄公河上游的探索。1866年，一支名叫“湄公河”的探险队奉命出发，主要任务是考察湄公河流域及湄公河源头。探险队于1866年6月5日从交趾支那的首府西贡出发，沿湄公河逆流北上，经柬埔寨，考察了吴哥遗址，然后经泰国、老挝，于1867年10月进入中国云南省，再由云南到四川，考察长江流域，然后从汉口乘船到上海，1868年6月20日从上海乘船返回西贡。历时两年零半个月，行程8 677.58多千米，其中5 833.87千米是欧洲人此前从未涉足之地。这次考察过程中，队长因感染意外死亡，由副队长继续带队前行。探险结束后，副队长返回巴黎，写了《印度支那探险记》（Voyage d’exploration en Indochine，1873）

一书。在书中，他坦言湄公河有太多的瀑布和数不清的激流，支流，岔流较多，十分不利于航运，并认为不是交趾支那通往中国内地的“理想”贸易水道。这一发现和结论促使法属印度支那总督府放弃了对于湄公河的继续开发，却引发了另一场战争。法国进而将目光转向越南，企图打通越南红河上游的“黄金水道”进入中国云南，仍然期望打开中国内地市场，因此跟盘踞在红河上游保胜（今越南老街省）的黑旗军发生军事冲突，最终导致了中法越南战争的爆发。

虽说“湄公河探险队”的最终结论让这条饱经战事的河流再次经历了炮火的洗礼，但是它对于沿河流域当地风情的描绘、地貌的图画，却可说是精细准确，有很高的历史价值。另一方面，探险队考察的内容也相当广泛，不仅包括湄公河流域的历史地理、人文风情、水文气象，他们沿途还绘制了一系列极具军事、科学价值的地图，主要范围包括印度支那三国，以及中国的云南省。

湄公河是亚洲唯一一条连接中国、缅甸、泰国、越南、老挝、柬埔寨六国的国际河流和国际重要水道，贯通沿岸多国，哺育各国各族人民，也正因为如此，这条神圣的河流被誉为“东方多瑙河”。然而湄公河能成为“不和之水”，除了天然的自然地理条件，背后就是流域国之间“你死我活”的利益争夺。湄公河多支流，在下游地区又多次分流终成为九河，再加之亚热带气候因素，河水因季而异且变化较大，季节性河流的特质和环境地理因素让湄公河自古以来就具备“不和之水”的天然基础。自近现代以来，随着各个国家战略发展及利益争夺，湄公河“不和之水”的说法也愈来愈多，围绕着湄公河的争论与争议也一直都没有停止过。

开发利用中的合作与纷争

自古以来，培育了沿岸多样文明和宗教传统的湄公河就是一条天然纽带、民族走廊、经济通道，把中国西南和东南亚的社会经济文化紧密联系在一起。回望历史的变迁，这一衣江水被征服与利用的同时，也见证了古老文化与现代文明的碰撞与包容。云南诗人于坚曾走遍了整条河流，他将澜沧江—湄公河命名为“众神之河”，庇佑着沿江的百姓安居乐业；“江神”的故事和湄公河沿岸大大小小矗立的寺院，亦都表达了人们对这条“母亲河”的敬畏。

湄公河干流全长 4 880 千米，长度位列世界第十二位，年均水流量排名世界第十，不仅是世界上生物多样性最为丰富的三大河流之一，也是最大的季节性河流之一，雨季高峰流量可达旱季流量的 15 倍之多。湄公河所处的地理位置使得流域降水和雪山融水是湄公河的主要补给水源，其中降水占河流径流量的一半以上，雪山融水占约六分之一。

由于地处亚洲热带季风区的中心，湄公河受气候因素影响很大。每年的5—10月为雨季，受来自海上的西南季风影响，潮湿多雨；11月至次年4月为旱季，受来自大陆的东北季风影响，干燥少雨。在整个雨季，最为频繁的是强度大、历史短、影响范围小的雷雨；但是历时长、范围大的降雨却往往出现在9月份，而且最能引起严重的洪水泛滥，但其影响大多只局限于三角洲地区和湄公河流域西部，偶尔穿越大陆使更大范围遭受长时间大雨袭击。由于降雨的季节分布不均匀，流域各地每年都要经历一次强度和历时不同的干旱，也因此造成湄公河的水流量在枯水期和泛滥期差异极大。

湄公河河道不是“上下统一”“一帆风顺”的。上游一段河谷宽广，水流平静，但到了沙湾拿吉至巴色一段，就变成了130余千米的陡坡降，岩礁、浅滩和急流，沿岸砂岩迫近河道，有的甚至突入河心，形成岩礁和险滩河床；巴色到柬埔寨的金边是湄公河段的下游，长约559千米，流经地区基本上为平坦而略为起伏的准平原，海拔不到100米，河床宽阔，多汊流，但部分河段有小丘紧束或横亘河中，构成险滩、急流。

图6.2　湄公河渔业资源丰富

（湄公河委员会提供）

每年每逢雨季与旱季来临，湄公河沿岸的居民将面临着巨大的担忧与隐患。从古至今，这条滋养和哺育沿岸人民的河流也已经出现过多次洪水与干旱事件，随着近几年全球灾难性天气的愈演愈烈，2010 年三四月份更是出现了历史上罕见的干旱。在现代历史上，随着各个国家的经济发展、利益争夺和国家军事战略发展，这“一江绕六国”的特殊河流再次成为了世界的焦点。

澜沧江—湄公河流经的六国都属于发展中国家，为了满足经济发展和人民生活的需要，各国对湄公河的水资源利用和开发力度不断加大。该流域内有着丰富的发电、矿产、旅游、渔业等资源，其中以航运资源开发投资最省、见效最快，沿岸各国都可受益，并能带动其他资源的开发利用。

图 6.3　湄公河渔船
（湄公河委员会提供）

1. 航运发展：合作发展与治理

湄公河特殊的地理、气候和河道特征使得其航运自古并不发达，上下游航运不能直通。湄公河只有在老挝琅勃拉邦以南下游才可通航船只；在湄公河上中游之间的昌盛一段，可分别通小汽艇和小轮船；干流桔井以下可全年通航，至于桔井以上的湄公河，则在大水时可通小汽船；金边以下可通 3 000 ~ 4 000 吨海轮。大部分河槽深、峡谷多，不适宜发展航运，但是航运对于沿边各国的发展却是至关重要的，对于湄公河航运的探索与开发，历史悠久，影响深远。从1990年5月、10月起，云南省政府两次组织探索试航湄公河，直到2000年，中国、缅甸、老挝、泰国四国签订了《澜沧江—湄公河商船通航协定》，建立了以中国关累港至泰国清盛港的自由航运机制。

图6.4　澜沧江—湄公河实现通航
（湄公河委员会提供）

湄公河国际航运开发研究之初，疑虑、担忧、反对的声音不时出现。中国、缅甸、老挝、泰国四国政府是在大量调查、研究、评估的基础上，才最终签订的协定。如今十年已过，四国都获得了巨大的直接经济效益和间接社会效益。从2001年到2010年，澜沧江—湄公河国际航运从无到有，从小到大，从近到远，从货到客，逐步发展，极大地刺激了中国、缅甸、老挝、泰国等东南亚国家的经贸往来。近年来，四国引进大量资金建设港口和后方公路，现在已建成设施设备较为现代化，管理机构设置较为健全，客货人员通关高效便捷的码头，不仅如此，还规划建设新的综合性港口码头，力图为传播运输提供更优质的服务。现在的澜沧江—湄公河已经在流域国的齐心协作下建设成促进经济商贸发展的“黄金水道”。

但“黄金水道”在经历与见证澜沧江—湄公河流域国合作发展的同时，还充满着“血色”，其隐藏的安全隐患犹如“百慕大”一样凶险，水道上“河盗”猖獗，贩毒、抢劫行为屡禁不绝，商船船员人身和财产安全保护不力，跨国联合应急反应机制不健全，凸显了中国与东盟国家互联互通建设的艰难。

云南省航务管理局截至2011年的数据显示，从事澜沧江国际航运的船舶大约98艘，共473客位，年货运量达40余万吨。从2000—2009年，中国通过澜沧江—湄公河国际航运完成累计运输量达300万吨以上，累计进出口额和边民互市贸易超过300亿元。但巨额的贸易量引发了快艇持枪抢劫商船事件的接连发生，其中以湄公河缅甸和老挝边境、泰国清莱府清盛镇方向为重。例如，2011年4月，一群武装分子劫持了3艘开往中国的商船，在得到15万铢的赎金之后才释放了船长及29名船员人质。

从根本上分析，澜沧江—湄公河航运安全之威胁是与“金三角”制毒贩毒中心地位有关的。老挝、泰国和缅甸交界山区被称为“金三角”，曾经是世界最大的鸦片产地，用于制造海洛因等衍生毒品，随着包括“摇头丸”在内的新型毒品的兴起，该区域再次成为毒品重灾区。每当毒品交易兴旺时，贩毒者要争夺湄公河为其运毒通道，交易低迷时，他们就会转过身来从黄金航道上往来的商船上勒索钱财。2011年10月5日，“华平号”和“玉兴8号”两艘搭载13名中国船员的商船在金三角地区被不明武装分子劫持，并遭遇枪击事件，致使12人遇难，1人失踪。在与军方交火中，一名武装分子被击毙，船只中搜出大量毒品。

湄公河“10·5”惨案暴露了国际水道安全合作机制的不完善，中国、缅甸、老挝、泰国四国认识到航运水道安全仅交给流域国分别管理，对于应付诸如“金三角”地段这样“主权盲区”或“治理盲区”的航运安全是完全不够的，于是，在中国公安部的推动下，2011年10月，中国、缅甸、老挝、泰国四国举行湄公河流域执法安全合作会议，确定正式建立中老缅泰湄公河流域执法安全合作机制，并同意在此机制框架下，具体建立情报交流、联合巡逻执法、联合整治治安突出问题、联合打击跨国犯罪、共同应对突发事件合作机制，以有效维护湄公河流域航运安全秩序，保护四国国籍船舶、人员的生命财产安全。同时，采取专项统一行动，彻底摧毁长期危害本流域安全的犯罪集团。可以说，湄公河联合执法机制，算是迈向这一国际水道安全长效机制的努力之一。

2. 旅游开发：合作为主

湄公河有着丰富的旅游资源。早在1868年法国探险湄公河时，湄公河探险队就记录了湄公河流域富饶的物产，沿岸美丽的自然风光，别致的风土人情和古老神秘的文化。如今，神秘的湄公河每年都吸引着大批的游客不远万里来一睹她的风采，感受她的气息。在湄公河接近老挝、柬埔寨边境的地方，有个

图 6.5　2012 年中老缅泰航运合作管理会议

“四千美岛”。这里有约 50 千米长的河道，每当雨季到来时，最宽的地方达 14 千米，被人们形象地比喻为湄公河在老挝境内最宽的一段“腰”；旱季河水退落，这段“宽腰”上便会神奇般的出现数以百计的小岛。小岛加沙洲，数量过千，如繁星一般，于是人们就给她起了个动人的名字“四千美岛”。乘游艇穿梭在一个又一个不知名的小岛中，在河风吹拂中观赏湄公河畔的美景，会让你有身临世外桃源的情境。

对于中国而言，湄公河的国际旅游客运线是完成西双版纳打开东南亚国家旅游市场和形成跨境旅游环线的关键部分。20 世纪 90 年代开始，旅游业内人士就一直试图开发这条连通 6 个国家的黄金水道。在这条河流沿岸，各国的建筑、民族风情、文化、服饰、生活习俗等不尽相同。从河源到入海口，涵盖了除沙漠以外所有气候环境的地表形态，穿越了壮观的热带雨林，其多姿多彩的自然景观雄奇壮丽，是国际旅游界不可多得的多元化黄金旅游线。随着航运的不断发展，国际旅游运线也得到了千载难逢的发展契机。配合陆路和空港建设，现在已经形成三条水、陆、空出入境精品旅游线路，逐步形成四国边境旅游环线和旅游圈，给各个国家带来了丰厚的旅游收入。

图 6.6 湄公河旅游资源丰富
（湄公河委员会提供）

3. 水电开发：纷争四起

关于对湄公河流域的开发规划，除了上文所涉及的航运、旅游开发等方面，最为重要也最受争议的莫过于河流水电资源的开发，湄公河“不和之水”的戏称，又多了一层神秘的面纱。

据多年的资料统计，湄公河年平均入海水量为 4 750 亿立方米，位居东南亚各河之首。大部分河段河槽深、峡谷多，比较适宜建坝，用来蓄洪、灌溉和发电，其水能理论蕴藏量大约为 5 800 万千瓦，可开发水能估计为 3 700 万千瓦，年发电量为 1 800 亿千瓦 · 时，其中的 33% 在柬埔寨，51% 在老挝。不过，从目前的情况来看，已开发的水能还不到 1% 。

1970 年湄公河委员会提出了《1970 年流域指导性规划》，在河口至清盛间的 2 400 多千米的干流河段上选择 7 级水利枢纽，总库容达 2 589 亿立方米，有效库容 1 360 亿立方米，总装机容量 2 330 万千瓦。其中巴蒙水利枢纽为高坝大库，迁移人口 30 多万人。1989 年又提出了修订方案，包括 7 级和 8 级两个比较方案，推荐 8 级方案。在联合国开发计划署和法国政府资助下，经过 2 年多的重新勘察研究，1994 年提出了一个 9 级开发方案。1994 年方案基本属径流式开发方案，淹没损失大大减少，迁移人口约 6 万人，但总装机容量减少

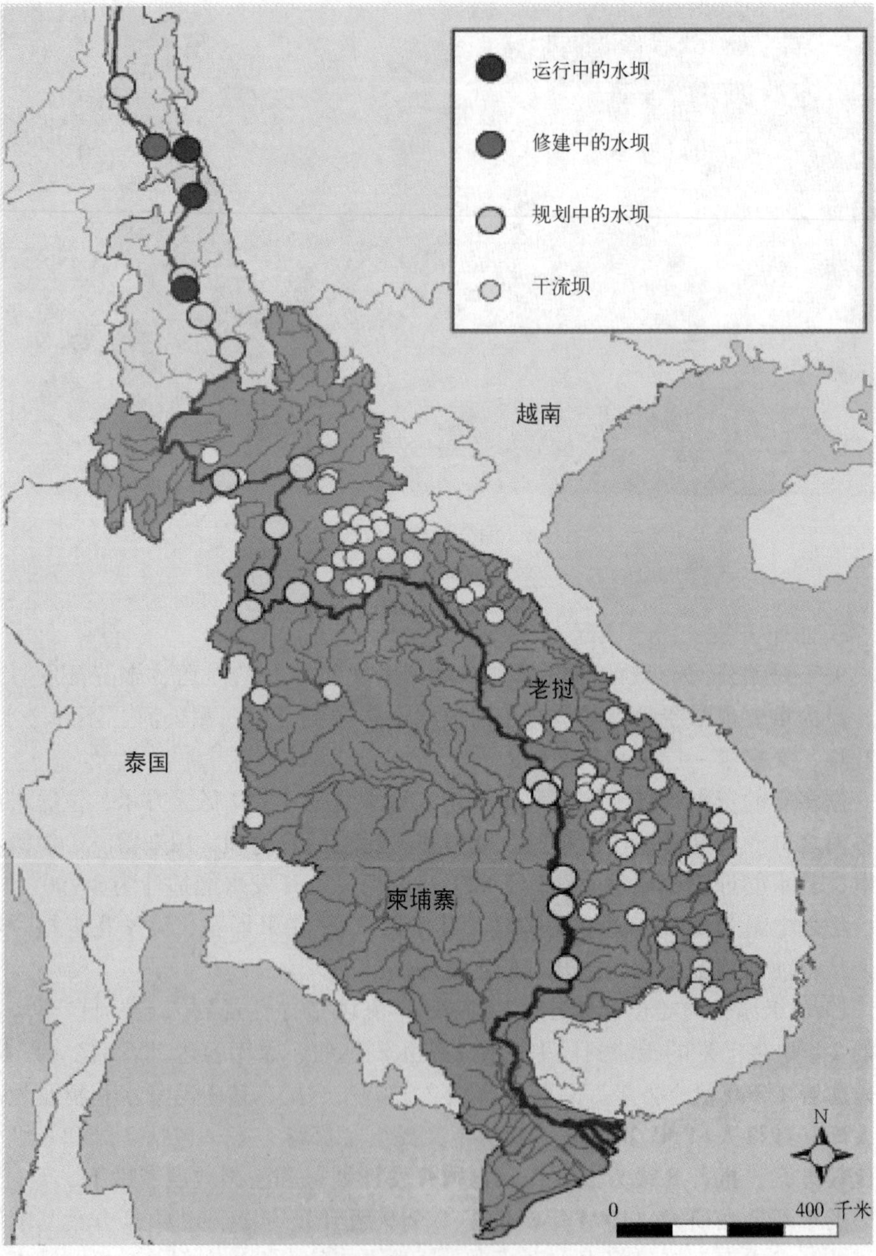

图 6.7 澜沧江—湄公河水电站建设分布
（湄公河委员会提供）

了约 1 000 万千瓦。干流梯级开发方案尚未最后选定，仍有修改的可能。1994 年规划中，对支流的水电开发也提出了初步意见。估计可开发 1 820 万千瓦，其中老挝 1 300 万千瓦，泰国 100 万千瓦，柬埔寨 220 万千瓦，越南 200 万千瓦。支流上 10 万千瓦以上的水电站估计有 25 座。支流水能资源主要集中在老挝，该国拟大力发展水电，将电力出口到泰国。支流开发后，可提供有效库容 660 多亿立方米，除了防洪、发电外，可就近发展灌溉 120 多万平方千米。

湄公河沿河国家都在积极地开发水能。澜沧江，70% 的水能资源都集中在云南河段，中下游水能资源特别丰富，开发条件十分优越，是中国十二大水电基地之一，现在已经成为云南水电重点开发河段。截至目前，已经建成的有漫湾水电站（1996 年）、大朝山水电站（2002 年）、小湾水电站（2010 年），准备修建的有景洪水电站，正在规划的有糯扎渡水电站。泰国在湄公河上建有 Pak Mun 大坝。老挝、柬埔寨也都有建坝的计划。而且泰国、老挝和柬埔寨在本国流域范围内已经分别修建了一批灌溉工程和水力发电工程。已建的大型灌溉工程：①越南的丐山工程，位于湄公河三角洲地区，灌溉面积 4.3 万 ~ 6.0 万平方千米。②柬埔寨的马德望工程，灌溉面积 2.8 万 ~ 4.5 万平方千米，水电站装机容量 0.5 万千瓦。

然而反对人士普遍认为，在湄公河流域上建设水利设施，其主要影响在于水电站的建设扰乱了湄公河的生态环境，给生活在湄公河流域的国家和人民的生活带来严重危机。他们一致认为，上游的水电站建设会加剧下游流域的干旱；影响下游渔业和其他水产养殖业的发展；加剧湄公河下游地区海水入侵和盐化；生态变化甚至会引起数百万人员迁徙等社会问题。

2010 年，素有“东方多瑙河”之称的湄公河水位跌至了 20 年来的最低水平，这一历史罕见的自然灾害又再一次将湄公河上水利设施的建设推向了风口浪尖。甚至更有国外媒体称，这次湄公河区域的干旱及河流水位过低与中国在上游修建水坝蓄水直接有关，尤其是中国在湄公河上游澜沧江的一系列建设水电站的举措，使得湄公河流域国家将矛头纷纷指向中国。

尽管湄公河往往被认为是东南亚的河流，但其源头却发源于中国青海省玉树藏族自治州杂多县。这条跨国河流有近半流淌在中国的云南省，然后才到达东南亚各国。特殊的地理位置容易让人误以为中国因为拥有湄公河的源头而成为湄公河的实际控制者，其在上游的举措时刻关系着下游国家的利益。但事实证明并非如此。其一，湄公河的上游，位于中国境内的澜沧江出境处年均径流量仅占湄公河出海口年均径流量的 13.5%，如此小的比重就足以表明虽然湄公河发源于中国的澜沧江，但是其河水量主要是来自于中国境外东南亚地区的流域降水和雪山融水（占86.5%），因此中国在澜沧江上的水利设施建设并不对湄公河的水量和生态环境造成影响。其二，大坝使流往下游的沉积物变少了，因为大量的淤泥都被聚集在水库里，这其实在客观上是使湄公河上的灌溉和航行更加便利。其三，资料显示，2009年湄公河流域的降雨量同期下降了30%，而雨季却又比往年提前了一个半月结束，这让湄公河及其支流的水量变小。其四，水电站水库蒸发水量很少，水电站运行不消耗水量。其五，中国在澜沧江流域无跨流域调水计划，沿江工农业用水量很少，对水资源需求有限，澜沧江水电开发对下游水量几乎无影响。由此可见，湄公河水位的下降和干旱是由全球变暖等自然原因造成的，而非中国水坝，中国水坝不是造成湄公河不和之水的原因。

从湄公河口到金兰湾

澜沧江在流淌了2 100多千米后，走出中国进入东南亚地区，成为湄公河，继而再继续流淌2 700多千米后，在越南的胡志明市经过9个入海口汇入南海。湄公河口有着著名的湄公河三角洲，地势低平、水网密集、土壤肥沃，平均海拔不到2米，是东南亚地区重要的稻米产区之一。

相比较于湄公河的世界知名度，湄公河口显得默默无闻，近些年，越南政府发布了禁止游人到湄公河口观览的禁令，有人认为是湄公河口的容貌难以展现世人，其原因是生态灾难正在袭击湄公河流域，越南非常担心温度升高，海平面上升，引发海域倒灌。现在，越南、美国的专家正在密集的商谈，如何复原和保护湄公河的生态原貌，让湄公河口的水流“健康”“强劲”。

在本章节中，我们且不去太多关注湄公河口的生态情况，而是要将眼光更多地放在其被很多人忽视的地缘政治价值上。其实，在越南战争期间，美军战舰就很从容地利用了湄公河口的“便捷”，从其进入，控制了一直到柬埔寨边界的越南水域。直到今天，美国还是如此的偏爱湄公河尾端这一区域，在打造一个指向东北亚的泛太平洋自由贸易区（TPP）时，将湄公河尾端的越南作为其向上扩张的重点平台；在横插南海问题“一杠”时，将越南面向南海的弧形顶点作为其重要的战略据点。

湄公河口直面南海，沿着越南海岸线北上，就是著名的金兰湾。从湄公河到金兰湾，是见证美国利用越南拓展亚太安全利益的弧形线，是见证世界大国争夺重要海上军事据点的安全线，是见证中国南海战略利益遭遇挑战的危机线。

从地图上看，在越南东南方，有一个形状奇特的港湾，它就是金兰湾。

金兰湾在越语中的意思是“淡水泊”，是世界上最佳的天然深水港之一。金兰湾位于越南东南海岸庆和省的最南端，北纬 12 度线上，深入内陆 17 千米，北面是金兰半岛，南面是山茶半岛。两个半岛就像螃蟹的两只钳子，将一潭海水合抱于其中，形成了葫芦形状的内外两个海湾。内湾称金兰，面积约 60 平方千米，水深 15 米左右。外湾称平波，水深 10～20 米，湾口宽 4 000 米。湾口即葫芦的腰部，只有 1 300 米宽。金兰湾面临深海，四周被高约 400 米的群山环绕，同时连接太平洋和印度洋。湾内的海水涨潮和落潮也很有规律，每日两次，相当准时。金兰湾的交通十分便利，在重重叠叠的群山脚下，有铁路和公路与南北交通要道相连。

金兰湾得天独厚的地理条件，使得这里成为历史上重要的军事争抢基地和硝烟弥漫的战场。极易布防的群山，可以部署防空导弹和各种口径的高射炮群，此举不仅可以控制马六甲海峡和新加坡海峡，还可以对印度洋北部地区、波斯湾、东海和南海进行电子监控；金兰湾内岛屿很多，便于舰船隐蔽；港湾外围被许多小岛屏蔽，可抵挡南海之浪，每当湾外波涛汹涌，湾内却往往如湖面一样平静，因此十分有利于大型舰队的驻防。另外，具有世界最佳天然深水港之称的金兰湾水深湾阔，拥有着大量适合饮用的淡水，湾底为厚实的泥沙混合物构造，十分有利于船舶锚泊，对于军队驻扎非常便利。

金兰湾优越的地理位置使它成为南海周边为数不多的几处深水良港之一。得天独厚的地理位置，也赋予了金兰湾特殊的使命。由于水深湾阔，濒临南海，港内可停泊包括航空母舰在内的上百艘万吨级大型军舰，金兰湾成为了越南重要的海军基地。

金兰湾地处东南亚中心地带，同时连接太平洋和印度洋，扼巴士海峡至马六海峡的海上通道，扼太平洋和印度洋的航道的要冲，东北距巴士海峡约 850 海里，西南距马六甲海峡约 740 海里，距连接太平洋和印度洋的国际航线只有 1 小时航程；它离我国海南岛约 400 海里，处于香港至新加坡航线的中心。东南亚地区占据贯通两大洋（太平洋和印度洋）和连接两大洲（亚洲和大洋洲）的重要地理位置，越南正好处于东南亚的中心地带，金兰湾则位于越南东南海岸线向前最突出的弧形点上，具有极高的地缘战略价值，素有“东南亚心脏”之美誉。它是最佳进入承担世界海运总量一半以上、被美国国防部称为美国的

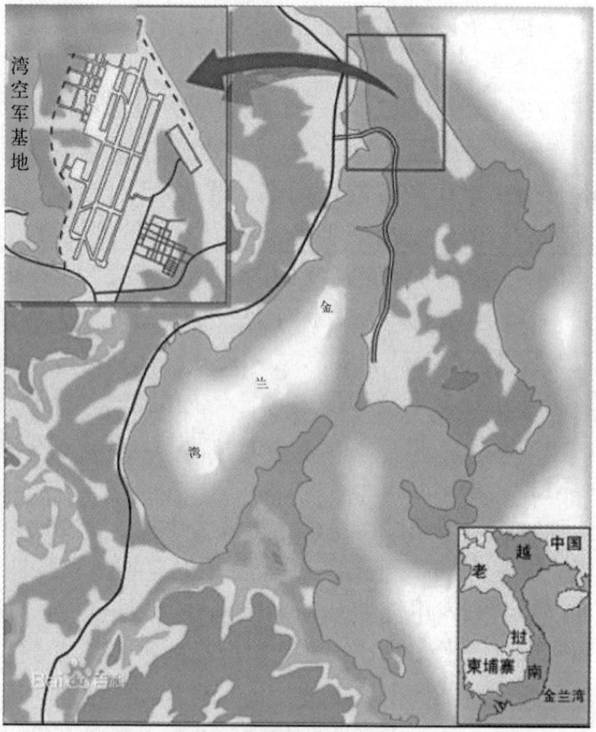

图 6.8　金兰湾位置

生命线之一、穿越南中国海的商业和海上交通线的战略要地，也是进出印度洋、中东、非洲、欧洲的海上重要交通门户。若在此港湾部署重兵把守，犹如在两大洋之间布上了一道关卡。因此，其战略地位无与伦比，历来为兵家必争之地。

内港分军港和商港两个区域。其中军港位于东岸金兰镇，港区水深 14 米，主要码头 6 座，造船厂可维修大型舰船和建造小型舰只，还有油库、弹药库和军需仓库等保障设施，电子侦察和通信系统也较为完善。外港又称平巴湾，平均水深 10 ~ 22 米。港区交通便利，有铁路和公路相连，在金兰镇以北 8 千米处还有一个军用机场。

美国私人情报机构斯特拉特福咨询公司曾经分析指出，无论哪国获得了使用越南海军基地或海港的权利，它就有绝好的机会，对进入阿拉伯海、印度洋和东亚的各种舰船进行控制。而列强在越南必争的基地，首当其冲是金兰湾。

金兰湾是连接太平洋和印度洋的战略通道，百年来这里一直是世界列强的

图 6.9　金兰湾军事基地

逐鹿场。从 20 世纪初，越南金兰湾海军基地就一直在国际军事舞台上扮演着令世人关注的角色，因为它直接影响到东南亚乃至整个亚太地区的和平与稳定。历史上，法国、日本、美国、苏联都曾先后使用过金兰湾港，以此为海军基地，包括沙俄的第二太平洋舰队、法国殖民者的远东舰队、第二次世界大战期间的日本联合舰队以及越战时的美国海军。

越南在历史上曾经充当过中国的“保护国”，然而在中法战争之后，法国攫取了金兰湾，但那时的金兰湾还不为世人所重视。

金兰湾第一次受到国际关注是 1905 年的日俄海战。当时沙皇俄国的百艘战舰绕道大西洋、印度洋，航行了 7 个月率先云集在金兰湾，要去参加日俄战争中的一场海战，结果却被日本打败。1935 年，法国重新从日本的手中夺回了南越，开始了在金兰湾修建海军基地的工事，现在我们仍然可以从金兰湾港中看到不少当年法国在此修建基地的遗迹。1940 年，金兰湾又一次落入了日本人手中，成为日本入侵马来西亚和荷属印度群岛（今印度尼西亚）的基地。1945—1954 年，法国再次进驻金兰湾。第二次世界大战结束后，越南分治，金兰湾位于南越境内，支持南越的美国在金兰湾投下了重金，支持金兰湾建设。1965—1967 年越南战争期间，美国斥资 3 亿多美元对金兰湾进行扩建，在此建起了260平方千米的大型机场，使其成为美军在东南亚巨大的海陆空联合军事基地和后勤基地。美国总统林登·贝恩斯·约翰逊当年在视察金兰湾时，对其大加赞叹，并宣称星条旗将会在这里永远飘扬，但好景不长，事实是美国越南战争失败后，不得不撤离金兰湾。

从此以后，金兰湾作为结盟的重要条件之一，从1979年开始，由越南政府租用给苏联25年，自此，金兰湾也摇身一变，成为了苏联在海外最大的军事基地。当时的苏联太平洋舰队以金兰湾为桥头堡，将力量投射到南海和印度洋，对付当时美国设在菲律宾、韩国和日本的基地群。设在当地的情报站能追踪航行于南海深处的舰艇，并监控美军在菲律宾的苏比克湾海军基地和克拉克空军基地。最鼎盛的时期，苏联在金兰湾的海军、空军以及轮换的部队和相关人员共超过万人，也就是说，这是苏联和俄罗斯在东南亚地区的一个重要的基地。

1991年苏联解体之后，俄罗斯继承了苏联在东南亚地区的战略利益，取得了金兰湾基地的使用权。然而到了21世纪初，随着俄罗斯军事战略的收缩，金兰湾基地的军事价值也明显降低，再加之俄罗斯经济寒冬的到来，经济崩溃的莫斯科已经无力负担维持海外基地的昂贵费用，最终不得不加快了从金兰湾基地撤军的步伐。其实在俄军驻留后期，金兰湾基地实际上就已经人去楼空，今非昔比了，机器设备大部分老化或毁坏，机场跑道年久失修已经无法保证飞机安全起降，甚至曾经还造成过机毁人亡的惨剧。考虑到自身军力持续衰退的现象和经济寒冬的持续，俄罗斯在东南亚大量部署军队的可能性已经趋近于零，莫斯科权衡再三，最好的结局就是忍痛割爱，提前告别金兰湾。试想一下，当初的俄罗斯是如何悲情而遗憾地离开这一东南亚最重要的军事基地的。2002年1月，俄外交部正式表示，俄罗斯在2004年后不再继续使用越南金兰湾军事基地。金兰湾从此逐渐变成了一个空港口。

一时间，沉寂多年的金兰湾再次成为国际社会舆论关注的焦点。越南对于金兰湾的发展计划是什么？金兰湾会不会再次出租？如果租用，下一个租用金兰湾的将会是哪个国家？对于金兰湾将何去何从众说纷纭。世界的目光再次聚集在此，都在等着越南政府和其他国家的反应。然而当时的越南总理潘文凯却明确表示，2004年俄罗斯海军撤离金兰湾后，越南将不会允许任何外国把金兰湾用作军事基地，而是将其辟为国际商港，利用该港的潜力和优势服务于越南的经济建设，为推进越南的革新开放和社会主义市场经济发挥作用。这是越南政府领导人首次明确表示不会再将金兰湾租用。

金兰湾，在历经整整一个世纪的争夺后，将以新的面貌出现在世人面前。但事实真会如此吗？

港口租赁，美俄争抢军事基地

金兰湾，百年列强的逐鹿场，经历了沧海桑田。从20世纪初，越南金兰湾海军基地就一直在国际军事舞台上扮演着令世人关注的角色，因为它直接影响到东南亚乃至整个亚太地区的和平与稳定。如今，走出历史硝烟的金兰湾再度成为大国争夺的对象。

如果跟新加坡樟宜、日本横须贺、韩国釜山、关岛阿普拉等基地相对比，金兰湾的地理位置使得它更靠近南海的“热点区域”，这里的平静注定不可能持续太久。果不其然，事实再一次证明了这一点。自2002年6月，俄罗斯忍痛撤出，金兰湾的使用权重归越南之后，国际上的利益相关者都在时时刻刻关注着这一重要的战略基地何去何从，并且都想将其“占为己有”。超级强国美国就一直蠢蠢欲动，美国官员迫不及待地表示越南应将金兰湾的优势发挥出来，特别是在奥巴马政府上台后，美国就曾经多次高调宣示要“重返东南亚”，维持其在东亚的战略地位。有关美军有意进驻金兰湾的传言不时出现，隐藏在美国一举一动背后的阴谋是司马昭之心路人皆知，如果美军进驻金兰湾，除了将俄罗斯这一美国在越南乃至东南亚的心腹大患赶出之外，还可以形成对中国的防锁链，加强美国在越南和亚太地区的影响力和控制力。另一大国俄罗斯一直痛惜当初的抉择，更不愿意看到美国染指越南，也高调宣布愿意给予越南100亿美元的贷款以期望能够继续使用金兰湾。

新的角逐又一次拉开了帷幕。

面对金兰湾，美国早就垂涎欲滴，蠢蠢欲动。当年金兰湾被俄罗斯无偿使用和占据，始终是美国的一块心病，美国不仅曾想方设法排挤俄罗斯，并且念念不忘自己耗巨资修建的港口和码头。自1995年越南与美国建交，两国关系实现正常化以后，美国就念念不忘金兰湾，不断地向越南提出租用金兰湾的要求，双方在敏感的军事领域的接触也逐渐恢复。

早在1990年，美国就曾明确表示希望越南政府能够允许其使用金兰湾港。特别是在1992年，美军被迫从东南亚地区的最后堡垒——菲律宾苏比克海军基地和克拉克空军基地撤军后，就曾明确表示要把设港目标放在越南。在越南设港，最合适的位置当然非金兰湾莫属了，其战略指向不言而喻。美海军海运

图 6.10　2012 年，美国国防部长帕内塔视察金兰湾

司令部也曾指出，如果美海军舰船从金兰湾出发，大约只需要 5 天时间就可以到达世界上两个热点地区——朝鲜半岛和中东，这一距离和从美国本土到达上述地区的距离相比，能减少近一半。此言一出，就更加肯定了金兰湾对于美国在东亚战略布局的重要性和美国对于金兰湾的觊觎之心。此后，美国在金兰湾使用权上又做了大量的工作。

1994 年，美国太平洋舰队司令理查·马克向越方提出在金兰湾重开军事基地的问题。1997 年 3 月，美军太平洋总部司令约塞夫·博鲁克再次到越南就金兰湾一事探询越方态度。2000 年 1 月和 3 月，美国国防部长科恩和总统克林顿先后访问越南，表示希望美国舰船将来可以恢复在金兰湾的停泊，虽然此时美国已经和新加坡达成了美军使用樟宜基地的协议，并将“小鹰”号航母编队开进樟宜基地，但美国自己也十分清楚和明白要使新加坡完全成为美军的基地几乎是没有可能的，再加之新加坡地域狭小，可提供的仓储面积及物资都十分有限，地理位置等不能与得天独厚的金兰湾相媲美，所以说服越南将金兰湾作为中转或补给港口仍然是美军的目标。

其实美国自身也知道，虽然两国建交以后，两国关系实现了正常化，双边贸易关系也发展迅速，但是由于历史积怨和两国在意识形态、价值观等一系列问题上的分歧和斗争，美国想在越南重温独霸基地梦是不太现实的，但是美国却可以争取找到停泊舰船的港口。正如美国前驻越大使彼得逊所言："虽然美国没有使用金兰湾的奢望，但可以肯定的是，美国确实希望实现舰船访问"，甚至"美国最终将以盟友身份重返越南"。

在军事拉拢的同时，美国还不忘多方诱惑，不时地向越南抛出橄榄枝，以盟友或慈善家的身份表示有兴趣帮助越南开发金兰湾，将其变成一个经济区，发展经济，并对此做了初步的成本估算，提出了一系列协助改善金兰湾设施的建议。

2001 年乔治·布什上台，美国依然对金兰湾情有独钟，锲而不舍，并且加快了与越南接触的步伐。2001 年 5 月，兰德公司发表了一份题为《美国与亚洲：迈向新的战略和力量态势》的报告。该报告中直接将矛头对准中国，声称中国在东亚和南海的力量在逐步崛起，如不遏制将会对东南亚各个国家造成威胁，为了阻止中国谋求地区霸权，成为亚洲霸主，美国和越南之间存在着潜在的合作理由，应早日加强军事合作，而且作为对中国力量崛起的反应，美国也应该早日重返亚洲，加强其在亚洲的全面军事存在。

2001 年 9 月 11 日，美国遭遇了令世界震惊的恐怖袭击事件，在世界人民为之伤心和愤怒之余，却为美国以反恐名义扩大在东南亚的军事存在提供了千载难逢的绝好时机。"9·11"事件后，美国以加大反恐力度为名义，加紧了其太平洋舰队的动作，其背后的动因是为了巩固美国在海上的军事霸权。亚洲作为与国际恐怖主义密切相关的地区（以南亚和东南亚为甚），尤其是亚洲的经济总规模及其战略上的不稳定性使得该地区在整个世界事务中的重要性已经并将继续提升，其进一步受到了美国政策制定者们的重视。但是更为现实的问题是，在美军重返亚洲的同时，必然也将伴随着不可避免的问题，即美国在东亚后勤保障体系的相对缺乏。如果美国不能在东南亚建立起必要的后勤保障基地，那么美军将很难在可能采取的军事行动中有所作为。借此时机，美国加紧了同越南的接触。

2002 年 2 月 1 日，美国太平洋总部司令布莱尔上将访问越南，在访问期间直接表示，美国有意同越南建立更密切的军事关系，美军希望与越南达成一项让美军使用金兰湾军事基地的协议。布莱尔的表态"一石激起千层浪"，舆论普遍认为这是美国重返金兰湾的一次最新试探。

同年，法戈接替布莱尔成为美军太平洋总部司令。他上任伊始就出访越南，向其正式表达了美方租借金兰湾军事基地的愿望。

2003 年 11 月 19 日，美国导弹护卫舰"范德格里夫"号开进了胡志明港，成为自1975年4月美舰自南越撤走后第一艘访问越南的美舰。外界评论称，此次美舰访越是美国在东南亚寻找落脚点的又一重大举措。

可以说，美国在美越关系改善中的积极主动有愈来愈强之势。2010年8月8日，越南干部考察团还登上在岘港附近海域停泊的美国“乔治·华盛顿”号航空母舰参观。2011年7月15日，同样隶属于第七舰队的“钟云”号、“普雷贝尔”号和“哨兵”号军舰访问岘港。2012年4月23日，隶属于美国第七舰队的“蓝岭”号、“查菲”号和“哨兵”号3艘军舰访问越南岘港。2012年5月24日，美国“理查德·伯德”号补给舰驶入金兰湾进行14天的保养。

2012年6月，美国国防部长帕内塔出席香格里拉对话会后，便对越南展开为期三天的高调访问，并且考察了越南金兰湾的前美军基地，从而成为自越战结束后首位访问金兰湾的美国国防部长。帕内塔在访问期间表示，他越南之行的目的是建立两国和两军之间的互信，对于美国来说，金兰湾是一个重要的港湾，如果越南有意改善金兰湾地区且需要帮助，美国愿意提供。美国海军未来有意再次赴金兰湾做定期访问。帕内塔此次充满象征意义的访问被国际社会认为是美越军事合作全面升温的前奏。

在美国看来，与越南尽释前嫌有军事上和战略上的好处。金兰湾有独特的战略地位，重返金兰湾，不仅能加强美国在东南亚的军事存在，扩展其反恐战线，而且还能达到在军事上牵制中国和俄罗斯的目的。重返金兰湾是重返越南的重要步骤，而重返越南是重返亚太战略实施的重要一环。除了推动越南的关系升温外，美国日益重视同东南亚各国的军事合作关系。除了频频派军政要人赴东南亚访问、推动与这些国家的联合军事演习外，美国还分别与新加坡、菲律宾等国签署了军舰靠港协议。

美国觊觎金兰湾，其中的一个重要目的就是遏制中国。中国经过改革开放30多年发展，国民经济大幅提升，军事力量尤其是南中国海的军事力量都有所加强，中国的崛起使美国坐立不安，急于部署东亚确保其军事力量的存在。美国若租下金兰湾，就等于是扼住了南海的咽喉。从战略上分析，金兰湾对南海任何岛礁的控制力，都高于中国现有的海军基地。美国重打金兰湾的主意，是为了在南海打入一个“楔子”，加强对中国的“岛链”遏制力。如果美国得到了金兰湾，就完成了韩国—日本—中国台湾—金兰湾的基地链建设，也就等于是把军事基地建在了中国南沙群岛的大门口，堵住中国南方出海口，将中国死死包围住。美国布局越南，矛头直指南海、台湾海峡和朝鲜半岛。

未来，美国如果达成所愿，重新租用金兰湾，那么就将完成对华岛链遏制的最后一环。虽然目前越南一再明确表示不会再度出租金兰湾，但是其半推半就的姿势还是不难看出其待价而沽、“坐等涨价”的心态。比如，越南为了拉拢美国深入南海，也发表了一些附和美国的言论；越南多次强调的所谓南海航行自由与美国宣布在该地区拥有利益相吻合。

美国对越南肚子里的“小九九”可谓也是了如指掌、拿捏自如。越南的姿态正符合其借南海问题插手亚太地区事务、加强其在该地区的军事存在的心意。美越两国正尽量搁置分歧，各取所需，发展关系。然而，美国人能否如愿以偿，尚存在着许多变数。

首先，越南战争使美越关系背上了厚重的历史包袱。越战后遗症在一定程度上阻碍了美越关系的发展，让越南人一下子很难接受美国在越南国内建立军事基地。科索沃战争和伊拉克战争增加了越南对美国全球霸权的恐惧和对美国单边主义的疑虑，而且，越南国内有一股强烈的民族主义排外情绪，将美国的和平演变视为头号威胁。另外，中越关系正常化以后，越南对中国战略意图的关注以及对中国在南中国海问题上的强硬立场必然有所顾忌，至少排除了让美国在近期进入金兰湾的可能性。但是并不排除越南为了获得美国的经济和军事支持而选择与美国一起共同经营金兰湾的可能。

除了美国对金兰湾念念不忘之外，几十年来，俄罗斯对金兰湾一直有着挥之不去的情结。

冷战时期，金兰湾曾是苏联海军抗衡美国海军的战略支点。后来苏联解体，俄罗斯继承了金兰湾的使用权，但迫于国内财政“有心无力”，不得不于2002年悲情地离开了金兰湾。此后，金兰湾就成为俄罗斯魂牵梦萦的地方，希望有朝一日可以重返金兰湾，重建俄罗斯海外军事基地，彰显大国风采。

随着国力增强，俄罗斯也着手重返金兰湾，保障太平洋舰队活动的准备。然而历史风云变幻，此时同冷战时期相比，东南亚地区的局势已经发生了根本变化，越南同美国已经不再剑拔弩张，相反关系日益升温。在这种形势下，俄罗斯重返金兰湾将使南海地区的形势变得更加复杂，而且困难重重。

2010年10月30日越南总理阮晋勇在河内东亚峰会闭幕时表示，越南将计划向外国海军重新开放金兰湾港口设施，在金兰湾港口设施的中心，越南将做好准备为来自所有国家的海军舰船提供服务，包括向潜艇提供服务，但是，接受服务的国家必须付费，而这些设施将在“俄罗斯的帮助下”完成。此言一出，烽烟再起。这个重要消息，立即牵动了各方的神经。在此前的10月6日，俄罗斯海军参谋部就曾经“突然”表示，俄罗斯海军方面最近已完成了有关恢复金兰湾海军基地工作的资料论证和相关建议的起草工作。如果可能，俄海军将在未来三年之内重新启用金兰湾海军基地。针对此消息，越南外交部于10月12日表示，不与外国合作把金兰湾用于军事目的。越南外交部发言人阮芳娥称：“越南已多次声明，不与外国合作使用金兰湾于军事目的，而将开发金兰湾地区的潜力，服务于建设和保卫国家的事业。”虽然俄罗斯目前并没有获得在金兰湾的军事进展，但是十几天之后越南政府宣布与俄罗斯共同建设金兰湾就已经是一大利好消息。时隔八年，俄罗斯终于开始伸出收回了多年的海空战略巡弋触角，积极“收复失地”，这包含了俄罗斯欲重振大洋雄风的决心。

2012年7月27日俄罗斯总统普京表示，俄罗斯将向越南提供约100亿美元贷款。越南国家主席张晋创随即称，越方将允许俄罗斯在越南金兰湾港设一处船舶维修基地。俄罗斯为什么愿意提供巨额贷款给越南？其意图又是什么？

实际上，俄罗斯总统普京对越南慷慨贷款并非是“有爱心的慈善之举”，而是意在对抗美国染指金兰湾。因为此前美国国防部长帕内塔对越南进行了为期三天的高调访问和金兰湾前美军基地的考察，此举使俄罗斯深深地认识到，美国对于金兰湾的重视，一旦其达到目的，将对俄罗斯形成致命的打击。对于俄罗斯而言，如果能够重新进驻金兰湾，不但可以从军事上保障俄罗斯太平洋舰队的活动，帮助俄海军在太平洋和印度洋地区打击海盗，组织美国在东亚军事力量的扩张；从经济上考虑也更加有利，俄罗斯支付金兰湾的租赁费用将比海军派遣补给船随同军舰在太平洋和印度洋上活动便宜。

不过，普遍认为俄罗斯重返越南金兰湾的可能性同美国一样不大。因为越南领导层有一个基本原则，那就是不允许在越南境内设立外国军事基地。俄美海军重返金兰湾就等于违反了这一基本原则，越南领导人未必能同意俄海军再次进驻金兰湾。况且，苏联解体后，俄太平洋舰队没有一艘新型舰艇服役，即使越南同意俄罗斯重返金兰湾，俄海军也没有足够军舰能像苏联时代那样常驻金兰湾。但是越南最近从俄罗斯购买了大批潜艇和水面舰艇以及海军战斗机，这些武器装备可能部署在金兰湾，也不排除俄罗斯同越南共同使用金兰湾的可能。

左边是美国，右边是俄罗斯，两个世界大国的左右夹击，凭借着手里的金兰湾，越南做到了左右逢源，运筹帷幄。

2002年，俄罗斯提前将金兰湾的全部设施移交给越南，告别金兰湾。随

图 6.11　2012 年越南国家主席张晋创访问俄罗斯

着最后一批俄军撤出，金兰湾被正式移交给越南。百年来，金兰湾第一次回到越南的怀抱。时任越南总理的潘文凯表示，俄罗斯海军撤离金兰湾后，越南不会再把金兰湾作为海军基地租让给外国使用，而将接管这一天然良港，挖掘其潜力，使其为本国的经济发展服务，为推进越南的革新开放和社会主义市场经济发挥作用。这是越南政府领导人首次明确表示，在越南与苏联关于使用金兰湾的协定届满后，越南不再把金兰湾作为海军基地租让给外国使用。

然而金兰湾对越南的象征意义多于其实质意义，现在的越南海军只有几艘轻型护卫舰，而且还并非本国制造，所以，不管拥有何种良港，越南海军也只是一支理论上存在的海军。所以，金兰湾要想体现其独特的地缘战略价值，除非有大国舰队进驻。

其实，客观上讲，金兰湾倒不见得非出租不可。随着越南实行改革开放，其军事战略也调整为“陆守海进”，提出“依靠海上防御，来缓和陆地纵深较浅”的国防思想。在这种背景下，确保对金兰湾的掌控，对越南国家安全的意义日益凸显。越南在过去一个世纪里不断遭受外敌侵略，对“外国驻军”议题理应十分敏感。不过，虽说越南口头上不断的表示，对金兰湾是“不予外人”，但事实上，仍然是“待价而沽”。

越南自 1986 年实行全方位改革开放以来，国家政治、经济、外交战略都进行了大幅度的修改，确立了21世纪政治、经济发展的宏伟目标，确立了独立自主、多样化、多方位的外交政策，力争多交友、少树敌，积极恢复、改善和发展与周边国家、传统友好国家和大国之间的关系，力争为促进国内政治稳定、发展国民经济、增强综合国力创造较为有利的国际环境。面对金兰湾的风云再起，越南如果愿意，完全可以将金兰湾基地改为民用，而且对任何不损害越南国家利益的国家开放，而不单单是美国或俄罗斯独享。

但近来的历史却并非如此，越南政府的内政外交日益务实起来。它不仅善于扮演平衡角色，而且愿意利用金兰湾作为讨价还价的砝码，金兰湾已经成为越南政府在大国间周旋博弈的一张王牌。

俄国、美国等大国在金兰湾问题上明争暗斗。舰船能否出入金兰湾？谁能最先将军舰开进金兰湾？……两国围绕金兰湾的争夺还远远没有结束。美国这方，不断高调的宣布战略重点向亚洲东移，在东南亚地区新建基地的呼声在美国军方中渐高。俄罗斯那边，彼得大帝时代的一句名言在俄罗斯人的意识中根深蒂固，“没有强大的海军，就没有强大的俄罗斯”，偏爱海军的俄罗斯总统普京强调，“俄罗斯必须加强远洋舰队的建设，在世界各大洋上体现俄罗斯的存在”。金兰湾对俄罗斯海军的重要性重又浮出水面。除了美国和俄罗斯，向“大国”迈进的印度和日本等国开“打击海盗”这扇后门，对南海事务也是蠢蠢欲动，也把目标盯上越南沿岸的港口。

金兰湾的重要性可见一斑，大国的青睐不言而喻，而越南的态度可谓一日三变，因此，围绕金兰湾的争夺还将继续下去。从1905年沙皇海军舰队首次进入金兰湾至2004年俄罗斯租期届满撤出金兰湾，金兰湾在列强的争夺中历经整整一百年。新的百年已经开启，金兰湾上风云再起，暗潮涌动，到底谁能成为真正的赢家，金兰湾又将以什么样的面貌展现在世人面前，世人只能拭目以待。

越美合作，南海面临什么

澜沧江—湄公河最终的归宿地是南海。南海面积约有356万平方千米，是仅次于珊瑚海和阿拉伯海的世界第三大陆缘海。南海位居太平洋和印度洋之间的航运要冲，北边是中国广东、广西、福建和台湾四省区，东南边至菲律宾群岛，西南边至越南和马来半岛，最南边的是曾母暗沙，靠近加里曼丹岛。浩瀚的南海，通过巴士海峡、苏禄海和马六甲海峡等，与太平洋和印度洋相连。

南海地处热带，海中分布着许许多多的珊瑚礁和珊瑚岛，它们像一颗颗璀璨的明珠镶嵌在湛蓝的海面上。这些岛礁总称南海诸岛，分为东沙群岛、西沙群岛、中沙群岛、曾母暗沙、南沙群岛和黄岩岛。南海诸岛很早就为我国劳动人民发现与开发，是我国领土不可分割的一部分。

南海的生物资源和海底资源非常丰富，这加剧了周边国家对南海的争夺。南海海洋鱼类有 1 500 多种，品质十分优良。南海海域有含油气构造 200 多个，油气田大约 180 个，储量大约在 230 ~ 300 亿吨之间，相当于全球储量的 12%，占中国石油总资源量的三分之一，有“第二个大庆”之称。据统计，仅仅在南海的曾母盆地、沙巴盆地和万安盆地的石油总储量，就将近 200 亿吨。在西沙群岛、中沙群岛的水下阶地分布着上千米的新生代沉积物，这些沉积物与我国北部湾、海南岛的新生代沉积物有密切的联系。

因此，专家们推测，这些群岛下方极有可能储存着大量的石油和天然气。另外，南海的海底资源还包括各种金属矿产资源。随着科技的进步和海洋开发的深入，西沙、南沙、中沙群岛海底资源有着非常广阔的开发前景和巨大的利用价值。现代科学还发现海洋蕴藏巨大的潮汐能、波能、温差能、密度差能、压力差能等海洋动力资源，若能科学地对南海加以开发和利用，其社会和经济效益将不可估量。

南海对中国来说，战略价值巨大。南海是太平洋和印度洋之间的海上走廊，也是联系中国与世界各地非常重要的海上通道。从军事战略上讲，控制了南海岛礁，就意味着直接或间接地控制了从马六甲海峡到日本、从新加坡到香港、从我国广东到菲律宾马尼拉，甚至从东亚到西亚、非洲和欧洲的多数海上通道。从航道上来讲，每年大约有 4 万多艘船只经过南海海域。日本、韩国和我国台湾省，90% 以上的石油输入要依赖南海这个航道；经过南海航道运输的液化天然气，占世界总贸易额的三分之二。就中国来讲，通往国外的近 40 条航线中，超过一半以上的航线经过南海海域。

现在越南、菲律宾等周边国家与中国围绕着海洋权益等问题一直矛盾不断。其实，自古以来南海就属于中国。对于南海的记载，很早就出现于中国的古书经典著作之中。谢承《后汉书》说“交趾七郡贡献皆从涨海出入”。东汉杨孚《异物志》记载：“涨海崎头，水浅而多磁石，徼外人乘大舶，皆以铁锢之，至此关，以磁石不得过。”三国吴万震《南州异物志》称：“东北行，极大崎头出涨海，中浅而多磁石。”宋李昉等撰《太平御览》引三国吴康泰《扶南传》：“涨海中到珊瑚洲。”在南北朝之前，南海的一直被称作“涨海”，南海诸岛泛称“涨海崎头”“珊瑚洲”，而“磁石”指称暗礁暗滩，寓指南海暗礁暗滩多，来往船只搁浅难脱，像被磁石吸住一样。

南海的名称最早出现在《梁书》卷54《海南诸国列传》中，书中记载道，“干陁国在南海洲上”（干陁国故地在今苏门答腊岛）。初唐被流放越南的诗人沈佺期也曾写下“身投南海西”的诗句（《赦到不得归题江上石》）。很多现实已经表明，早在1 500年前，中国人民已经认识南海和南海诸岛了。

除了文字记载外，2 100多年前中国的地图上也早就已经出现了南海。1973年12月出土的长沙马王堆三号汉墓中古地图，历史学家谭其骧将其命名为《西汉初期长沙国深平防区地形图》，又称《长沙国南部地形图》，简称《地形图》。这份地图画在长宽各96厘米的正方形绢上，根据与该图同时出土的一件木牍上“十二年二月乙已朔戊辰”的字样，可知该墓的下葬年代为汉文帝十二年（公元前168年），所以推算刻制成图时间应是2 100年之前。《地形图》是现存最早标绘南海的地图。《地形图》的方位是上南下北，从主区向上往南直到南海是西汉诸侯南越（南粤）王的辖区。图上画有河流，海岸线象征性地画为半月形曲线。

20世纪中期以前，中国一直拥有南海的主权，对此其他国家也毫无争议，但自从勘探出南海海底可能存有大量石油天然气资源以后，情况就大为不同了。围绕南海海域及岛屿的主权争议陆续冒出，成为亚洲最具潜在危险性的冲突点之一。声称或争夺对南海诸岛或其中一部分拥有主权的邻国包括文莱、马来西亚、菲律宾和越南等政治实体。

南沙群岛中总共230多个岛礁中，常年可见的岛屿和沙洲不足60个。目前为止，有大约24个岛礁被越南占据，是国外势力中侵占南沙群岛最多的国家，其主要岛礁包括：南威岛、景宏岛、鸿庥岛、毕生岛、敦谦沙洲、安波沙洲、染青沙洲、舶兰礁、琼礁、鬼喊礁、南子礁、大现礁、中礁、西礁、东礁、南华礁、日积礁、蓬勃堡、奥南暗沙、金盾暗沙、万安滩。

1974年，中国与越南（南越）在西沙一决海战，收回了西沙群岛，划归海南省管辖。1988年再通过赤瓜礁海战，控制了赤瓜礁等七个南沙岛礁。2010年5月31日至2010年7月18日，潜水器“蛟龙号”在南海3000米级的深海中共完成了17次下潜任务，在其中一次下潜任务成功后，潜航员利用机械手在南海海底插上了一面中华人民共和国国旗以宣示主权。2012年，国务院批准设立地级海南省三沙市（意为西沙、中沙、南沙），行政机关驻扎在永兴岛，管辖南海各岛屿，但实际上仅实际控制其中部分岛屿。

越南对南海抢夺可以说是“理直气壮”。从历史到理论，都“言之凿凿”。越南的历史的理由是法国于1930年曾表示拥有全部斯普拉特利群岛（中国称南沙群岛）的主权，而越南直接继承了法国撤走后的“衣钵”，自然就理所应当的享有这些群岛的主权了。虽然已经控制了大部分岛礁，还很不知足的宣称，对于在1974年与中国的海战中所被中国占领的西沙群岛拥有主权。

在南海海域上，越南早在1978年就和日本达成协议，就开发南海海底石油进行合作。自此之后，越南与30多个外国石油公司签订石油勘探和开发合同，还在西沙和南沙海域非法石油招标120多个。1986年，越南“白虎”的油田在南海正式投产，此后越南的原油产量逐年速度增长，至今“白虎”油田已经累计生产原油2 000多万吨，创汇250亿美元。2009年前后，“大熊”“龙”和“青龙”等三个越南油田也相继投产，而这几个油田都是在我国南海断续线之内。

自从开发了南海石油，越南从曾经的贫油国，一跃成为了石油出口国。现在的越南每年的石油产量高达将近2 000多万吨，石油已经成为越南出口最多的产品之一，在GDP中所占的比重已经超过了30%。据统计，现在周边国家和国外石油公司，一共合作开采大约有1 200多口油井，大肆地掠夺南海的海底资源。

近年来，越南以中国海监船切断越南勘探船缆线、中国探测船活动于争议区等理由，制造国际舆论，在国内掀起反华热潮。越南政府为“响应”国内人民的情绪，开始在军事上有所动作。据报道，越南近期积极加强海军与空军的军力，致力装备现代化、采购高科技武器，建设防空与侦察系统，并向俄罗斯和以色列等国购买潜艇、战机和导弹。2011年国防预算达到了26亿美元，比上年增加七成。越南最大军火供应国是俄罗斯，近些年向俄罗斯购买了6艘基洛级潜艇，2艘猎豹级护卫舰。猎豹级护卫舰具有隐影性能，配备反潜鱼雷，任务包括护航、巡逻、反舰和反潜作战以及防空。空军方面，越南用5亿美元，购买12架最先进的苏30MK2战斗机。并与加拿大签署购买6架两栖DHC－6双水獭系列400水上飞机的合同。除此之外，还有报道称，越南正同以色列洽谈购买短程弹道飞弹事宜。

除了军备上的大量增加，越南还请了“美国”这尊佛，即便后者曾经是自己的宿敌。

美国对越南寻求合作的意愿是正中下怀。现在是海洋领土主权意识大崛起的时代，各大洋中的咽喉要地、战略通道都已“名花有主”。南海独特的地缘战略价值，使得拥有世界最强大海军的美国不可能眼睁睁地看着南海这样的战略通道掌握在“潜在对手”——中国的手上。然而如何去阻止中国呢？

素有“平衡大师”之称的美国人深谙地缘政治精髓，明白如何使用“借力打力”来实现目的。南海距离美国遥远，周边国家正争得如火如荼，美国没有必要火中取栗，如果“全面介入”就极可能变成“全面陷入”，所以维持南海均势，只需移动一下天平的支点就能起到四两拨千斤之效。因此，美国一方面宣称，“南海是国际水域，不是中国或菲律宾可以宣布拥有所有主权的。”同时声明，尽管美国在南沙问题上没有立场，在南海争端中不支持任何一方，但对于“维护南中国海和平与稳定有持久的兴趣”、“为避免将来发生对抗，最好加强在南中国海与民主国家及盟国的防御力量”。

在南海问题上，美国一直坚持着自己的逻辑，即，南海目前似乎不是美国的；但如果南海在事实上成为公海，那它就是世界的，自然也是美国的。届时，美国凭借其无可匹敌的海上力量，不论是在该地区航行、科考，甚至拥有军事存在也顺理成章。

而对于越南拉近美国，加强越美合作，有专家分析：南海问题短期内难以解决。新加坡南洋理工大学地区安全专家安德鲁·陈说：“越南担心中国想把它抱得太紧。”“因此越南试图通过求助于美国，借助另一个大国与中国相抗衡”。对于越南来说，目前最主要的是“对这个北方邻国的动机需要保持高度警惕，而现在的美国反倒不如中国那么邪恶了”。

同为东南亚紧邻的菲律宾似乎与越南心有默契，共同促进南海波澜的升级，共同推动美国介入南海事宜的步伐，以至于自2010年之后，南海上的波澜不断，似乎有剑拔弩张，难免一战的迹象。

菲律宾是南海第二大外部势力，其实际控制着中业岛、南钥岛、费信岛、马欢岛、西月岛、杨信沙洲、双黄沙洲、司令礁、北子礁等岛礁。2012年4月10日中午，在我国黄岩岛海域作业的数艘渔船被菲律宾最大军舰“德尔皮拉尔”号（排水量3 390吨）非法堵在黄岩岛潟湖内，菲方欲抓扣我被困渔船渔民。国家海洋局迅速派出正在附近执行南海定期维权巡航执法任务的中国海监“84”船（排水量1 740吨）、“75”船（排水量1 290吨）编队赶赴该海域，对我渔船和渔民实施现场保护。菲律宾方面随即于11日派出一艘舰艇前往黄岩岛增援。黄岩岛对峙事件之后，中菲虽然用外交手段进行了协商解决，但却使中菲之间的南海争议再次升级。

与越南的做法类似，菲律宾也加紧联手与美国进行军演。菲律宾曾与美国在吕宋岛和巴拉望岛附近海域举行名为“肩并肩”的联合军演。虽然菲军方强调，此次演习并不是在南海争议地区进行，但是巴拉望岛直面南海，此次演习仍被普遍视为中菲关系恶化的前兆。对于美菲之间的军演，中国的态度则颇有大国风范。中国驻菲律宾大使马克卿表示，“太平洋的面积很大，足以容得下中国和美国。我方希望美方能够在本区域扮演建设性角色，使本区域变得和平与稳定。”她还说：“一个国家要与其他国家建立军事或经济关系，是他们自己的事。国际社会的基本原则是不去过问他人的事。每一个国家都有权视自己国家的条件来改变其政策。”她表示，虽然各国政府不可能就领土权妥协，不过，中菲可以考虑通过“合资合作”的形式来开发南海，直到领土纷争有结论为止。

其实，即便是越南联合美国一起对抗中国，中越南海也未必有一战。两国不仅在国力和海军实力上对比悬殊，而且在经济实力上也差距巨大。据公布的资料显示，越南海军的主要装备包括护卫舰：共7艘。巡逻艇和小型快艇：共55艘。扫雷舰艇：共16艘。登陆舰：共7艘。小型登陆艇：共30艘（机械化登陆艇12艘、通用登陆艇18艘）。越南海军缺乏大型水面舰艇，设计于20世纪60年代，在前苏联被称为警备舰的6艘“别佳”级护卫舰构成了越南海军水面力量的主力，但已经显得陈旧。

而中国的南海舰队的实力已经远高于整个越南海军的实力。南海舰队是三大舰队中防御海区面积最大的舰队，同时也是三大舰队中唯一一个赢得过两场海战的舰队。南海舰队现有舰艇350多艘，其中驱逐舰9艘，护卫舰17艘，核潜艇3艘，常规潜艇21艘。自80年代末以来，南海舰队的大型舰艇的数量增长很快，已成为三大舰队中驱护舰数量最多的舰队。舰队旗舰是“南仓”级远洋综合补给舰“885青海湖”号（原“南运953南仓”号）“中华神盾”170舰、171舰以及168舰和169舰，部分“054A”新型护卫舰都率属于该舰队。

在经济实力上，以2010年为例，越南外债约290亿美元，外汇储备136亿美元，财政赤字120亿美元。而中国同年外债余额为5 489.38亿美元，财政赤字1 619亿美元，但外汇储备已经高达3万亿美元。另外需要看到的是，东南亚国家从来没有像一些观察家所预计的那样变成制衡中国的力量。中国正在迅速崛起，尽管东盟10个成员国中有一些国家——最主要的就是越南、菲律宾和印度尼西亚——对中国保持着警惕，但是其他国家都希望与世界上发展速度最快的重要经济体做生意。

图 6.12　越美加强军事合作

其实，越南“叫板”中国，其根本原因在于缓解国内矛盾。近些年来，越南经济不断恶化，通胀率一度升至 20%，是全球通胀升幅最高的 5 个国家之一。经济状况恶化使政经危机涌现，西北部还发生了大规模的苗族骚乱，虽被镇压，但对越共的统治稳定已经形成挑战。所以，已现危机四伏。越南最近在南海的叫嚣，一要觊觎南海的石油，二想借此转移国内民众视线，煽动民族情绪，以缓解国内矛盾。

美国虽然与南海相隔万里，但配合着战略重心东移，美国开始在南海问题上横插一杠，由原来在南海一贯中立场，到现在时不时地放出一两句“狠话”，硬生生将越南和菲律宾等国家拉上对抗中国之路，并且还带着日本、印度等国家也来染指南海。现在，美国想重新主导整个东盟，把南海问题发展成中国与整个东盟国家的问题，使南海问题日益国际化，可以说，南海已经变成了中国和美国激烈博弈的又一战场。南海问题已经发展成为中美两国间的一种地缘政治的争夺战。美国在南海问题上的险恶用心，已经让整个南海及中国与东南亚变得不平静。

现在，美国介入南海问题已经成为事实，沿海各国“圈地榨油”蚕食我主权的行为，也正在变本加厉。日本和印度对这一敏感海域的频频染指，更促使我们必须时刻关注其动向。可以肯定的一点是，中国不会在南海问题上任凭自身的合法权益受到毫无止境的侵害，中国的海上政策已经发生了根本性的转变，开始采取有力的维权措施，在周边地区释放了足够的威慑信号，以声索国和参与国的反应来看，基本上达到了预期效果。

随着中国国力和海上经济利益的发展，中国力量向海上发展已经成为必然趋势。2010 年，中国国家海洋局发布《中国海洋发展报告 2010》，表明中国海洋战略的总目标是“建设海洋强国”。为此，中国要扩大管辖海域，维护中国在全球的海洋权益，建设海洋经济强国，同时形成海洋防卫战略和海洋科技战略。也正是这一年，围绕中国的海上争端开始逐渐增多，周边国家认为中国在近海地区树立主导地位的意图日益明显。

中国成为海洋强国的梦想和努力，注定面临来自美国和周边国家的直面阻挠。对于美国来说，中国过去是一个传统的陆权国家，其军事影响力基本限制在陆地领域，对海洋领域的延伸极为有限，不会对美国在海域的军事影响力形成有效威慑，更不会对美国的全球领导地位产生实质性的影响。但如果中国一旦成为海洋强国，那么中国将拥有陆海兼备的大国实力，直接对美国的全球领导地位形成严重威胁，特别是其亚太盟国体系将不可避免地瓦解。因此，如果中国继续着海洋强国的梦想，那么美国势必将与中国发生激烈的对抗。美国在南海问题上“拉偏架”的举动充分反映出美国的焦虑与不安，它试图通过对同盟伙伴的支持，遏制中国的向外发展。

图 6.13　2010 年 7 月 23 日，美国国务卿希拉里在第 17 届东盟地区论坛外长会议表示美国对南海的关注与兴趣，称南海岛屿领土争议事关美国国家利益

对于周边邻国来说，中国的海洋强国梦同样会刺激他们联手牵制。日本自古以来就视自己为海洋强国，中国是陆地强国，作为中国近邻，中国积极寻求成为海洋强国的努力被日本视作是一种严重的传统势力范围侵犯与外来威胁。日本在钓鱼岛问题上步步紧逼，毫不退让，在南海问题上推波助澜，都是在用

实际行动对抗中国践行其海洋战略的举措，未来中日在海洋安全领域的摩擦将会不断增多。

虽然中国和俄罗斯之间已经建立了战略伙伴关系，但俄罗斯并不希望中国成为亚太地区乃至全球的真正领导者。近期，俄罗斯与东南亚国家签订大量军售合同，向越南出售大批先进战机、潜艇、军舰和反导弹系统，帮助其提升军事实力，并且还计划在金兰湾重建军事基地。俄罗斯的举动充分说明了打算利用东南亚防范中国之心，联合起来在南海问题上为中国制造“绊脚石”，阻止中国的海洋强国步伐。而印度则担忧中国的海洋实力不断强大会威胁到印度在印度洋的利益和安全，所以就利用各种机会在南海问题上频频动作干扰中国。

但是，正如2012年11月，中共中央总书记胡锦涛在中共第十八次代表大会的报告中指出，“提高海洋资源开发能力，发展海洋经济，保护海洋生态环境，坚决维护国家海洋权益，建设海洋强国。”这意味着，中国从陆地大国转变为海洋强国已经上升为国策，中国海上维权和海洋能力综合建设的步伐将是不可逆转的。但是，实力的增长是客观现实，实力是否构成威胁是主观判断。中国如何让周边国家相信中国和平崛起的真实愿望，周边国家如何与崛起中的中国共处，是各方面临的重大问题。

南海问题上的焦灼促使中国需要反思自身的海洋安全政策，从建国至今，中国始终缺少一个完整的海洋战略。自2010年以来，中国的海上维权活动中，职能部门带动决策部门，地方带动中央的特征明显。这一方面说明了中国的外交参与主体日益多元化，另一方面也说明中国的海洋安全政策是应激反应型的，缺乏统一的战略和目标。相对于中国提出的海洋强国目标，实施政策具有明显的滞后性。

未来，中国面临的紧迫任务是制定海上安全战略。海上安全战略共包括两个层面，一是运用政治或军事手段实现对涉及国家利益的海域的事实控制权；二是在该海域的海洋资源进行开发利用，担负维护海域秩序的责任。中国目前的当务之急是要首先确保第一层面的海洋安全战略的实现。

中国正处于不断崛起的阶段，经济发展对海上安全的需求日见增多，势必要求中国必须将国家利益拓展到国土范围以外的区域。中华民族要实现民族复兴，成为一个海权国家是必由之路，而海洋安全战略则是实现目标的指导和根本。中国海军未来的战略任务基本涵盖三个层次：近海防御，保护领海和领土完整与权益，确保中国海上生命线的畅通。

近些年，中国的海军装备大幅度升级，总体规模和兵种装备的完整性和执行作战任务的多样性已经升至世界各国海军的前列。除了战略和军事上的准备之外，中国还不断加强了对海洋经济的发展，尤为突出的是，国务院在最近几年已经陆续将山东、浙江、福建、广东批准为海洋经济区，推动海洋新型产业发展，扩大海洋资源的利益受众范围。

第七章　雅鲁藏布江河口：能否打破马六甲困局

一河一口一湾一洋

一河

天上有一条银河，地上有一条天河，这个被称为“天河”的就是雅鲁藏布江。雅鲁藏布江位于中国西南部的西藏自治区，是世界上海拔最高的大河，属印度洋水系，发源于西藏西南部喜马拉雅山脉北麓的杰马央宗冰川，河源是杰马央宗曲。里孜以下统称雅鲁藏布江，源出于喜马拉雅山中段北坡的一系列冰川，由西向东，穿行西藏日喀则、拉萨、山南、林芝四个地市23个县，先后接纳喀藏布、年楚河、拉萨河、尼洋河等主要支流后，切过喜马拉雅山脉东端的洛渝地区，经我国的巴昔卡之后向南流入印度的萨地亚，改称布拉马普特拉河，流入孟加拉国后又改称贾木纳河。贾木纳河在孟加拉国的戈阿隆多市附近与恒河相汇，最后注入印度洋的孟加拉湾。

雅鲁藏布江全长3 350多千米，流域面积93.5万平方千米 。雅鲁藏布江的河床高度大都在海拔3 000米以上，是世界上海拔最高的天河。雅鲁藏布江的南面耸立着世界上最高、最年轻的喜马拉雅山，北面为冈底斯山和念青唐古拉山脉。南北之间为藏南谷地，藏语称之为“罗卡”，意为“南方”，谷地是呈东西走向的宽阔低缓地带，雅鲁藏布江就静静地躺在这一谷地里。雅鲁藏布江流域东西狭长，南北窄短，东西最大长度约1 500千米，而南北最大宽度只有290千米。

雅鲁藏布江是西藏文明诞生和发展的摇篮，其流域的新石器时代文化以林芝、墨脱为代表。在林芝县和墨脱县曾采集到石器、陶片、斧、锛、凿等类遗物。新石器时代晚期，西藏各地形成了许多部落。活动于雅鲁藏布江中游的雅砻部落，由于自然条件优越，社会经济迅速发展起来，私有制破土而出，逐步进入了人类文明的大门。公元前3世纪左右，聂赤赞普作为雅砻部落的首领第

图 7.1 雅鲁藏布江大拐弯

一次以赞普（意为王）的身份出现在西藏历史上，建立了部落奴隶制的吐蕃王国。

雅鲁藏布江还是汉藏文化交流的见证人。文成公主和蕃、金城公主西嫁与唐蕃会盟碑记载了汉与藏之间源远流长的交流史。由于藏族崇佛信教，因此，雅鲁藏布江流域的寺庙林立，无论是在峡谷溪涧之旁，还是深山野岭之中，都可听到悠悠的古刹钟声。布达拉宫与扎什伦布寺吸引了国内外无数的信徒不远万里来虔诚参拜。

1975 年，中国科学院组织了青藏高原综合科学考察队进入河源区考察，终于探明了杰马央宗曲才是雅鲁藏布江的正源，源头海拔 5 590 米，河源区由杰马央宗曲和库比藏布两河组成。杰马央宗冰川、夏布嘎冰川、昂若冰川、阿色甲果冰川等冰川构成了两河源头巨大的固体水库。由于冰川退缩成大面积冰碛物，谷地呈浅“U”形。冰峰上面云雾缭绕，仿佛舞动在空中的白色羽毛。

从主源杰马央宗冰川的末端到里孜是雅鲁藏布江的上游段，河长 268 千米，集水面积 265 700 平方千米，河谷宽达 1 ~ 10 千米，常年有水流的河道宽仅 30 ~ 40 米，水深不足 1 米。河水在桑木张汇合南源库比藏布之后被称作马泉河，向东流到萨噶县的里孜。马泉河穿行在南面的喜马拉雅山和北面的冈底斯山之间，谷地开阔，一般都有10～30千米。马泉河的平均海拔在5 200米以上，景致美不胜收，马泉河最大的支流——柴曲，弯弯曲曲把无数晶莹夺目的小湖泊穿缀在一起。

图7.2　马泉河的秀丽风景

在雅鲁藏布江的下游段，江水绕行南迦巴瓦峰，峰回路转，作巨大马蹄形转弯，大拐弯顶部的两侧是海拔7 151米和7 756米的加拉白垒峰和南迦巴瓦峰，从南迦巴瓦峰到雅鲁藏布江水面的垂直高差达7 100米，由此形成了世界第一大峡谷，即，雅鲁藏布大峡谷。大峡谷内山高谷低，江面狭窄，河床滩礁棋布，江水流急浪高，响声隆隆。雅鲁藏布江大峡谷被中国世界纪录协会认定为世界最深大峡谷和世界最长大峡谷。

一口

雅鲁藏布大峡谷的出口是一个名叫巴昔卡的地方，这里江面宽阔，水流平缓，年平均流量为5 300立方米/秒。受特殊的地理位置和气候条件的影响，巴昔卡地区终年温暖湿润，雨量充沛，年降雨量高达4 495毫米，气象记录最高时曾达7 591毫米，享有“雨都”之名。从地图上看，“极地天河”雅鲁藏布江从杰马央宗冰川发源，由西向东在西藏高原奔腾流淌，流到东经95°左右绕过喜马拉雅山南迦巴瓦峰突然急转向南，绕出一个优美的“雅鲁藏布大拐弯”，继而穿越举世闻名的“雅鲁藏布大峡谷”后由巴昔卡出口流出国境。正是大自然的鬼斧神工，才使得巴昔卡形成了一个背靠喜马拉雅山、面向孟加拉湾的巨大喇叭口，将印度洋匆匆而来的暖湿气流和丰沛的降雨尽收囊中。

充沛的雨量，温暖湿润的气候，使得巴昔卡森林茂密，四季常青，物产丰饶。除了满山遍野的野芭蕉林、野柠檬林、香蕉、甘蔗、棕榈等热带植物，热带雨林中栖息着孟加拉虎、犀鸟、太阳鸟、蟒蛇、孔雀等上千种珍禽异兽，构成一幅美丽的热带风光画面。

巴昔卡，是汉字译写的珞巴语地名，位于中国西藏自治区墨脱县，但遗憾的是，无论在中国地图或西藏自治区地图上都找不到“巴昔卡”这个地名，因为富饶美丽的“中国雨都——巴昔卡”已被印度侵占了近百年。早在清朝年间，巴昔卡所在的藏南地区还位于中国的版图之上。在藏南区域，大清朝版图下的中国与英属殖民地的印度之间虽然没有国际公认的边界线，但长期以来两国默契地遵守着一条传统习惯线。在巴昔卡的南边是迄今为止中国所主张的中印边境线。

巴昔卡最终远离祖国，英国是始作俑者。在19世纪中叶，英帝国主义控制了整个印度后，就开始将攫取整个青藏高原作为下一个目标，其目的是为了能称霸世界。在1888年和1903年先后两次发动了侵略西藏的战争，并于1904年攻陷拉萨，迫使清朝政府和拉萨地方政府签订了丧权辱国的《拉萨条约》。西藏从此沦为英国独占的势力范围。辛亥革命时，中国军阀混战为英国实现其进一步分裂中国、霸占西藏的阴谋提供了机遇。1913年10月13日，英国人精心策划了所谓“中英藏三方会议”，“煞费苦心”地商讨子虚乌有的“中国与内外西藏划界的问题”由于会议地点设在印度的西姆拉，所以历史上称之为“西姆拉会议”。

当时刚成立不久的北洋政府，为了更快的得到国际社会的承认，获得英国的经济援助，半推半就的亲英派官员陈贻范以“西藏议约全权专员”的身份参加了会议。虽然“西姆拉会议”的阴谋最终没有得逞，但英藏代表炮制除了一条臭名昭著的“麦克马洪线”，强行将藏南的一部分划归印度。也就是这条非法的边线，迫使巴昔卡游离了祖国母亲的怀抱。也正是这条线，埋下了1962年中印边境战争的祸端，藏南地区成为中印关系的最敏感的部位。

目前，巴昔卡是印度伪“阿鲁那恰尔邦”东希昂（East Siang）地区的行政中心，因其重要的战略位置，被印度人称作“阿鲁那恰尔邦的大门”。如果中国人前往该地区，还需要办理“特别通行证”。

即便历经了一个多世纪的风雨之后，这个本应属于中国的“雨都”却还漂泊在异国他乡。巴昔卡是中国历史上的屈辱，是中印领土之争的缩影。直到今天，巴昔卡还与“西姆拉会议”“麦克马洪线”“西藏问题”“中印边境战争”等一系列历史遗留问题联系在一起。

中国和印度是世界上两个人口最多的大国，也是世界著名的文明古国。虽然身为近邻，却因为中间横亘着雄伟浑壮的喜马拉雅山和喀喇昆仑山，而使两国之间鲜有往来。在19世纪以前，中国与印度之间基本上都没有真正有效的边界线，大部分的交界处只有传统的势力范围界线，两国和平共处的状态一直维持着。印度成为英帝国的殖民地之后，一手炮制出了约翰逊线和麦克马洪线，从此搅乱了中印之间默契的边界划分格局。第二次世界大战结束后，中国与印度先后获得民族解放，两个新生国家并驾齐驱，强国富民，边界的划分成为考验两个新生亚洲大国的重要问题。

中印边界全长约1700千米，分西、中、东三段。西段长600千米，中段长450千米，东段长650千米。基于种种原因，中印边界全线从未正式划定，各段都存在着不同程度的争议，争论最激烈的问题主要集中在东、西两段，其中，东段是英国殖民政府留给中、印两国人民的“遗产”，而西段则是尼赫鲁政府继承英印政府的殖民主义政策而制造出来的。

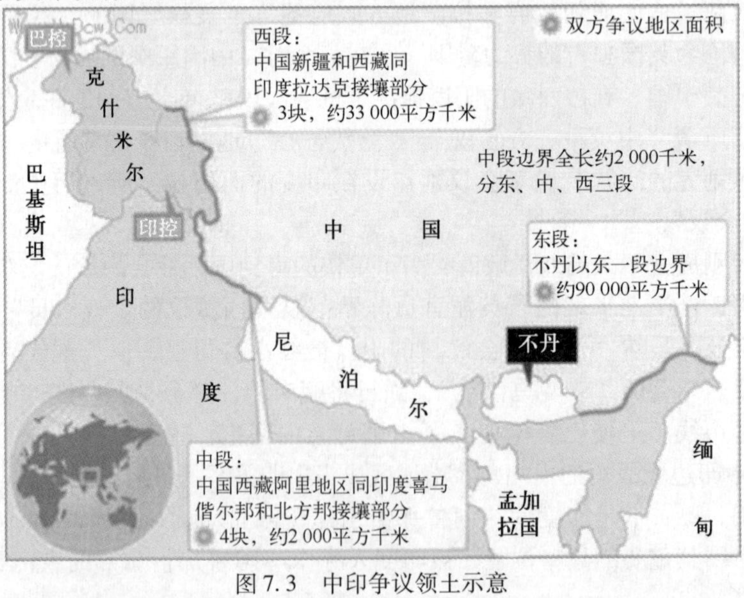

图7.3　中印争议领土示意

1. 先看东段

早在唐朝时期，吐蕃在统一西藏地区的时候，就包括了整段东段地区，即，门隅、珞隅、察隅地区。元朝统一全中国后，设立了甲瓦万户对西藏地区进行管理。五世达赖时期，格鲁派在达旺地区修建了达旺寺。达赖十三世每十二年都按照旧制，到珞隅收租。历史事实证明，西藏地区自古以来就是中国的领土，是我国领土神圣不可分割的一部分，印度政府没有任何证据和理由破坏我国的主权与领土完整。

到了19世纪末，西藏地区成了英国侵略的目标。1886—1888年，英国第一次进攻西藏，西藏地方势力寡不敌众，被迫与英国缔结条约，确定印藏通路和边境通商。1890年和1893年，英国两次强迫中国政府签订《中英藏印条约》和《中英藏印续约》，正式进入西藏。1903年，英国印度总督寇松第二次派兵进攻西藏，次年，拉萨失陷，清政府驻藏大臣被迫与侵略者签订了严重损害中国主权的《印藏条约》，西藏逐步沦为英国的势力范围，英国殖民政府在西藏扶植亲英派，进行分裂中国的活动。

1914年西姆拉会议上，英方派出视边界划定“是一门艺术，而非一种科学”的亨利·麦克马洪参会。他认为“手杖一挥，就可以随心所欲地创造出多少种奇迹”，于是“挥出”了中印之间的一条边界线。这条边界线把中国一块面积大约9万平方千米的土地划归印度。英国要求中国承认将西藏分成内藏和外藏，中国在外藏将不再享有任何行政权力，这实质上是将外藏从中国分裂出去。此举遭到中国代表陈贻范的反对，但在英国的外交和军事高压下，陈贻范无奈地在麦克马洪拟定的条约和地图上草签了字。在国际法中，草签和正式签字是两个不同的概念，如果草签得不到中国政府的批准，那它将没有任何法律效力。中国政府对陈贻范擅作主张、屈从英国压力的行为给予了严厉的训斥，对于英国的做法进行抗议。麦克马洪被迫在这个已经草签的条约草案上进行修改，但即便是修改后的条约，陈贻范再也不敢越权签字了。

伦敦指示，如果中国政府不在条约上签字，就不要同西藏签订双边条约。但发电报时，英国外交部没有一个能签发电报的官员留在外交部值班，结果麦克马洪并没有及时收到这份电报。在这种情况下，麦克马洪就同西藏代表签订了一个条约，声称这个条约对英藏双方都有约束力。签字的时候，他们故意支开陈贻范。三方会议最后变成只有两个参加者，公开的三人签字的条约变成只有两个人签字的秘密宣言，外加一份签字后又被修改过的地图草案。英国费尽心机、偷偷摸摸搞出来的草案、条约、地图，连英国人都知道它一钱不值，不具备任何法律效力。连麦克马洪也毫不讳言："在我离开印度前，没有能够使中国政府在三边协定上正式签字，我对此感到非常遗憾。"由于西藏并不是一个主权国家，因此，它与英方的签字就更不可能产生任何法律效力，麦克马洪承认："事实上在西姆拉举行的谈判失败了"。

1947 年 8 月印度摆脱了英国的殖民统治，宣布独立。贡纳尔·米达尔曾评论称："每一个新生的政权最初的、几乎是本能的反应，就是紧紧保住遗留给它的那份领土。凡是殖民国家曾经统治过的地方，新兴的国家就一定要统治。"印度也不例外，尼赫鲁政府一宣布掌权，就接管了英印殖民当局对不丹、锡金的统治，其控制之严密，连英印殖民当局也自愧不如。英国驻拉萨代表机构摇身一变，成了印度维护在西藏"权益"的代表机构。1962 年中印边界战争的爆发正是由于印度继续粗暴地入侵中国领土所致。直到今天，印度依然非法地占据这片本属于中国的领土。

"麦克马洪线"的划分是随意的，更是非法的，但印度政府却以符合分水岭原则来"证明"麦克马洪线的"合法性"，是完全徒劳的。

2. 再看西段

吐蕃瓦解后，皇室后裔在西藏最西部建立了拉达克王朝，与六世达赖曾因边界问题发生过战争，之后双方进行了定界，也就是现在中印的国界。1842 年，克什米尔的道格拉锡克族军事政权吞并了拉达克王朝，并统一了克什米尔。印巴分治后，印巴双方无法就如何"一分为二"克什米尔达成协议，与此同时，克什米尔当局提出了独立的要求，并索要阿里，此举后来成为中国与印度该地区边界问题的由来。1962 年中印战争之后，中国控制了绝大部分阿里领土，但是印度军方侵占了面积极少的巴里加斯。

在中印的西段边界，至今只有一条习惯线，习惯线以北历来由中国政府管辖。1957 年，印度得知中国修筑新藏公路，由此于 1958 年 9 月向阿克赛钦地区派出了第一支侦察队，对这一地区进行侦察，但随即被中国政府"递解"出境。1958 年 10 月，印度政府向中国政府提交了一份备忘录，声称新藏公路通过的土地"若干世纪以来就是印度拉达克地区的一部分"，并说这个地区同"印度两千多年的文化和传统有联系，而且已经成为印度生活和思想的密切的一部分"。不过，可笑的是，印度的说法虽然听起来"有鼻子有眼"的，但却找不到任何证据来证明这一点。更让人感觉到印度自相矛盾的是，之前的 9 月 10 日，尼赫鲁在印度联邦议院的讲话中还说，这个地区"一直没有受到任何的统辖"，"究竟拉达克地区的哪一部分属于我们，哪一部分属于别人，这是一件可以争论的事。这件事绝不是一清二楚的。……我不能对一桩不但在今天，而且在一百年以来都存在争议的事情随意采取行动。”没想到，仅仅是几天的工夫，尼赫鲁就写信给周恩来，要求拥有西段边界。正如“麦克马洪线”的结果一样，中国政府对印度的无理要求自然是嗤之以鼻，严厉拒绝。

一湾和一洋

雅鲁藏布江在注入印度洋之时经过的是其北部的一个海湾——孟加拉湾。孟加拉湾西嵌斯里兰卡（锡兰），北临印度，东以缅甸和安达曼—尼科巴海脊为界，南面以斯里兰卡南端之栋德拉高角与苏门答腊西北端之乌累卢埃角的连线为界。作为世界第一大海湾，孟加拉湾的面积为217.2万平方千米，总容积为561.6万立方千米，平均水深为2 586米，最大深度5 258米，南部边界线长约1 609千米，是太平洋和印度洋之间的重要通道，其战略地位非常重要。

孟加拉湾在印度半岛、中南半岛、安达曼群岛和尼科巴群岛之间，深海盘

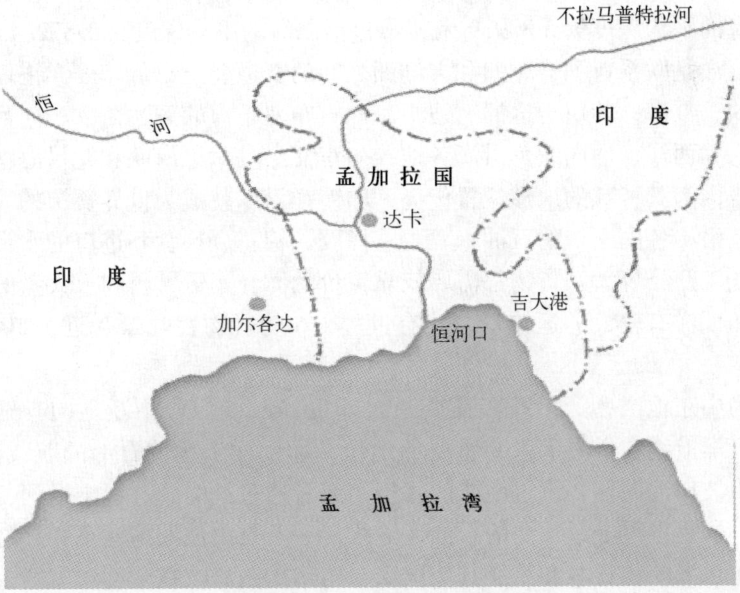

图7.4　孟加拉湾示意

大致呈“U”字形，深度在2 000～4 000米，南半部较深。孟加拉湾的陆架宽达161千米，以北部和东部的恒河三角洲、安达曼群岛和尼科巴群岛附近较宽，向海一侧陆架的平均深度为183米。陆架大部分由砂组成，向海一侧多为粘土和软泥，有好几处被一些海底峡谷切割，例如恒河峡谷，位于恒河—布拉马普特拉河三角洲的外方，深达732米；安得拉、克里希纳和马哈德范等峡谷分布于该湾的西边缘。

孟加拉湾有恒河、布拉马普特拉河等河流注入，沿岸国包括印度、孟加拉国、缅甸、泰国、斯里兰卡、马来西亚和印度尼西亚。由于彼此之间贸易发达，所以沿岸设有许多重要的港口，包括印度的马德拉斯、加尔各答和孟加拉国的吉大港，缅甸的仰光、毛淡棉，泰国的普吉，马来西亚的槟榔屿，印度尼西亚的班达亚齐，斯里兰卡的贾夫纳等。

进入孟加拉湾后，雅鲁藏布江很快就到达了终点——印度洋。印度洋是世界的第三大洋，位于亚洲、大洋洲、非洲和南极洲之间。印度洋中包括属海的面积为7 411.8万平方千米，不包括属海的面积为7 342.7万平方千米，约占世界海洋总面积的20%。包括属海的体积为28 460.8万立方千米，不包括属海的体积为28 434万立方千米。印度洋的平均深度仅次于太平洋，位居第二，包括属海的平均深度为3 839.9米，不包括属海的平均深度为3 872.4米。

印度洋是联系亚洲、非洲和大洋洲之间的交通要道。从印度洋往西北通过曼德海峡、红海；苏伊士运河、地中海和直布罗陀海峡到达西欧；向西南经好望角进入大西洋，通向欧美沿海各地；向东北经马六甲海峡和龙目海峡进入太平洋。正因为其特殊的地理位置优势，印度洋沿岸就成为世界资源的一个重要出口地。沿岸各国出口的石油、矿砂、橡胶、棉花、粮食和进口的水泥、机械产品和化工产品等大宗货物都需要依靠廉价的海洋运输，再加上大量的过境运输，使印度洋有较大的运输量，拥有世界1/6的货物吞吐量和近1/10的货物周转量。

因为中东地区盛产的石油需要通过印度洋航线源源不断地向外输出，所以，印度洋航线在世界上占有重要的地位。印度洋上运输石油的航线有两条：一条是出波斯湾向西，绕过南非的好望角或者通过红海、苏伊士运河，到欧洲和美国。这是世界上最重要的石油运输线。一条是出波斯湾向东，穿过马六甲海峡或龙目海峡到日本和东亚其他国家。霍尔木兹海峡在印度洋航线上占有重要地位，波斯湾地区出口石油总量90%从此海峡运出，因而霍尔木兹海峡被称为“石油海峡”。苏伊士运河经马六甲海峡的航线，是印度洋东西间一条最重要的航道，运输量巨大，它将西欧、地中海沿岸各国的经济与远东及北美洲西海岸各国的经济紧密地联系起来。

印度洋的矿产资源非常丰富，以石油和天然气为主，印度洋矿产资源主要分布在波斯湾，此外在澳大利亚附近的大陆架、孟加拉湾、红海、阿拉伯海、非洲东部海域及马达加斯加岛附近，也都发现蕴藏有石油和天然气。其中，波斯湾海底石油的储量和产量都占世界首位，现已探明的储量为120亿吨，天然气储量7 100亿立方米，油气资源占中东地区探明储量的1/4。现在，印度洋是世界最大的海洋石油产区，占到了海上石油总产量的1/3。

援建吉大港，修建输油管

援建吉大港

2010年3月22日，孟加拉国外交部长迪普·穆妮（Dipu Moni）表示，对于孟加拉国提出的建设深水港口和在吉大港与昆明之间修建公路和铁路的提议，中国政府给出了非常积极和令人鼓舞的回应。中国同意资助孟加拉国耗资87亿美元的深水港吉大港的建设，并帮助建设连接两国的公路与铁路。

孟加拉国是发展中的第三世界国家，吉大港是孟加拉国的最大海港和第二大城市，也是本国外贸进出口的门户。作为孟加拉的重要交通枢纽和工业中心，吉大港位于孟加拉河下游，距河口16千米，濒临孟加拉湾的东北侧，在戈尔诺普利河下游右岸的希达贡达丘陵脊之上，始建于16世纪。

历史上，阿拉干国和缅甸王国交替统治着吉大港。1340年索拉岗的苏丹征服了吉大港，1538年阿拉干国再次占领吉大港，此后这个地区被葡萄牙和海盗控制。1666年莫卧儿帝国驱逐葡萄牙人，被莫卧儿帝国侵占，1824年缅甸军队占领吉大港。1930年4月18日革命者抢劫吉大港的军库，1947年印巴分治后吉大港发展迅速，成为孟加拉国主要工业基地和交通枢纽。1971年孟加拉国在吉大港宣布独立。

吉大港自古以来就是天然良港，从9世纪开始阿拉伯人就开始与吉大港通商，此后还吸引来了阿拉干人、波斯人和葡萄牙人来到此地进行贸易。吉大港已经成为一个现代化的港口，成为南亚的重要交通枢纽，当地的CEPZ（吉大港出口加工区）是国际上著名的免税区。吉大港港区主要码头泊位有11个，最大水深约10米。装卸设备有各种岸吊及拖船等，其中岸吊最大起重能力达

图 7.5　吉大港港口

125 吨。铁路线可直达码头进行装卸作业。谷物仓筒容量达 17 万吨，水泥储存能力为 4 万吨，磷酸盐储存能力为 12.7 万吨，集装箱场地面积为 1.4 万平方米。另有 9 个河上泊位，可用于干货船过驳作业。大船锚地最大可靠 6 万载重吨的油船。

吉大港作为孟加拉国第一港口城市，拥有世界上最长的海岸线，长达 220 千米。吉大港的出口加工区始建于 1984 年，面积达 260 公顷，主要出口货物为衣物、纺织品、速冻食品、黄麻、棉花、蛋品、纸张、豆饼及畜产品等，进口货物主要有谷物、煤、水泥、化肥、木材、糖、盐、油、车辆及机器等。吉大港沿河港区有 17 个码头和泊位，海轮沿戈尔诺普利河进出，大型船舶在港外装卸货物，年吞吐量达 400 万吨。孟加拉国几乎所有进出口通过吉大港，因此它是孟加拉国的经济中心，国民生产总值在该国占有相当大比例。吉大港的战略性地理位置吸引了许多投资者，许多重要商业公司定居于此。

由于国家整体经济落后，吉大港的发展比较缓慢，尤其是在 2004 年 12 月的印度洋海啸中损毁严重。孟加拉政府制定了建设深水港口和营建吉大港至昆明的铁路及公路的计划，据孟加拉方面有关人士透露，整个建设工程可能需要花费 90 亿美元。由于资金和技术的欠缺，孟加拉政府开始对外寻求援助与合作，不仅努力争取中国在吉大港建设计划上的援助。哈西娜还同意允许印度、尼泊尔及不丹利用吉大港加强地区贸易与合作。未来孟加拉的吉大港将会被开

图 7.6　中国出资援建吉大港

发成一个区域性的商业大港，除了中国以外，诸如印度东北各邦，尼泊尔与缅甸都可以使用该港。

中国对于孟方的请求能够给予积极支持和热烈回应，一方面是中国的周边政策所致，另一方面是其符合中国的经济利益和战略利益。中国一直奉行着“安邻、富邻、睦邻”的周边外交原则，随着中国经济飞速发展和国家实力的不断增强，中国逐渐将自身的发展成果惠及周边，使周边邻国分享中国发展红利，而孟加拉作为中国一直以来的友好邻邦，得到中国的援助是必然的。如果未来中国出资的深水港口及路上通道的疏通，将会使中国进出口商品的间隔缩短，从而降低中国商品的出口成本。对中国的西南部尤其是对云南省来说，“吉大港市将成为云南省的一个出口”，可为云南省乃至中国西南地区提供重大的发展机会。昆明至吉大港的铁路及公路和中缅石油天然气管道的建筑将极大确保中国经济的迅速发展。

中国巨资在孟加拉国援建吉大港的计划引起了孟加拉邻国印度担心。在印度看来，中国大手笔的支援孟加拉将大大增强中国在孟加拉和南亚地区的影响力。印度的一位叫阿伦萨贾尔的准将直言不讳地讲道：“印度可以将此事看作是中国在对孟加拉国的一种援助，因为这个国家确实需要这样的帮助，但是，从地缘政治角度上看去，印度肯定是把它视为一个将破坏印度在南亚地区影响力的扩张事件。”而印度之所以无奈地看着中国资金、技术和人员行将大举进入吉大港，是因为孟加拉计划把吉大港的吞吐能力打造并超越到本来的两倍之多，即从目前的 3 050 万吨提高到 1 亿吨，印度没有实力来承担这笔巨额费用。所以，即便不安、担忧，但除了嘴上发泄外，更多的是眼巴巴地注视着中方的一举一动。

修建输油管

中国是个发展势头迅猛的大国，对能源的需求量不断提升，为保证经济发展的需要，中国从很早时候就开始未雨绸缪，修建跨国性的石油管道。据记载，1943 年 8 月，中国在同盟国首脑会议上宣布决定铺设印度加尔各答至中国昆明的中印输油管道，该管道全长 3 218 千米，是当时世界上最长的输油管道。1945 年 1 月，中国远征军将日寇赶出国门畹町，并与从野人山一路杀来的中国驻印军在畹町附近的缅北小镇芒友胜利会师，中印公路被完全打通。在开通公路运输的同时，为了解决国内当时的燃油缺乏的问题，中美双方合作铺设了自印度加尔各答沿中印公路经汀江、雷多、密支那、八莫、畹町至昆明的中印输油管道，成为当时世界上最长的油管。

从 1945 年 5 月到 11 月，这条输油管道累计向中国战场供应燃油达 10 万余吨。日本投降后，中印输油管道于 1946 年 1 月完全停止输油。随后，美国对外清理委员会将全部油管、35 个抽油站、50 个储油池的设备按废金属价格售卖给印度贸易公司；昆明至沾益等支线的油管则处理给甘肃玉门煤油公司。全部管理机构同时撤销，1948 年中国境内油管、抽油站、储油池设备拆除。至此，中印油管不复存在。

进入 21 世纪后，为降低对马六甲海峡经南海的石油运输线的依赖程度，避免一旦马六甲海峡被封锁或南海发生战事，影响到中国石油和天然气进口，中国政府在 2004 年向缅甸提出中缅油气管道建设计划，经过六年的谈判和磨合，中缅油气管道合作协定终于敲定。在此之前，中国已经修建了中哈原油管道、中亚天然气管道和中俄原油管道等能源进口通道。从波斯湾和非洲运往中国的部分石油和天然气将在缅甸西海岸港口卸载，输入油管和气管，从缅甸西海岸港口输送至云南中缅边境。中缅油气管道可以避开马六甲海峡，对保障能源安全有重大意义。

中缅油气管道包括原油管道和天然气管道，总体上是气、油双线并行，从缅甸西海岸皎漂市起，经若开邦、马圭省、曼德勒省和掸邦，从缅中边境地区进入中国的瑞丽，再延伸至昆明。管道全长约 1 100 千米，管线预计总投资约为20亿美元。中缅原油管道缅甸境内段长771千米，天然气管道缅甸境内段长793千米。油气管道初步设计输油能力为每年向中国输送2 200万吨原油、120亿立方米的天然气。天然气主要来自缅甸近海油气田，原油主要来自中东和非洲。2009年10月31日，中缅原油管道项目工作船码头已在缅甸若开邦马德岛开工建设，在2010年建成30万吨原油码头，2013年，中缅天然气管道正式向中国输送天然气。

中缅接洽谈判的初期，中缅谈判一度不顺，原因是两国的关注点不尽相同。缅甸希望把近海开采的天然气卖出去，因为其石油产量不高，但盛产天然气，天然气储量位居世界第10位，已确定的天然气储量为25 400亿立方米，已确知的原油储量为32亿桶。而中国呢，则希望建设一条石油管道，把从中东进口的原油从缅甸输送到国内，尤其是油、气两条管道同时铺设更为经济。

除了中国与缅甸协商油气开发之外，参与竞争的还有来自韩国和印度等国的外国公司。韩国大宇公司早就参与缅甸石油天然气开发，大宇公司要把缅甸的天然气液化，并运回韩国或出售给他国。虽然“赶的早”，但实力较弱，竞争力不强。但印度就不一样了，竞争力比较强。印度与缅甸有着良好的双边关系，其提出了从缅甸铺设输气管道，过境孟加拉国，然后到达印度的竞争方案。但问题卡在了与孟加拉国的管道过境谈判上，一直磕磕绊绊不顺利。

有媒体报道说，孟加拉国提出的条件算不上苛刻，但印度还是不愿意满足。印度的第一方案因此泡汤。此后，印度又提出了绕道铺设输气管道的方案，但这不仅成本太高，而且管道安全上也难以保障。平衡到最后，缅甸顺理成章地选择了与中国合作。长期稳定的中缅睦邻友好关系，中国强大的经济实力和建设能力，都给了缅甸选择中国作为合作伙伴的信心。

中国与缅甸最后达成协定，中方获得缅方油气双重的管道经营权。通过这两条管道，中方可以以最短的距离获取从中东运送来的石油及缅甸海域开采的天然气，而无须经过马六甲海峡，输送时间仅为七天。为此，中方在缅甸西南部面向孟加拉国湾的一个岛屿修建天然气储存基地及油轮专用码头，油气再经曼德勒等地与昆明相连。

2009年12月，中国石油天然气集团公司与缅甸能源部签署了中缅原油管道权利与义务协议，明确了中石油作为控股方的东南亚原油管道有限公司在中缅原油管道建设运营上所承担的权利和义务。协议规定，缅甸联邦政府授予东南亚原油管道有限公司对中缅原油管道的特许经营权，并负责管道的建设及运营等。东南亚原油管道有限公司同时还享有税收减免、原油过境、进出口清关

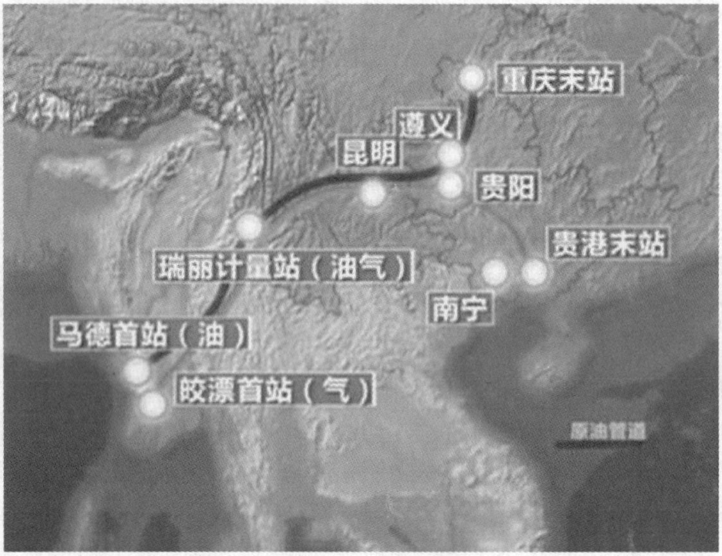

图 7.7　中缅油气管道示意

和路权作业等相关权利。协议还规定，缅甸政府保证东南亚原油管道有限公司对管道的所有权和独家经营权，保障管道安全。

2010 年 9 月 10 日，中缅油气管道工程中国境内段在云南省安宁市开工。云南省 1000 万吨/年炼油项目，作为中缅原油管道配套建设项目，同时在安宁市草铺镇奠基。整个项目计划于三年建成。据中石油工程项目负责人介绍，中缅原油管道设计能力为 2 200 万吨/年，中缅天然气管道输气能力为 120 亿立方米/年。天然气管道在缅甸境内段长 793 千米，原油管道在缅甸境内段长 771 千米。两条管道均起于缅甸皎漂市，从云南瑞丽进入中国。中缅油气管道中国境内段工程入境后，在贵州安顺实现油气管道分离，输油管道经贵州到达重庆，输气管道经贵州到达广西。国内段天然气管道干线长 1 727 千米，原油管道干线长 1 631 千米。

中缅油气管道中国境内段途经 4 省区市、23 个地级市、73 个县市，穿跨越大中型河流 56 处，山体隧道 76 处。2009 年 6 月，中缅油气管道缅甸境内段也正式开工建设。根据此前中国石油天然气集团与缅甸国家油气公司签署的相关协议，中国石油所属公司负责中缅油气管道工程的设计、建设、运营、扩建和维护。

2013 年上半年，中国第四条能源进口战略通道——中缅油气管道全线贯通。海上进口原油和缅甸天然气资源将绕过马六甲海峡输送至国内。随着中缅原油管道项目开工，标志着中国的东北（中俄原油管道）、西北（中亚天然气管道）、西南陆上（中缅油气管道）和海上（经过马六甲海峡的海上通道）四大油气进口通道的战略格局已初步成型，从而极大地推动了中国石油运输渠道多元化的实现，有利于保障中国能源供应安全。

中缅原油管道为我国油气进口在西南方向上开辟了一条重要的陆上通道，除了对增强我国石油供应安全性有利之外，还是通向中国西部的捷径，可以加快西南地区的建设。根据有关机构的预测，中缅油气管道项目建成后，中国西南地区将新增炼油能力2 000万吨/年，年产成品油1 277万吨，其中汽油310万吨、柴油840万吨、煤油127万吨。配套的乙烯工程规划建设年产乙烯100万吨、合成树脂153万吨、基本有机原料177万吨装置。

中缅油气管道经过云南多个州市，对于云南来说，不仅可以填补云南成品油生产空白，而且也将对云南省化工、轻工、纺织等产业产生巨大拉动作用，石化工业将成为云南省新的重要产业。从长远看，可以推进云南经济结构调整和增长方式转变、加快经济社会发展、促进边疆少数民族地区经济社会进步。另外，中国还可以沿中缅石油管道修建公路和铁路，把皎漂开辟为中国西南地区出口南亚、西亚、欧洲和非洲的货物中转站。

在缅甸修建管道，中国并不是第一个，缅甸和泰国曾经成立合资公司开启了外国在缅甸修建管道的先河，路线是从缅甸到泰国，现在缅甸通过缅泰输气管道出口天然气，每年有20多亿美元的外汇收入。对缅甸来说，与中国合作修建油气管道，也是一本万利。中缅油气管道可以带动缅甸石化工业的发展，满足缅甸国内对能源的需求（缅甸每年需要进口大量柴油和汽油），带动管道沿线的城市化进程，拉动缅甸整体经济发展，给缅甸民众带来更多实惠，比如改善当地的基础设施，增加就业机会。

建经合组织，寻出海通道

中国、缅甸、孟加拉三国，山水相连，自古以来各民族就跨境而居，商贸、文化、宗教联系源远流长，是世界上国家之间相互交往最早、合作历史最长的地区之一。古代的“南方丝绸之路”“茶马古道”，现代的中缅公路、“驼峰航线”，成为中国云南及西南地区与缅甸和孟加拉沟通的便捷通道。

在当今变化的世界政治经济格局下，中缅孟团结、合作的趋势进一步加强。从南亚地区整个环境来看，大的区域合作有印度洋经济合作组织，它不仅包括了印度等南亚国家，还包括了东南亚的新加坡、缅甸、泰国、印度尼西亚、马来西亚5国，它不仅包括亚洲地区的合作，还包括了非洲国家的合作，按环印度洋30多个国家的经济总体实力看，它将成为继欧盟、北美和亚太经合组织之后世界第四大经贸集团。小区域的合作组织有1997年6月由印度、孟加拉国、斯里兰卡和泰国成立的孟加拉湾国家经济合作组织；1997年印孟两国发起成立的孟加拉国、尼泊尔、不丹和印度北部的次区域合作组织。所以，在大区域、小区域和次区域的合作十分活跃的地区背景下，中国、缅甸、孟加拉三国有意加强进一步的合作是“顺应潮流”，也是“利于自己”。

有消息称，中国、缅甸、孟加拉三国正推动成立“孟加拉湾经合组织”，建立沿海特区，共同发展经济。“孟加拉湾经合组织”设立五个特区、一个中心。五个特区分别为：缅甸的仰光、勃生、实兑三市，孟加拉的吉大港、库尔纳市；一个中心为：缅甸中部城市曼德勒，主要作为“孟加拉湾经合作组织”的总部办公中心。

这一区域组织要想发挥其预期目标，必须还要搞好基础建设，特别是铁路与公路的建设，以此来加强成员国之间的联系。其中，需要上马的项目有：中缅铁路（中国境内：大理—保山—潞西—瑞丽；缅甸境内：南坎—登尼—腊戍），孟缅铁路（吉大港—实兑）以及缅甸中部铁路（实兑—曼德勒）。正如有些专家分析的，“孟加拉湾经合组织”的建成，将会极大促进这些国家经济的发展；而中国建设经济特区的经验，正是这两个国家最缺乏的。中国的影响，在南亚将会进一步扩大。同时，中国也为西部各省找到了一条最便捷的出海通道，为中国投资者找到另一方热土！

和中国在孟加拉投资吉大港一样，成立“孟加拉湾经合组织”，建立经济特区，这些都是中国经济“走出去”的积极表现。“走出去”经济战略的实施，除了巨大的经济利益驱动之外，更是中国根据周边特殊的地缘政治环境所做出的理性投资判断。

自中国实行改革开放以来，中国在传统友好关系的基础上，把中缅、中孟关系推向了新的高度。对于与之毗邻的印度，中国也一直持主动的示好态度，1996年，时任国家主席的江泽民访问印度，使中印关系步入正常发展轨道。此后，孟中印缅地区经济合作拉开帷幕。

孟中印缅四国自20世纪80年代特别是90年代以来，先后实行了对外开放的政策。尤其是中国，改革开发的步伐相对来说比较快，在20世纪90年代已初步构筑起全方位、多层次、宽领域的对外开放体系。在东南部，云南省凭借特殊的地理位置，从全国的开放末端变为前沿。但云南对外开放的便捷路线不是向东的开放，而是向西的开放，即向缅甸、印度、孟加拉国等东南亚、南亚国家的开放。不断加强同孟加拉、缅甸、印度尼西亚等周边国家的经济技术合作已成为云南扩大开放的主题。

1999 年，在云南省委省政府实施面向南亚开放战略的推动下，云南省和印度学术界共同发起了“中印缅孟地区经济合作与发展国际会议（简称孟中印缅经济合作研讨会)”。该研讨会是一个常设学术论坛，它的成立宣告了四国毗邻地区经济合作正式启动。从第三次会议开始，这一由学术界推动的合作机制逐步上升到官方合作机制上，最终将形成官方与民间联动的合作机制。经过十几年的发展，这一合作正在不断完善，“从初始阶段的国际研讨会到孟中印缅地区经济合作与发展论坛，及设立论坛协调办公室和固定联络机制，合作机制更加稳定有效，其在相关各国对外开放与区域合作中的重要性进一步提高。”

这些年，孟中印缅四国的经济联系日益增强，相互贸易投资不断增加，正在成为彼此重要的经济伙伴。“以中国与其他三国的双边贸易和相互投资为例，1999—2009 年十年间双边贸易快速增长，中印贸易额增长近 20 倍，中缅贸易额增长 3. 9 倍，孟加拉国从中国进口也增长 5. 6 倍。截至 2009 年底中国对孟加拉国、印度和缅甸的累计投资额分别为 0. 6 亿美元、2. 2 亿美元和 9. 3 亿美元，均远高于 2003 年不足千万美元的水平。合作领域在不断拓展。孟中印缅地区合作最初关注的是改善陆上通道条件、开展旅游合作、加强贸易往来和信息交流，到第七次论坛确立了促进贸易便利化等四大优先关注领域，便开始向信息、环保、农业、人力资源开发和投资等领域拓展，合作形式逐步多样化、内容日趋丰富。”

2011 年 1 月 18 日在昆明举行的“孟中印缅地区经济合作论坛（简称论坛）第九次会议”上，中国外交部部长助理程国平表示，在四国的共同努力下，论坛不断发展壮大，为深化有关国家务实合作、增进友好交流、促进本地区国家共同发展作出了重要贡献。中国政府高度重视与孟加拉国、印度和缅甸的关系，始终致力于增进同三国的睦邻友好和政治互信，通过双多边渠道深化同三国的务实合作。

作为中国参与论坛的合作主体，云南省积极发挥着推动作用。目前，云南省与印度西孟加拉邦经济合作、云南—缅北经济合作等机制正在逐步建设和完善中；在各方的积极推动下，各国间的公路、铁路、水运交通逐步实现对接，通达条件大为改善，尤其是云南先后开通了昆明至仰光、曼德勒、达卡、加尔各答等中心城市的航线，与东南亚、南亚其他国家的航线也逐渐增加，初步建起了紧密联系四国的空中桥梁。

虽然孟中印缅地区经济合作论坛机制的发展态势是积极的，是值得肯定的，但是相比较于其他的区域性合作，这一机制的步伐走的是相对缓慢的，其中的根本原因是印度。印度在亚太地区一直以大国自称，一直将中国崛起视为最大心腹之患，在参与亚洲区域经济的活动中，“喜欢”与中国争夺主导权，不甘居中国“下风”，因此就出现了对比鲜明的两种态度：在参与印孟斯缅泰合作组织工作时积极主动，参与孟中印缅论坛工作时却相对消极被动。

中国的发展现实要求，中国需要直接通向印度洋的通道，需要在印度适度的扩展自身的影响力，因此，中国推动与孟加拉和缅甸的更深合作已经成为必须的选择，因此，“孟加拉湾经合组织”就成为中国寻求区域合作的又一条路径。2010 年，中国和孟加拉计划建设一条横越缅甸的公路和铁路，连接孟加拉吉大港和云南昆明，这条陆路通道将有助中国直接进入南亚市场，缩短运输路线，战略意义重大。孟加拉国际战略研究所研究主任阿卜杜勒汗（Abdur Rob Khan）说，这条陆路连接的最大意义在于穿越缅甸，因为孟加拉与缅甸间没有直接的公路连接，只能通过亚洲公路经印度进入缅甸。公路铁路建成后，中国能够直接进入南亚地区，比缅甸港口更具战略意义。有国外媒体评论称，此举是中国布局印度洋战略的重要一笔。

海上“珍珠链”，印度怕什么

“珍珠链战略”（String of Pearls Strategy）现在是个热门词汇，很多国家将它用来描述中国在海上安全问题上是多么得未雨绸缪、处心积虑，并以此“明证”来告诉自己和他国，对中国的海上行动要警惕，要防备。现在，这个臆造出的中国海上“珍珠链”已经成了另一个亚太大国——印度的心头病。

“珍珠链战略”这个词最早亮相于 2004 年 11 月，美国国防部净评估办公室委托国防工业承包商兼战略咨询机构布兹 - 艾伦 - 汉密尔顿公司撰写了一份名为《亚洲能源未来》的报告，并提交给了时任美国国防部长拉姆斯·菲尔德（Donald Henry Rumsfeld）。正是这份报告，提出了后来“大名鼎鼎”的“珍珠链”理论。报告提出，中国正努力通过建设一支远洋海军和水下报复能

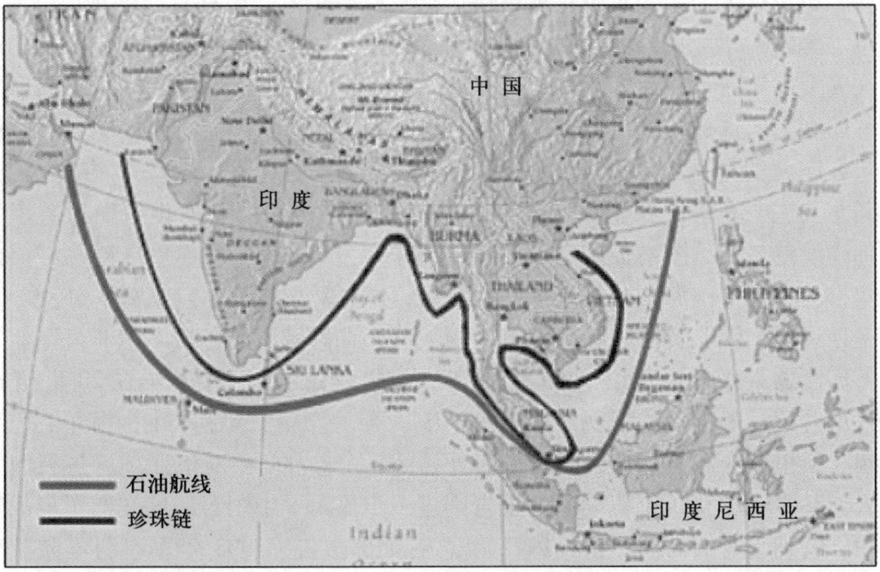

图 7.8　“珍珠链”示意

力来对海上能源通道实行军事控制，有可能“制造一种公海上所有船只的安全都难以确保的氛围”。中国的“珍珠链”由港口和机场建设项目、外交关系和军事现代化组成。这些“珍珠”从中国大陆沿岸延伸到海南岛上近几年得到升级的军事设施，它们从南中海延伸到马六甲海峡，再到印度洋及阿拉伯海和波斯湾沿岸。包括西沙群岛永兴岛上的飞机跑道，孟加拉国吉大港的集装箱货运设施，缅甸实兑的深水港以及瓜达尔港可能修建的海军基地，巴基斯坦本身也是“珍珠”之一。“珍珠链”的构建，显示出中国保卫其能源利益和实现广泛安全目标的防御和进攻性态势，体现了中国的地缘政治影响和军事存在。

在引用率较高的“皮尔逊论文”中，“珍珠链战略”被定义为“通过利用更多国家的港口和机场、建立特殊外交关系以及军队现代化建设，展示中国正在上升的地缘政治影响力”。它在地域上主要包括从南海经马六甲海峡、横穿印度洋直到阿拉伯湾的广大地区，在性质上是从属于中国国家大战略的海上组成部分。

对于这个“珍珠链”战略，中国从未表示认同，完全是“一个被部分美国人借用来描绘中国外交政策某一要素的方便标签。”但这一概念通过国际媒体和战略学界渲染，迅速引起了印度战略和防务界的极大关注。印度的战略研究界、舆论精英和一些军政官员很快接受了这一术语，根据自己的理解，为其赋予了鲜明的印度式内涵，并将其作为理解中国地区海洋政策并制定自己的印度洋安全政策的重要内容。

印度为何这样关注一个别国臆造出来的概念呢？

在印度的某些学者看来，虽然“珍珠链”是一个“美国—西方”概念，但其意义主要是集中在军事层面，是中国“通过援助巴基斯坦、斯里兰卡和缅甸建设港口，试图增强其在印度洋的海军力量”的体现。“珍珠链”战略的主要推动者是中国海军及其助手中国海运，其主要军事策略包括海军外交、海军基地设施、武器转让和综合海上控制战略，在海域上还包括了东非海岸。

印度的观察者认为，“珍珠链战略”并非一日之功，中国早在20世纪80年代就开始运筹帷幄。有观察家指出，1985年底至第二年初，中国海军到巴基斯坦、斯里兰卡和孟加拉国的首次海外访问，标志着开始对南亚地区进行海上渗入。而20世纪90年代早期的报告则进一步显示了中国对印度洋的军事战略意图，特别是对缅甸的军售、1992年总后勤部报告、1993年军事科学院院长赵南启提出的“远海防御”战略和中国海军对南亚四国的访问，是开始实施“珍珠链战略”的具体体现。尤其是自90年代以后，中国海军在潜艇建设方面取得的快速进展，更是给了中国一个实现“短跑”的支撑。目前，在军舰访问作为加强政治——外交关系纽带的基本形式继续存在的同时，海军存在的其他形式已经成为了更为首要的目标。

对于中国为何去实施“珍珠链战略”，印度研究界煞费苦心地讨论了很久，最后形成的普遍看法是“中国朝向印度洋是战略和经济的动力和能力”，在战略层面，抵制印度的发展雄心和限制其在南亚地区的影响力，是中国决策者制定印度洋政策的潜在目的，而“珍珠链战略”的成功实施，将使中国得以在战术上“有能力切断印度的交通和运输线路”。这种能力不仅能够在一定程度上弥补中国在印度洋的天然脆弱性，同时也为迫使印度解决诸如中印边界争端等悬而未决的问题提供了战略杠杆。在经济层面，考虑到大多数输油管道计划难以绕开印度洋，中国选择了实施“珍珠链战略”，这项战略再加上中国对南亚、东南亚铁路和公路的投资，将“使得中国在美国占主导地位的海上航线上拥有了其他的选择，可以将波斯湾的石油和天然气通过其他渠道运回中国东海岸的港口”。除此之外，借助“珍珠链战略”，中国可以扩大矿产资源的来源和保持经济发展所需的市场，消除来自地区的竞争并在任何双边关系中取得优势，从而获取经济和战略利益的回报。

最后，有印度学者将上述观点综合起来，把中国实施“珍珠链战略”的目的概括为六个要点，分别是：阻止其他国家阻断海上战略通道；保护能源投资尤其是防备非国家因素影响；取代印度洋地区其余主要经济竞争者的影响力；获得与对手对抗的地缘战略杠杆；在战争期间实现战胜对手的军事目标；加强对于印度和其他大国的核威慑和打击能力。所以，中国的“珍珠链战略”将对印度安全构成极大威胁，成为了印度国内的普遍共识。

印度人非常居安思危地构建了一副中国如何利用手里的“珍珠”来“震慑”和“攻击”印度的图景：“珍珠链”将提供给中国一个其现在并不具备的在印度洋活动的能力，从而极大扩展在印度后院的战略纵深，遏制印度在南亚的影响力，并使印度陷入中国势力的战略包围之中。更重要的是，在中印爆发冲突的情况下，“如果需要，中国可以轻易地拉紧这串珍珠”；而在中国与美国等大国发生冲突的情况下，即使印度刻意保持中立或其船只不被当作特别目标，任何针对中国战略供应的阻截行动也将严重影响印度。

最紧张莫过于印度的海军官员们，他们认为：最值得担心的是中国未来可能在印度洋部署潜艇和巡航导弹，而且随着时间推移，可供部署的地点正在迅速增加。所有的“珍珠”中，缅甸是最让人揪心的，因为自 20 世纪 90 年代中国开始向缅甸提供现代海军装备，从而获得了孟加拉湾一些港口设施的使用权，其柴油动力潜艇可能早于弹道导弹战略核潜艇被部署在安曼达海的浅水中。此外，中国还可能在这些港口部署潜艇支持舰艇，以便为潜艇提供海上补充。除了缅甸之外，巴基斯坦、斯里兰卡、马尔代夫的马累也可能被用作中国核潜艇的停靠基地。

有别于“珍珠链”对印度威胁认知上的异口同声，印度国内对现在所谓的“珍珠链战略”进展情况的认识就开始不一致了。有些印度人认为：“珍珠链战略”已经初具规模，中国不久以后将能在印度洋有效持续地执行任务。有些印度人认为：尽管中国努力获取在印度洋的战略据点，“但因为印度的反对，它现在没有成功取得在上述国家的港口或基地。因为美国的影响和对印度友好的阿富汗政府，中国没有能够完成中亚到瓜达尔的联系。”另外，“除了表达友好的港口访问之外，没有中国海军舰艇被确认已经部署在缅甸。同样，中国军事人员也不可能已经驻扎在缅甸的永久基地中。在马尔代夫没有中国军事存在。考虑到印度和马尔代夫巩固的政治联系，看上去中国不可能在这里取得它的结果。”

如果中国“珍珠链战略”真的存在的话，那将和印度“向东看”战略的空间相互重合，从而事实上形成了一个从西北太平洋到阿拉伯海、以东南亚为中点的“中印对抗弧”（India-China Rivary-arc）。无论如何，印度的学者一再“督促”政府对“珍珠链战略”保持高度警惕，为了保持长久安全，更彻底地解决方法将是设法让中国“远离印度洋”。

看清了印度关于“珍珠链战略”的认知和应对，就可以梳理出一条主线，即，“珍珠链战略”的诞生迎合了印度设立和借助“假想敌”来制定和推行国家战略的需要。其实，早在“珍珠链战略”概念出现之前，印度就有关于“珍珠链战略”的类似认知，这主要建立在印度海洋观念变化和中国实力上升的基础之上；而在“珍珠链战略”概念出现后，印度迅速宣传并利用了这一术语，进一步推进了自己的海洋战略、军事战略和国家安全战略。所以，可以说，即使没有“珍珠链战略”这一概念，印度战略界也可能最终发明出类似术语，而无论有没有这一术语，印度维护自己定义的印度洋安全的态度和努力都不会有任何实质性变化。

因此，现在，对中国来说，深刻认知和思考如何应对印度的海洋战略，是时候了！

逐鹿孟加拉湾，中国能否抢占油路制高点

中国援助孟加拉国开发吉大港，如果在2055年能把吉大港的吞吐能力打造并超出到原来的两倍之多，即从目前的3 050万吨提高到1亿吨，那么届时除了中国以外，印度东北各邦、尼泊尔与缅甸也都可以使用该港，由此孟国的吉大港将会被开发成一个区域性的商业大港。但这一趋势，已经引起了印度的担忧和指责，他们认为中国是在有分寸地进入孟加拉海湾，“从地缘政治角度上看去，印度肯定是把它视为一个将破坏印度在南亚地区影响力的扩张事件。”

但缅甸对于吉大港的未来却满怀欣喜。数千年来，中华文明与印度文明因喜马拉雅山与青藏高原而隔断，南有孟加拉湾与三江源之间一大片无法通行的土地。缅甸著名学者吴丹敏表示，“缅甸及其毗连的高地一直阻挡着东亚与南亚的交流。但目前，一系列大规模的基建工程、新铁路和公路，将使中国很快对孟加拉湾产生空前的影响和直接的联系。它的影响将与苏伊士运河的开通一样深远。”现在，中缅之间的油气管道、铁路和公路已经或即将修通，中国与南亚次大陆、印度洋沿岸之间的地缘阻隔已被打破，中国的影响力即将抵达孟加拉湾。而处于中印两国之间的缅甸则会成为亚洲新的十字路口，这也是缅甸

谋求发展的“最大的资产”。

印度除了“有兴趣”于孟加拉湾的地缘位置之外，巨大的天然气资源是其重视孟加拉湾的另一大因素。印度东海岸海域发现了很多天然气田，孟加拉湾未来成为油气基地的潜力被世人皆知。为此，印度的目光更多得留在了孟加拉湾的油气开发上。印度石油和天然气部长艾亚尔曾在2004年表示，目前印度石油的自给率只有30%，在未来10年里自给率将下降至15%。在这种情况下，印度需要集中精力开发孟加拉湾的天然气资源，用天然气代替部分石油供应。目前印度液化气需求以每年12%的速度递增，2007—2008年的液化气需求有望达到1 270万吨，届时每年仍需进口液化气150万～200万吨。所以，印度必须开发孟加拉湾巨大的天然气资源，未来印度政府和社会各界对孟加拉湾天然气的开发和投资力度会毫不迟疑得逐渐加大。

2012年2月，印度信托工业公司和英国石油公司提交的旨在开发位于孟加拉湾的一个天然气发现的计划获得了印度政府的批准。据有关消息称，一个由印度油气监管部门领导的小组正式认定R1天然气发现具有商业开采价值。R1天然气发现是印度信任工业公司和英国石油公司将共同开发的RI系列气田群的一部分，估计拥有大约1.6万亿立方英尺（450亿立方米）的天然气储量，从2015年起，这个气田将能日产1 000多万立方米天然气。2011年，印度信托工业公司以72亿美元的价格把其在21个油气田中的30%股份出售给了英国石油公司。印度信托工业公司一直在寻求印度政府批准其开发新天然气发现来帮助抵消其位于印度东海岸以外海域KG－D6区块主要气田的产量下降。

同是亚洲大国，同是油气资源需求旺盛的发展中国家，中国和印度在孟加拉湾的逐鹿已经不可避免地开始了，虽然竞争的手段各有不同，策略有差异，但目的都只有一个，就是从孟加拉湾的开发利用中获益。

相比较于中国，印度对孟加拉湾的“紧张度”要更胜一筹，除了经济上的“抢占”之外，还在军事上动作频频，做“威猛状”。

2007年9月，印度联合美国、日本、澳大利亚、新加坡在印度东部孟加拉湾举行代号为“马拉巴尔－07”的大规模海上联合军演，此次演习吸收了来自5个国家的30多艘舰船和潜艇、200多架战机参加，是印度洋历史上最大规模的多国军事演习。从装备上看，该次演习出动的武器装备也堪称“豪华”，包括美国核动力“尼米兹”号航母、“小鹰”号航母、印度“维拉特”号航母、美国“芝加哥”号核动力潜艇、“提康德罗加”级导弹巡洋舰和“阿利·伯克”级导弹驱逐舰；印度空军的“美洲虎”战斗机、印度海军的“海鹞”垂直起降战斗机、“海王”直升机，也都参加了这次演习。此次联合军事演习内容除了常规的打击海盗、海上反恐、防空和空中侦察、拦截以外，还包括演练对印度“维拉特”号航母进行联合攻击，对美国核潜艇“芝加哥”号进行海上追杀。

此次演习地点选在距离马六甲海峡很近的孟加拉湾海域，可谓意义多重。这里是贯通印度洋与东南亚水域的咽喉之地，也是经过霍尔木兹海峡的油轮进入马六甲海峡之前的必经之地。每天，全球约 1/4 的油轮会从这里进出；这些油轮供应中国进口石油的一半及日本、韩国 95% 的进口石油。到 2020 年，马六甲海峡的航船密度将增加到 14.1 万艘。作为主角的印度、美国动用最先进的武器装备在孟加拉湾举行大规模实战演习，“成功”地炫耀了自己在该海域的军事存在和对该地区的军事控制能力。而印度呢？则显示了与美国、新加坡、日本、澳大利亚同时合作的“畅快”，耀武扬威似地宣布，“这里是我的菜，你中国甭惦记”。

俗话说，“斗则两伤，合则两利”，中印之间近些年来在海外的能源行动频频在亚洲相遇，那么两国与其竞争加剧，为何不联手开发孟加拉湾的油气资源呢？这一假设成为现在国内很多民众思考的问题。

从现有的状况看，中印之间开展油气开发合作存有可能性。2003 年 6 月，印度总理瓦杰帕伊访华时，中国国家海洋局和印度海洋开发部签订了两国在海洋科技领域合作的谅解备忘录，表明两国将在海岸带综合管理、海底资源勘探与开发技术、极地科学、海洋能源、天然气水合物勘探与开发技术、海洋资源评估等各个领域内进行一系列合作。

中印在海外能源开发领域产生竞争并不意外，进入 21 世纪以来，两国都面临发展经济改善民主的艰巨任务，国内油气资源逐渐告罄，难以支撑经济快速发展需要，进而有可能影响经济发展进程之际，中印两国都把海外油气合作开发、海上采油作为一项重要的能源战略来加以贯彻实施。

印度在海外能源开发商早已经落实了“大胆地走出去”的精神，在其政府和国内石油天然气集团的战略地图上，非洲、亚洲成为其第一批海外目标。从 2001 年至今，印度已斥资 110 亿美元，投向苏丹、俄罗斯、伊朗、伊拉克、越南等国家的 14 个石油和天然气项目。另外，印度加紧和孟加拉国进行谈判，商讨购买它的一些天然气和让缅甸的能源输送管道通过其领土。印度通过购买油田股权的方式，积极参与世界各产油国及周边巴基斯坦、孟加拉国、缅甸、越南、泰国等国家的油气资源勘探开发，并与利用地缘优势共同建设周边

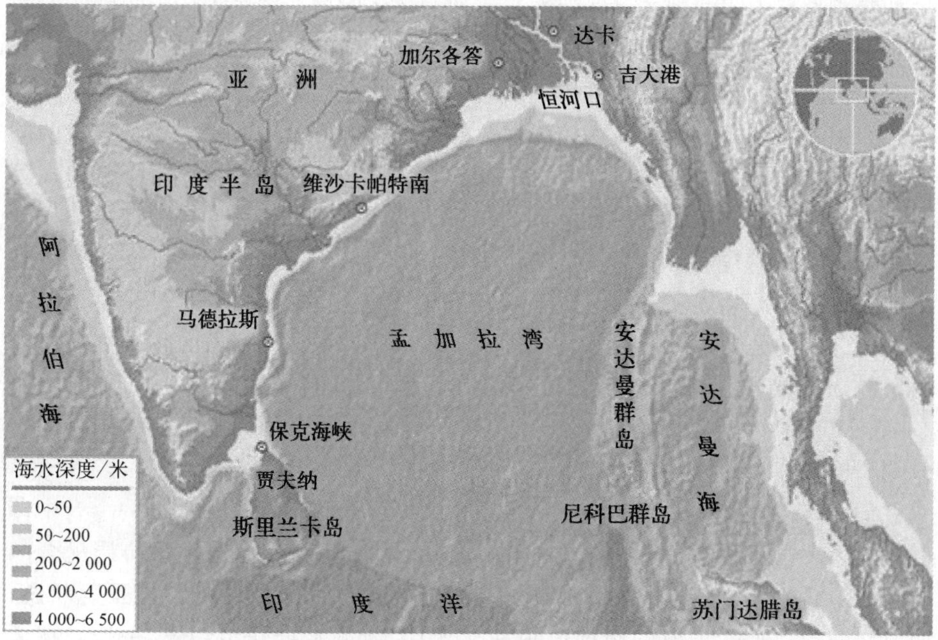

图 7.9　孟加拉湾图示

国家至中国的石油天然气输送项目的中国相遇，或者说发生一定程度的“碰撞”。

印度也知道，与中国一味的“对抗性竞争”没有什么好处，要开展“健康性竞争”，这一概念是前总理阿塔尔·比哈里·瓦杰帕伊（Atal Bihari Vajpayee）提出的。当年他在北京大学讲演时提出：“两个邻近的平等邻国之间具有竞争意识是不可避免的人类天性，但是我们需要清楚了解良性竞争和分裂性竞争之间的不同；世界上有不少例子证明，在保持健康的经济和商业竞争的同时，国家之间仍能够保持密切的政治合作和经济互补，并不断协调彼此的国际目标。”

对于瓦杰帕伊提出的这一概念，中国是认同的。事实上，中国也从来没有刻意把印度视为一个战略竞争敌手，而是认为印度是一个值得重视，有互补合作机会的地区大国。温家宝总理曾对中印之间互动这样评述，“中印关系保持稳定和发展符合两国人民根本利益也有利于维护地区乃至世界和平与发展。中印经济各有优势，互补性较强，都有广阔的市场。”“中印两国的发展是历史的必然，没有中印两国的发展就没有亚洲的整体发展。中国不认为印度的发展会对中方构成威胁，同样，中国的发展也不会对任何国家构成威胁。中国愿与印度在发展长期建设性合作伙伴关系的基础上建立新型国家关系。”

如果中国和印度能在孟加拉湾地区的油气资源开发中联手，那么凭借两国的资金、技术、人力 、物力，将必带动印度拟从缅甸经孟加拉国修筑油气管道；中国拟从孟加拉湾进口石油经缅甸修筑油气管道，或者泰国拟在孟加拉湾东侧安达曼海湾建港修筑克拉地峡输油管道等重大项目开始运作，进而刺激整个地区的经济蓬勃发展。而这对于双方、对于地区国家人民而言都是莫大的福祉。更重要的是，油气合作开发会打破多年来中印次区域经济合作发展缓慢的“僵局”，推动“孟中印缅地区经济合作论坛”机制从民间“二轨”向政府“一轨”升级换代，进一步影响该机制中另外两个国家缅甸和孟加拉国参与合作的积极性和主动性。

正如有专家展望的，如果中印关系捋顺了，合作展开了，那么一个有中印两个地区大国携手同心参与、积极推动，有缅甸、孟加拉国主动协调配合的“ 孟中印缅地区经济合作组织 ”将一破往日发展消极、缓慢的“瓶颈”状态，而以崭新的、踊跃进取的精神风貌和“ 印孟斯缅泰合作组织 ”一道，在孟加拉湾地区的经济建设中作出突出而又重要的贡献。进而推之，21 世纪中印围绕孟加拉湾地区的油气开发和基础设施建设而产生的一系列经济活动，极有可能使该地区成为吸引国际社会关注、感兴趣，甚至投身其间的一个新的经济亮点。

中国能否打破马六甲困局

马六甲海峡位于马来半岛和印度尼西亚的苏门答腊岛之间，由新加坡海峡和马六甲海峡组成，全长 1 080 千米，面积约 6. 5 万平方千米，呈西北—东南走向，西北最宽处达 370 千米，东南部最窄处只有 37 千米，形如漏斗，从东南向西北逐渐加宽，可通行 20 万吨海轮，有“东方直布罗陀”之称。

马六甲海峡是连接太平洋和印度洋之间的最短航线，也是亚、非、欧三洲海上交通要冲，是世界上仅次于多佛尔海峡的第二大海上通道，也是世界上最繁忙的航道之一。大约从公元 4 世纪开始，马六甲海峡就逐渐成为东方“海上丝绸之路”的交通要道，各国商船络绎不绝地经由该海峡来往于中国、印度和阿拉伯世界之间。据统计，每年从这里经过的各类商船多达 6 万余艘，这

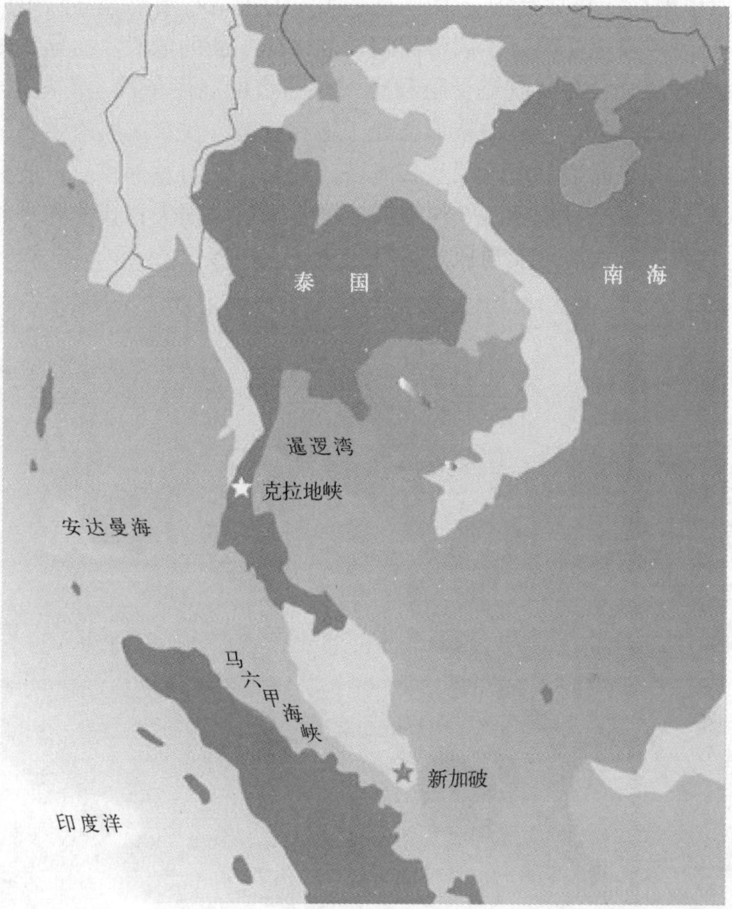

图 7.10 马六甲海峡地理位置

一数据是苏伊士运河的 2 倍，是巴拿马运河的 3 倍。世界贸易的三分之一和全球石油供应的二分之一都经由马六甲海峡运输，全年从此通过的货物的总价值近万亿美元。

现在，越来越多的国家在马六甲海峡拥有至关重要的政治、经济、安全利益，也正因为如此，产生了“谁控制了马六甲海峡，谁就能称霸东南亚”这句名言。自古以来，马六甲海峡都是兵家必争之地，19 世纪海盗猖獗，20 世纪周边战事不断。现在，马六甲海峡对于中国也是非常重要，但是，“马六甲困局”就像一只随时可以扼住咽喉的手一般，扼制着中国。

“马六甲困局”主要是指：中国超过80%的进口石油要经马六甲海峡运回国内，一旦海峡航道受阻，中国将面临石油供应中断的危机。而导致困局出现的要素主要有两个：海峡航道受阻和对海峡通道的高度依赖。海峡航道受阻，其原因可归纳为三类：①运输能力已处于饱和状态，浅窄的航道限制了通行船只的吨位；②和平时期的危险因素如海盗、恐怖主义与意外事故可能会导致马六甲海峡断航，给高度依赖这一通道的中国带来巨大损失；③非和平时期，中国的对手会封锁这一海上交通瓶颈以打击中国。

图7.11　马六甲海峡航线

所以，相比较于海峡通道的高度依赖，海峡航道受阻更为重要。如果航道没有受阻的危险，高度依赖并不构成问题；如果依赖度不高，海峡通道受阻对中国石油供应的影响也不大，但从陆上进口石油输送管道（包括已经建成与计划兴建）的规模、中国海外能源开发的重心等因素看，至少在2030年之前，进口石油的大部分仍然要通过马六甲海峡，因为油源主要来自西亚、中东与非洲，而依据现有规划，中国和缅甸石油管线的年输送能力只有2 200万吨，由此可见，中国海外能源的开发还在较大程度上依赖于马六甲海峡。

现在，石油安全现状已经不断被国人担忧，中央政府也已经日渐重视，2003年年底，胡锦涛总书记在中央经济工作会议上提到，国内石油进口的一半以上都来自中东、非洲、东南亚地区，进口原油四分之五左右是通过马六甲海峡运输，而一些大国一直染指并试图控制马六甲海峡的航运通道。所以，“马六甲困局”必须要破解，中国，必须从新的战略角度，制定新的石油能源发展战略，采取积极措施确保能源安全。

目前破解“马六甲困局”主要有两个出路：一个是，寻找可靠的陆路石油供应，建立多元化的石油运输网络；另一个是，开展多边性的国际能源合作，提供更多的海上公共产品，与其他国家寻求合作共赢之路。

目前，中国有两条陆上通道：一条是从俄罗斯的伊尔库茨克到中国满洲里的原油通道，另一条是从中亚的哈萨克斯坦到中国新疆阿拉山口的原油通道，两条通道的运输工具均为火车，但是运输量有限。因此，应探索如何建立多元化的石油运输网络，从而为多元化的石油供给战略提供畅通的运输保障。曾经商议过的方案，包括从巴基斯坦直达中国新疆的中巴输油管道，从孟加拉国通往西藏的中孟输油管道，在泰国克拉地峡开凿一条运河以及中国和俄罗斯之间的输油管道、中国和哈萨克之间的输油管道等等。在这些方案中，最简单有效的莫过于中缅石油管道和铁路方案。

对中国来说，缅甸是中国破解“马六甲困局”的关键。据媒体公布的消息称：

这条沟通我国西部与缅甸的石油通道目前已建成，从中国昆明经瑞丽到达缅甸西北港口实兑港，长度约为1 700千米，直接连接印度洋。中国与缅甸关系良好，从太平洋经缅甸输送石油，可缓解海上运输风险，即“马六甲困局”，安全系数会大大提高。

2009年11月，中国开始修建一条长达771千米的输油管道，并将云南瑞丽至缅甸的马德岛连接在一起。缅甸与中国共同建设的这一条管道，将以最短距离把油轮从中东地区运来的石油及在缅甸海域开采的天然气输送到中国境内。这样一来，中国可以在进口中东等地的石油和天然气上掌握主动，无须经马来半岛西南部的马六甲海峡。石油与天然气输送管道投入使用后，输送时间可以缩短为7天。

在中缅协议文件中，中国计划在缅甸西部面向孟加拉湾的一个岛修建天然气储藏基地及油轮专用码头，石油与天然气输送管道将经过缅甸中部的曼德勒等地，与中国昆明相连。中国一直谋求“南进”，而缅甸则想在因人权等问题遭到国际社会批评的背景下以中国为后盾来避免陷入孤立。可以说，中缅两国就新建石油与天然气输送管道达成协议，是双方在互惠互利关系上取得一致的结果。

另外，根据马六甲海峡复杂的国际关系现状，中国应该推动和参与建立保证海峡安全的多层次国际合作机制，寻求多边性的国际能源合作。印度尼西亚国防部长苏塔尔托指出，马六甲海峡的安全不仅仅是周边国家的事情，其他在海峡有切身安全利益的国家都有义务。他说，“直接或者间接参与的大门是敞开的，合作模式包括提供资金援助，提供设备，帮助训练军队等。”因此，中国应该采取积极主动的措施，利用与东盟在非传统安全领域的合作宣言和“10 +1”的合作机制，提出具体的合作内容，参与海峡通道的规划、建设与管理，进行情报交流、提供物资支持等，通过合作实现共赢。

第八章　河流河口权益保护，刻不容缓

中共中央总书记习近平曾指出，现在中国比历史上任何时期都更接近中华民族伟大复兴的目标，比历史上任何时刻都更有信心、有能力实现这个目标。实现中华民族伟大复兴，就是中华民族近代以来最伟大的梦想。在中国融入“海洋时代”的当下，关系到民族复兴的有两个大的地缘政治区域，一是南海地区，另一个是东北亚环日本海地区，这两大地缘政治敏感区域恰好是中国的国际河流河口问题的涉及地区。

中国是海陆大国，疆域辽阔，拥有两万多千米的陆地边界，与周边十五个国家接壤，且因国际河流而水脉相通，可以说，国际河流河口利益巨大。中国地形较高，东北部海拔高于欧洲大陆，境内国际河流往北冰洋方向流淌；西南部分则高于南亚，境内国际河流可流向南海和印度洋方向。除了少数的国际河口在中俄、中朝、中越的分界线处外，大部分的国际河口处于周边国家境内。因此，在思考如何维护中国的国际河流河口权益时，应该站在战略的高度，充分把握中国特殊的地理位置和复杂的地缘政治环境，运用创造性思维，探索机制化解决之道。

从本质上说，中国国际河流河口问题包括两个层面的内容：一是国际河流的水资源开发利用问题。水资源是生命和环境赖以维系的根本，是人类生活不可或缺的基本元素。如果一国在国内不能很好地解决国民生产和生活的用水问题，那么将有可能引发社会内部发生混乱，甚至变革；如果在国际层面不能很好地处理与其他国家之间的水资源问题，那么将有可能引发纷争和冲突，甚至战争。二是由于中国国际河流的入海口都不处于中国境内，所以如果要保护自身的权益，不能“硬”取，强势进入战略利益之地，而是应该借水之势，以水之柔，慢慢进入，以合作之诚意，以和谐之心态，参与其中，以河流发源国的身份提出并尽可能主导合作秩序的构架。

权益维护，刻不容缓

中国是国际河流数量丰富的国度，国际河流的水量占到中国所有河川水量的27%。这些国际河流水资源的利用影响着我国和16个毗邻国家的睦邻友好关系，也影响着我国2.2万多千米陆疆系统的9省区132县市、30个跨境民族的社会经济发展和边境稳定。其中在水资源国际分配、跨境水道系统的合作开发和协调管理、界河整治、跨境生物多样性保护和跨境污染控制方面，其影响正在日益凸显，尤其是在两国边界河流的入境河口处的利益争端更是日益显著。作为主权国家权益由陆地向海洋延伸的国际河流，中国和邻国在众多的河口处有着不同的政治、经济、军事利益，无论是出于国家安全，还是政治经济利益方面来考虑，我们都应该重视我国在河口利益争端中的种种问题。这些问题目前主要集中在国际河流河口历史遗留问题严重、国际河流利用纷争不断、国际形势不利于中国国际河流河口权益维护等，这些问题涉及中国的主权权益与未来发展。

“北”失出海口

客观上说，历史上，中国的海洋权益争取与维护意识是非常欠缺的，中国先后丢失了鸭绿江口、图们江口等出海口，河口处的权利更是丢失的荡然无存。如在前几章节中所陈述的，在图们江流域，沙俄利用多次战争，逼迫清朝政府签订了《尼布楚条约》《瑷珲条约》《中俄天津条约》《中俄北京条约》《中俄勘分东界约记》，一步一步地蚕食中国领土，图们江口就此丢失，中国失去了图们江出海权。鸭绿江本为中国内河。然自唐玄宗时期《开元乙亥界约文书》记载：“玄宗诏旨以大同江为界，南属新罗，北属大唐。”辽圣宗“取女真鸭绿江东数百里之地”赐予王氏高丽，高丽在鸭绿江南岸的女真聚居地筑城始于此，高丽的领土推至清川江中上游至鸭绿江下游一线。明初，李氏朝鲜通过剿杀、驱赶女真部落，不断向北扩张领土，至1443年在鸭绿江中上游设置了“西北四郡”，控制了鸭绿江东岸地区，鸭绿江随之成为中朝两国的界河。

出海口是中国从陆地通向海洋的出口，是直面海洋的最前端，经济与安全价值重大，战略价值重要。出海口的丢失，从经济角度讲，是人为阻截了可以自由通往海洋的航道，出入海域的航道行程大大延长，货物输送成本大大增加，从安全角度讲，是失去了陆海连接通道，一旦海上作战，失去了最直接的入海通道，失去了海上补给港口，无论是在安全防御上，还是在海上安全维护上，其难度都大大增加。所以，在今天中国的海上能源输送量不断增大，海洋利益不断增大，权益维护日益紧迫的情况下，历史上中国“北丢海口”的后果日渐凸显。

新中国建立之后，领导人虽然发挥了高超的政治智慧，采取了“租借”“借港出海”等方式来缓解中国失去出海口的损失，但毕竟非自己所有，一旦国际政治格局有变，中国未来的出海口问题如何解决还是未知。此种严峻形势，我们应理性认识，未来如何更大程度的确保出海利益，更是值得思索。

“南”失海岛

海洋是国际河流的终端，海洋权益是河流河口地缘政治权益的延伸。发源于中国的众多国际河流，基本上都是在流经多国之后汇入海洋，其中南海接纳了如澜沧江—湄公河、北仑河等多条重要的国际河流水体。国际河口作为直面海洋的河流端口，目睹了中国痛失多个具有重要的地缘战略价值的海岛，这些被周边国家占领的海岛引发了中国与周边国家之间的一轮轮海上纷争。

南海不仅是重要的战略通道，也涉及中国的主权权益。但是现在中国南海已经面临被瓜分的危机。周边许多国家不仅对很多海岛提出了主权要求，而且还占领了大部分的海岛，并疯狂地掠夺其附近海域的资源，使中国的海洋领土和海洋权益受到前所未有的威胁和挑战，其中，情况最严重的要数南海的南沙群岛了。

南沙大约有230多个岛礁，属于中国控制的只有9个，其中大陆占8个，台湾占1个，越南、菲律宾、马来西亚、文莱等占有45个以上，其中越南一国就占了29个，菲律宾占了9个，马来西亚占了3个，菲律宾不断地对黄岩岛提出主权要求，其意图就是要将南海争议向北扩大。周边国家一旦占据岛礁，就开始大肆地掠夺南海资源，据有关部门统计，周边国家已经在南海海域建设了大约一千多口油井，每年开采石油0.5～1亿吨。尤其是越南等国正同美国、英国、俄罗斯等国的大型石油公司，联合加紧勘探打井，使得南海水域日益呈现国际化、同盟化的趋势。

“南”失海岛的代价是巨大的。它不仅使中国的领土主权安全遭到破坏，而且因为油气资源被肆意地掠夺会威胁到中国的能源供应与经济安全，更为重要的是，作为在中国大陆与太平洋主体之间存在的“边缘海”，因为大量岛屿岛礁和广阔海域被有关国家占领和控制，不但中国军民不能自由出入本国的领土与海域，而且使南海战略通道和出口和门户等于被封锁，造成近海战略防御体系存在巨大缺口，中国无法在南海地区构成整体的纵深防御带。另外，有关国家在南海岛屿上修建、加固军事设施，驻扎军队，大肆扣押、撞沉在中国南海海域上作业的中国渔船，枪杀、拘留中国渔民，不断挑起事端，激化矛盾，给中国沿海居民生命财产造成巨大的损失，同时造成地区军备紧张，威胁中国安全。

值得注意的是，在被这些非法侵占的中国海岛上，以越南为代表的国家正在提档加速的建设常备军用或民用设施，同时准备好各种岛礁建设蓝图，以强化对所侵占岛礁的“主权”，增加与中国在南海问题上讨价还价的筹码。例如，越南在侵占南海岛礁中最大的是南威岛上，建有一条跑道、一座码头、35幢建筑、20个储水罐，军事设施包括20个炮兵阵位、5辆轻型作战坦克、数量众多的碟状天线和一座远程监视雷达，此外还修建了两幢新的二层建筑，上面安有12个灯柱和12台风车。

水资源纷争四起

从国际关系发展史上看，由水稀缺引发的国家间矛盾和冲突等安全问题比比皆是。与中国共享有国际河流的国家中，大部分为发展中国家，除缅甸、哈萨克斯坦、塔吉克斯坦、俄罗斯以外，均被联合国经社理事会评为有潜在水危机的国家，其中阿富汗、印度、伊朗、朝鲜和巴基斯坦，被确定为有很高潜在水危机的国家，水资源对于这些国家的生存和发展非常重要。因此，国际河流开发利用稍有不当，很容易引起纷争。

最引国际社会关注的是中国和湄公河流域国的水资源争端。在澜沧江—湄公河流域上，中国迄今为止已经完成曼湾、大朝山、景洪、小湾等四座水电站的修建并开始蓄水发电。2012年9月初，中国宣布将在261.5米处建造亚洲最高的水坝，其库容量为21 749 000立方米，海拔为812米，命名为云南糯扎渡水电站。对于中国在上游水域的开发行为，下游地区的柬埔寨、老挝、泰国和越南四个国家非常担忧中国筑坝会依法水量变化，造成水质污染，严重破坏河流生态平衡，尤其是随着气候变暖和雨季周期的变化，中国可能会从澜沧江形成的人工湖中大量汲水用于灌溉，严重影响下游国的用水安全，如果中国的开发不断持续扩大的话，更将有可能威胁到其他流域国的国家安全。2010年的湄公河大旱将四国与中国之间的水争议彻底浮现。在2012年符拉迪沃斯托克举行的APEC峰会上，越南主席张晋创在发表演说时强调说：“湄公河水资源的管理和有效利用已经演化成迫切的问题，这一问题对于越南最大产粮区产生了负面影响。”

拿水问题攻击中国最强烈的当属印度。虽然本国境内也有耗资巨大的“北水南调”和“内河联网工程”，并且一旦建造完成，将会拦截54条国际河流，使孟加拉近1亿人的生活生产用水受到威胁，但对本属于中国内政的“南水北调”工程却频频反对和质疑，认为这会使中国每年从雅鲁藏布江向黄河调运2 000亿立方米的河水，印度政府需要与中国认真交涉。2010年11月，中国宣布雅鲁藏布江在11月12日首次被截流，这标志着西藏的藏木水电站即将进入主体工程施工阶段。对此，印度表示藏木水电站相当于“悬在印度头上的一颗水炸弹”，认为中国在雅鲁藏布江上游修建水坝，将威胁到包括阿萨姆邦在内的七个地区的水源供应，喜马拉雅山水源将成为中印争端的新焦点，为了与中国进行水源之争，印度陆军要提升对中国内陆的攻击能力。于是，印度除了也加紧开发布拉马普特拉河外，还开始进行战略造势，计划在中印边界东段的提斯浦尔（Tezpur）和贾布瓦（Chabua）空军基地各部署一个中队的苏-30M KI。

2005年吉林松花江污染引发的中俄争议、伊犁河与额尔齐斯河的水分配导致的中俄哈争议、怒江开发成周边邻国众矢之的，等等，自进入21世纪之后，国际河流问题演变成为一个影响中国周边关系与安全环境构建的重要问题。在可预见的未来，日益宝贵的水资源将成为亚洲区域冲突的重要策源地，而作为有着50条左右与境外关联的干流、支流的中国来说，中国与周边国家之间的水资源问题已经越过国境，成为考验中国周边安全环境构建的重要课题。

跨国界河流问题接连出现后，在一些海外媒体与非政府组织“亲密联合”下，“中国威胁论”再次“推陈出新”，衍生出“中国水威胁论”和“中国大坝威胁论”等“新品种”。这些新“中国威胁论”认为：中国水资源开发中修建的水电站会在旱季拦截河水，导致河流枯竭，下游民众饮水困难，雨季到来后，水坝蓄足水后开始大规模泄洪，导致下游国家洪涝灾害；中国大坝正在“扼杀”这些跨国界河流，“侵犯”其他国家正常的水资源需求，促使生态灾难的发生；在此基础上，水可以被作为实现国家利益的强有力工具，中国通过在上游修建水坝够调节水流量，从而控制其他国家的经济和政治，中国将把对跨境水资源的利用和“对水资源利用形成的威胁”作为一件有效工具，来牵制南亚、东南亚等亚洲国家。

虽然中国政府一再以科学依据证明，中国在对国际河流境内部分进行水资源开发过程中一贯高度重视对环境和生态的保护，充分照顾下游国家关切。但喧嚣中国周边地区的“中国水威胁”和“中国大坝威胁”论调一方面会严重误导周边国家的民众对中国的认识与态度，继而影响政府对中国的行为判断和政策选择，影响周边关系的正常发展；另一方面会对中国的国际舆论环境产生消极影响，带给中国更多的国际社会压力。

另外，中国与周边国家在国际河流存在纷争，会严重地影响到其河口的延伸利益，因为这些纷争会增加国际河流共享国的“戒心”，加大彼此在河口地区利益协调与合作开展的难度，同时可能会使与中国都存有利益矛盾的国家联合起来，形成对抗中国的国际合力，使中国在距离领土较远的战略利益延伸地区的权益谋求难度增大。

域外国家大肆干预

在国际河流河口问题上，来自美国、日本等域外国家的干预是非常明显的，也正是因为这些干预，增加了国际河流河口问题的复杂性与不确定性，加剧了中国解决它的难度。

美国是积极介入中国国际河流河口问题的最有代表性国家。美国在国际河流上积极介入的地区首选湄公河流域，它通过提出合作新框架，以“巧实力”介入湄公河地区内部发展事务。

美国重返亚洲的重点在东南亚地区，奥巴马登台伊始就传递出美国将重新重视东南亚的信号。先是 2009 年 7 月，希拉里高调出席在泰国普吉岛举行的东盟地区论坛会议，期间宣布“美国正在重返东南亚，将完全致力于在东南亚的伙伴关系”，与东盟签署《东南亚友好合作条约》。随后与柬埔寨、泰国、老挝、越南 4 个湄公河下游国家磋商并提出建立“美湄合作”新框架的设想，启动“湄公河下游行动计划”，以促进包括环境在内的重要地区问题的合作，协助更好的管理湄公河系统宝贵的自然资源。相比较此前的“湄公河流域开发计划”等其他合作框架都包括中国和缅甸，此次美国将中国和缅甸排除在磋商对象之外。2010 年 7 月，美国再次提出“援助方案”，具体推进“湄公河下游行动计划”，向湄公河沿岸的柬埔寨、泰国、老挝、越南提供 1.87 亿美元支持，用于加强在湄公河流域的环境、卫生、教育和基础设施等议题上的合作。美国国务卿希拉里 · 克林顿在 2010 年 10 月 28 日提出美国要在亚太地区采取“前位外交”，保持和加强美国在亚太地区的领导能力。美国将在湄公河地区的援助称之为美国在采取“小多边”的方式来牢固与东南亚国家的联系，同时发挥在此地区的领导作用。

“为了改进湄公河下游地区的跨界水问题和支持湄公河委员会”，美国还积极推动湄公河委员会与美国第一大河密西西比河管理部门——密西西比河委员会建立伙伴关系。美国国家公共事务局称，密西西比河委员会和湄公河委员会均在各自所在地区的最关键性的水道管理中发挥主要作用。两个机构在

2010年5月正式启动“姊妹河伙伴关系计划”，将在洪泛区综合管理、适应气候变化及流域地区可持续发展等方面促进合作，交流最佳经验。所有湄公河下游国家都是1995年成立的湄公河委员会成员国，该委员会的宗旨是促进地区合作和可持续的水资源管理。密西西比河委员会成立于1879年，其宗旨为促进商务、防洪和改善美国最大河流的状况。2010年9月，美国和湄公河流域国家展开了下游管理的协作工作，“由美国陆军工程兵团牵头的密西西比河委员会正在努力与东南亚的同行分享他们从美国学到的最佳实践以及汲取的教训”，美国先后邀请泰国、老挝、柬埔寨和越南的专业科技人员和政府官员访问美国，收集有关密西西比河如何管理的信息；参观美国政府监督水资源管理的机构；演示评估拟议的湄公河大坝对环境的影响。美国这种以河流治理为载体，以知识交流和范本学习为形式，以实现影响湄公河河流管理和开发为目的的“姊妹河伙伴关系计划”，凸显了美国以“巧实力”和“软形式”积极介入湄公河区域国家发展事务的态势与政策特点。同时，美国的此番将湄公河委员会与密西西比河委员会看作同等平台的举措，表明了美国对湄公河委员会在湄公河上的管理地位的极力凸现，也恰与新“美湄合作”框架中对中国和缅甸极力排挤的呼应。

在水的问题上，美国介入的姿态是一贯主动的，除了在河流问题上日益积极外，在海洋问题上亦是如此，其策略还是“一手”抓经济，通过公司行为，介入南海海域的油气资源勘探与开发，为中国解决南海问题设置障碍，另“一手”抓防务合作，与有关国家联合举行军事演习，寻找为军事活动提供军事后勤保障的港口基地，借助于安全合作，与有关国家联合对中国的南海形成“U”形的战略包围态势。

除了美国之外，日本、印度等国也开始将势力范围延伸至南海，利用中国与其他周边国家之间的嫌隙，寻求解决国际流域和周边海域的开发或安全领域事务之中，其目的无非也是寻求获得巨大的经济利益回报，扩大地区影响，牵制中国发展，压缩中国的战略发展空间。

河流管理，制度先行

在国际河流河口问题上，首先要管理好河流水体，才能更好地去维护河口处的利益。中国作为境内大部分国际河流的源头国家，应该利用自身的特殊地位，倡行“区域—流域”的合作管理模式，同时加强对国际河流境内部分的管理制度创建工作。

区域管理主要是在一定的区域划分的基础上开展的管理，它一般比流域的范围要广泛，比如欧盟和东盟地区，都包括多个国际流域，它强调区域之间的联系、国际流域的整体性以及各流域国之间的合作，重视流域内相关要素的关联性和相关资源的综合利用，强调流域水供需系统的层次性与流域内外的关系，为多层次流域开发决策提供便利，公平对待、协调解决各沿岸国之间因地理环境不同而客观存在的目标差异，注重流域内整体水平的提高。区域管理一般是在原有的地区框架基础上，将国际流域的开发与保护纳入到现有的区域合作框架下开展合作，成为区域合作的新议题和重要内容之一。

流域管理主要是从国际流域的角度开展管理，它以流域水文单元为单位，通过建立统一的水量、水质监测和评价标准及有关预警预报系统，科学合理地进行水资源的利用与保护，建立重大自然灾害和紧急事件的应急处置，提高流域管理的效率和水平的管理模式。流域管理通常包括水资源的流域管理和对生态系统的流域管理两个方面，其中水资源流域管理作为国际河流管理的核心，是以可持续发展为目标，在流域内对水资源及环境开发治理、保护的过程中所进行的统筹规划、政策指导、协调控制、监督检查等一系列的活动。

中国和周边国家构建流域合作管理模式中是一种流域自治模式。国际河流流域自治是指在流域综合管理的基础上，各沿岸国通过沿岸国之间的相互合作，依靠各沿岸国自身的能力，排除其他非沿岸国参与、主导或控制流域管理实现其经济或政治目的的企图，实现国际河流自主开发和保护以促进本地区经济和社会发展目标的管理模式。由于美国、日本等域外国家一直企图借助中国与周边地区的水资源问题而插足中国周边，扩大在中国周边的地区影响力，所以，中国在与周边的19个共享水资源流域国开展水合作管理时，要坚持“自治”的流域管理原则，排除域外国家或国际组织参与国际水资源管理的复杂局面，避免其通过参与该流域的事务来实现某些政治意图，确保本区域国际水资源利用和保护的稳定经济基础与政治环境。

在国际河流问题上，中国与周边国家应在“区域—流域”合作管理模式框架内，根据每一个国际流域的具体状况，通过协调，努力构建框架下的协调机制，完善管理制度和保护机制。

深化合作机制

随着国内政治经济建设的发展，如何营造和谐周边环境，稳步推进中国的

“和平发展”成为中国政府所面临的重要问题。2007 年 11 月，胡锦涛在党的十七大上提出了“继续贯彻与邻为善、以邻为伴的周边外交方针，加强同周边国家的睦邻友好和务实合作，积极开展区域合作，共同营造和平稳定、平等互信、合作共赢的地区环境”的中国周边战略，周边外交在中国外交布局中得到极大重视。中国政府日益重视通过区域合作来密切与周边国家关系，深化与其相互依赖关系，从而拓展周边外交，改善周边地区安全环境。

中国与周边国家之间在发展程度、利益需求、地区设计上都存在很大差异，加上历史认知、领土纠纷、美日等区域外国家势力介入等因素的存在，建立一揽子多边区域合作机制的难度较大。但是在以跨国界河流问题为代表的非传统安全领域内，双方的合作愿望比较强烈，合作潜力巨大，达成双边合作协定的难度相对较小。因此，中国可以把在国际水资源上的合作作为突破口，大力开展在此领域的双边合作，继而向其他问题领域和多边合作拓展，将中国与周边国家区域合作推向更高水平。同时，由于与中国共享跨国界河流的周边国家中，绝大多数发展程度落后于中国，因此，中国可以借鉴美日扩展在湄公河流域的影响力的手段选择，通过有选择地在跨国界河流流经地区开展经济援助，增加对本地的水利工程等基础设施建设，一方面向周边国家明确传达了中国实力增长之后会让周边国家分享利益的积极信息，有助于平衡美日凭借经济优势挤压中国战略空间的势头，另一方面，推动了当地经济的发展，增强了中国与周边国家的经济联系与政治互信，为深入发展区域合作奠定基础。

完善协调机制与监管机制

中国应积极利用现有合作机制，积极参与协调，签订更多流域合作协议，积极开展国际河流保护方面的合作。第一，建立新的协调交流平台，充分行使沿岸国相关权利，加强中国在国际流域开发和保护合作中的协调作用；第二，推动建立完善的监管制度，可以借鉴多瑙河、莱茵河等国际河流的监管制度，例如制定相应的环境标准、联合监测、信息共享、污染控制等监管机制；第三，加强技术交流与合作机制建设，水质的保持、水环境的保护、水资源的开发等都需要一定的技术参数和检测，这就要求科技水平的不断进步，所以，大力发展科技，提高科技水平，加强国际科技交流与合作机制建设是进行有效监管的前提。

构建冲突预防与解决机制

冲突预防和应对机制构建主要包括三部分。第一，建立早期预警机制。俗话说“防患于未然”，早期的预警监测是防治的最重要一步，流域国政府要对境内流段实行科学严密的监测，及时察觉、发现、识别和解决潜在不稳定因素，降低消极后果出现和蔓延出境；第二，建立突发事件应急机制。一旦发生跨国界河流问题，问题涉及国要在第一时间互相通报具体、准确和详细信息，同时找出问题关键点所在，协商共同解决之策，联合行动应对，将危机损失控制在最低；第三，建立责任机制。中国和周边国家要协商妥善解决纠纷或冲突造成的政治影响、外交关系受损和经济损失等恢复性问题，恢复两国间的正常关系和合作秩序，同时总结经验教训，协商调整两国合作应急机制建设。

加强组织机制建设

中国正处于经济快速发展时期，城市化和工业化进程进展迅速，对水资源需求日益增多的同时，水质污染现象也比较严重。污染的恶果在被国民承受之外，还超出了中国的国界，殃及邻国，所以，防止水资源污染，尤其是保护跨国界河流水质安全是中国的一项长期战略任务。中国在发展经济的过程中，应坚持可持续的发展战略，保护自然资源环境，防范生态危机，实现经济发展与自然环境的协调。

作为世界上国际河流最多的国家之一，中国目前还处于“九龙管水”的阶段，管理机制条块化分隔。在水体的管理上，通常是国土资源部门负责地下水，水利部门负责地表水，气象部门负责大气水，林业部门负责保护区内的水，农业部门负责灌溉用水，环境部门负责水污染。在水利的管理上，通常是大水电归国家发改委管，小水电归水利部管，各省市内对管辖区内的水利又分属不同部门，所以，这种水体、水利管理方面的权限交叉状况，严重地影响到对跨国界河流的管理和对与其相关行为的协调。因此，中国应该改进目前管理跨国界河流的机制，在国内设立专门的管理跨国界河流的机构，设置相关组织机构，明确其职能定位，对境内管辖水域的实施整体管理，统一协调与不同河流共享国的相关事务。

构建合作开发和管理机制

合作开发和管理机制的构建分为两个部分。第一，科学调查，建立信息共享机制。由于中国的部分邻国经济发展相对落后，科学研究与调查设备落后、资金短缺，致使政府决策机构缺少背景信息，对此，中国应创造资金、设备等条件，与周边国家开展对管辖流域的水质、水量、流量变化规律、影响因素等方面的调查和取证，同时通过建立信息共享渠道，及时交流管辖段河流的基本状况和变化情况，了解他国对管辖河流的开发利用情况，减少其对开发后果的疑虑和担忧；

第二，联合合作，协商管理。中国应拓宽与周边国家在跨国界河流开发中的合作深度，在继续推动信息提供、联合调查、环境监测等方面合作的同时，还应在水利工程建设、水力资源联合开发、水资源有效利用、水资源治理等关键领域中展开合作。在科学调查取证和信息互享的基础上，充分利用水资源流经的地缘优势，协商确定联合开发的目标与模式，明确合作程序和开发计划，共同利用开发跨国界水资源，使流域国共同受益。

河口开发，政经合一

中国要“智慧”地加大对国际河口开发的参与力度，以水之“柔”式进入涉及重要战略利益的地区，一方面促进有利于自身国家利益的合作秩序的建设，另一方面有效地维护应有的海洋权益。

例如，在图们江河口的开发上，中国政府表示，要继续通过与俄罗斯、朝鲜等周边国家展开合作，充分运用国家赋予长吉图开发开放先导区的先行先试权，在借港出海、建立综合保税区和跨境经济合作区等方面进行探索。中国政府先后于1992年和1999年制定了有关图们江区域开发的规划，2009年发布了《中国图们江区域合作开发规划纲要——以长吉图为开发开放先导区》，确立将开发范围进行较大扩充，将长春市和吉林市部分区域纳入规划范围，并与延边朝鲜族自治州进行一体化开发，共同打造长吉图开发开放先导区，规划区面积达到了7.3万平方千米，成为中国参与图们江开发的核心地区。2012年5月，中国政府又批准在吉林省珲春市设立图们江区域（珲春）国际合作示范区，由此标志着由中国、俄罗斯、朝鲜、韩国、蒙古五国共同参与的图们江国际开发进入一个新的阶段。

中国国家发展改革委员会的专家曾表示，确定长吉图开发规划，就是要加强整个东北地区通过图们江出海的功能。中国在图们江寻求进出日本海的出海口意义重大，对于吉林乃至东北地区的经济发展影响重大，同时，对于整个东北亚国家间在图们江区域的顺利合作以及经济往来也有促进作用。但是，寻求图们江出海功能的完成，需要通过与俄罗斯、朝鲜、韩国等国家的国际合作，只有各国相互配合，才能为中国打开一个进出日本海的通道。

但图们江口的国际合作与中国通往日本海通道的打开，都需要面对一个前提，即东北亚地区复杂的地缘政治环境。东北亚地区是最后的冷站前沿，图们江地区的开发受制于政治因素的影响非常大。

曾经长期具体负责珲春市图们江开发合作的官员丁国华这样总结，“东北亚地区可以说是世界上政治最复杂的地方，既有日韩这样的发达国家，也有朝鲜、蒙古这样的贫穷国家；既有市场经济国家，也有坚持社会主义的国家，‘二战’后，这里形成了南北两个‘三角’——美日韩和中朝俄，至今这里仍是全球最后的冷战对峙前沿，互相戒备。”“东北亚地区，日本是传统的强国、‘脱亚入欧’后并不将自己视为亚洲国家，中国、韩国是新兴经济体，俄罗斯‘瘦死的骆驼比马大’，朝鲜虽然落后却谁的账都不买，还有域外大国美国……彼此都不买账。”

现在，中国租借朝鲜罗津港码头已经达成协议，但这一寻求出海通道的努力正在经受着激烈国际政治博弈的考验。在中国公司租用朝鲜罗津港码头的同时，拥有众多闲置码头的俄罗斯跟进租借了该港口的码头，另外，瑞士紧随俄罗斯租用朝鲜另一个码头，此种姿态明显是出自于战略考量，尤其瑞士的租用代表着欧盟的介入。另外，图们江口的合作开发中，无论是朝鲜的“改革开放”，还是俄罗斯的远东开发，也都充满着太多的不确定性。

所以，中国在推动国际河流河口开发时，需要政治、经济两方面的综合考虑。从政治角度讲，推动地区安全机制的构建，奠定稳定的地区开放开发的政治基础，同时“巧妙”利用政治关系上的“亲疏远近”和地理位置的“轻重不同”制定出“纵横联合”的策略。如在图们江口的开发商，有专家提出，中国应立足历史和现实状况，主导图们江区域开发开放，确定“联朝鲜，拉韩日，诱（熬）俄国，带蒙古”的开发策略。“联朝鲜”是为了解决“图们江出海”和“借港”问题，进而解决对外开放的通道问题，实现“以单边促双边”；“拉韩日”是推动韩国和日本积极参与到中国东北借道朝鲜进入日本海运输走廊，实施中国、朝鲜、韩国、日本四国的区域开发。这是“以双边促多边”；“诱（熬）俄国，带蒙古”就是俄蒙都是资源大国（尤其是俄国），图们江区域国际合作开发需要他们大力参与，但鉴于俄有条件也有顾虑，蒙古力量有限，需要进行诱导、加温和带动，促使俄国看到图们江区域开发有利可图。

总体来说，从战略意义上讲，中国以“政经合一”的方式积极参与河口开发，不但是为经济发展开辟新的出海通道，而且更重要的是增强中国在这些地区的话语权和主动权，在未来更广泛的国际合作中占据重要甚至主导的地位，最终实现经略海洋的发展战略。

合作开发，创新思路

海洋是河流的终端，中国在积极管理河流、开发河口的同时，要将目光更多投往海洋，思考如何经略海洋。2013 年中国已成为世界最大的贸易国，海上通道畅通和安全是保证其巨量出口和进口的重要条件，作为对外贸易依赖不断增加的大国，中国必然在不断崛起中提升海洋战略的重要性。对中国来说，中国在海洋权益的维护上，需要明确重点，创新思路。

在四大洋中，印度洋、太平洋和北冰洋是距离中国国土相对较近的三大洋。中国已经从过去的“一洋（太平洋）战略”转向发展与实施“两洋（太平洋与印度洋）战略”。“两洋”战略的实施，可以一定程度上缓解当下西太平洋海域的紧张，减少中国由陆权向海权扩展的外部阻力。

印度洋是中国的“能源通道”和“贸易通道”，来自中东、非洲、欧洲的石油、矿产、工业品源源不断地经由此运进中国，中国的商品又转运这些地区，可以说，跨印度洋贸易是支撑中国经济高速增长的重要因素。但东南亚国家对华态度不稳，美国海空军加紧在航道周边部署军力，印度在安达曼—尼科巴群岛上建立军事存在等，使“马六甲困境”带给中国更多的安全脆弱性，因此，中国如果想摆脱这些潜在威胁，就需要“另辟蹊径”。

所以，现实已经表明，中国需要南下寻找通往印度洋的新战略通道，努力拓展在印度洋的战略空间。未来中国需要继续在三方面努力。

一是，“后方”继续推行借助陆桥走向印度洋。从云南、西藏和新疆出发发展水、陆、空交通网络，构建陆地“跳板”接入南亚乃至中东国家，继而间接获得印度洋“出海口”；

二是，“前方”继续以经济援助、商业合作等形式在印度洋周边参与援建开发，帮助一些国家修建道路、桥梁、机场和港口，在这些基础设施的选择过程中，要更多地从地缘政治的角度选择，例如巴基斯坦的瓜达尔、缅甸的实兑和仰光以及孟加拉国的吉大港，这些港口是中国南下印度洋的 4 个最佳“出海口”。未来中国还要选择对中国的战略意义突出的地方进行援建。

由于海峡瓶颈难以突破，中国新的战略通道只能由陆及海，借助陆桥走向印度洋。具体来说，就是从面向印度洋的 3 个边疆省份云南、西藏和新疆出发，通过水、陆、空交通网络接入南亚乃至中东国家，从而间接获得印度洋“出海口”。除了在后方谋求出海通道，中国外交还在前方积极打探，尤其是利用资金和技术优势，以经济援助、商业合作等形式在印度洋周边参与援建开发，帮助一些国家修建道路、桥梁、机场和港口。港口的建设事关重大，它是中国能否实现从内陆南下突破的关键，也直接决定着中国印度洋布局的成败。

三是，“大前方”建立若干海外战略支撑点。印度洋是中国的活力之洋，对中国的安全意义重大，从长远角度来讲，需要在平等、互利与友好协商基础上，在他国建立相对固定的海外补给点、人员休整点以及舰机靠泊与修理点，以此可以很大程度地规避海上风险，实现安全航行。曾有专家撰文指出，长远来看，中国海军在印度洋建立的首批战略主撑点，可以分为三个层次：①平时舰船油料、物质补给点，如吉布提吉布港，也门亚丁港、阿曼萨拉拉港，补给方式主要按国际商业惯例；②相对固定的艇船补给靠泊、固定翼侦察机起降与人员休整点，如塞舌尔，启用方式以短期或中期协议为主；③较为完善的补给、休整与大型舰船武器装备修理中心，如巴基斯坦，使用方式以中长期协议为主。放眼未来10年，中国有望在印度洋地区最终形成以巴基斯坦、斯里兰卡、缅甸为核心的北印度洋补给线，以吉布提、也门、阿曼、肯尼亚、坦桑尼亚、莫桑比克为核心的西印度洋补给线，以塞舌尔、马达加斯加为核心的中南印度洋补给线的三线远洋战略支撑点态势，从而进一步提升我国有效承担维护国际海上战略通道安全、维护地区及世界稳定的大国责任和能力。

除了在印度洋，中国对于北冰洋的重视程度也正逐渐上升到战略高度。2013年5月，中国成为北极理事会正式观察员国，标志着中国以更积极的方式为北极理事会做贡献。

全球气候变暖，导致北冰洋坚冰融化，北冰洋变得更适合航行，有可能成为一条连接东北亚与欧洲和北美的海上捷径，在未来20年的时间里，北冰洋极有可能实现夏季单季的长期性通航，另一方面北极地区蕴藏着极为丰富的各种矿产和能源资源，解冻过程将使得这些资源的开发成为可能。对于中国来说，未来北冰洋的航运价值更高，尤其航运方面更值得中国从战略上重视北冰洋，更值得将北冰洋战略成为其地位不断上升的海洋战略的一部分。

2013年8月，中国中远集团“永盛”轮从大连港出发试水北极东北航道，虽然历经艰险，但耗时比传统苏伊士运河路线缩短了九天。此次航行是中国商船首次经由北极东北航道到达欧洲，标志着中国商业开发北极航道的开端，具有重要里程碑意义。2013年，和中国一道成为北极理事会正式观察员国的亚洲国家还包括日本、韩国、新加坡和印度等亚洲国家，这说明蓬勃发展的亚洲尤其是东亚地区对北极开发给予了格外的重视，未来可以预见，随着北极地区的进一步暖化，中国和周边国家必然会加大对该航道的开发，国家间国际政治博弈的力度将会持续增大。

2013 年中国国家海洋局发布《海洋事业发展“十二五”规划》，这一文件被视为中国在新形势下所制定的海洋战略的具体方案和远景展望。在规划的前言部分，谈到了中国在南北极建立的长城、中山、昆仑、黄河科学考察站，体现了两极在中国海洋战略中的重要地位。但现在，我国对北极事务的参与度还很低，在众多北极国际机构中也只参加了国际北极科学委员会等少数几个，国内对于北极问题的研究也还处于起步阶段。在这种情况下，未来中国维护和扩展北冰洋的权益，易“智取”而非“冒进”。

“智取”是一种思路与行动的创新，需要主观思想明确，需要选准切入点，需要实行“本土化”战略。

在主观思想上，新航线的开发和参与资源开发是中国在北冰洋地区的两个战略吸引点，但是从目前来看，这两方面进展和突破都受到北极沿岸国家对海域的主权要求的制约。所以在这种情况下，首先要认识到，中国首先要做的是“多管齐下”的逐步扩展在北冰洋地区的影响力。

中国已经成为北极理事会的正式观察员国，这是中国申请 7 年的成果，但是即便现在已经成功，也要冷静理性地对待。2013 年 1 月 22 日，北极理事会常设秘书处成立，由此结束了北极理事会由轮值主席国设立临时秘书处的局面，标志着北极理事会这一重要的北极事务对话机构从此有了常设机构，北极治理向机制化、正规化迈进。但北极理事会是一种金字塔式的等级结构形态，是北极八国在北极理事会主导地位的真实反映。在这种权力结构下，成员国垄断在北极事务上作决策的权力。而作为观察员国的权利相当有限，他只是坐在北极理事会会议后排旁听会议内容，接收文件，经得主席同意，可以发言，或提交书面材料，或者就讨论的问题提交文件和主张观点，但不具备最终投票权。北极理事会向区域外国家和非国家行为体开放的这种有限参与权，实际上是让区域外国家或非国家行为体承认和衬托北极理事会在讨论北极事务上的主导地位。

北极理事会正处于转型时期，处于由原先的政府间高级论坛向正式的国际组织转变的过程，很多规章制度都在酝酿和制定过程中，在理事会还未完全固化之前争取尽早加入其中，共同参与理事会的组织建设，对中国以后参与北极地区的活动会更有利，尤其是日本、韩国、印度、欧盟等都积极主动提出申请的情况下，中国当然也要积极主动。但需要看到的是，现在北极国家把永久观察员作为政治筹码漫天要价，所以，在能否成为永久观察员这一问题上，中国既要保持努力进取之心，又要理性沉稳，采取“多条腿”走路，不能“一条道走到黑”。

在切入点选择上，由于北极理事会对非北极国家参与其中有着严格的限制，中国参与北极事务的前景如何还有待观察。因此，中国不应操之过急，而要先从基础性工作做起，将参与北极地区的科学研究和治理作为切入点，利用现有的国际法和国际机制，加强与北极各国的经济交往以及北极环境保护、科考等方面的合作。要认识到，北极地区的生态和环境变化关乎全球环境的安危，更危及中国的气候、经济、能源、航道等安全，中国有责任去更多地参与北极地区的科学研究和治理。

中国目前拥有世界上最大的非核动力破冰船——“雪龙”号，并且还会陆续投入更多新的破冰船只和其他先进设备，不断扩充极地科研和考察力量。但总体说来，中国虽然较早便开始了极地考察和科研，但对北极沿岸地区错综复杂的政治、经济、法律、人文和环境格局了解较少。未来，除了需要加强科学研究和技术装备之外，也要建立懂得沿岸地区政治经济、语言文化和风土人情的人才库，同时协调外交部、国家海洋局等国内机构对北极和周边地区的政策。

从长远来看，中国会从参与北极地区资源、环境、生态事务逐渐向航运、经济、权益和安全等事务方面扩展。正如中国从地区性大国向全球性大国的演变过程一样，中国北极战略的形成也是一个循序渐进的过程。

在“本土化”战略实施上，一是要加强与北极原住民之间的合作。俗话说，“县官儿不如现管”，要想在北冰洋地区本土上开展科研考察等活动，必须要处理好与当地人的关系。北极地区人烟稀少，只有 40 万左右的原住民。因纽特民族是北极原住民人数最多的民族。1999 年 4 月，加拿大因纽特民族正式成立了努纳武特自治政府，因纽特民族集体获得 352 240 平方千米的土地的绝对所有权，此外还拥有其中 36 257 平方千米土地的采矿权。这标志着因纽特民族对本民族在这块土地上的活动拥有完全的自主权，可以自行决定与其他国家的合作。2009 年 6 月，格陵兰岛上的因纽特人取得了“准独立”，自治政府掌握了天然气资源管理权、警政及司法权，并拥有部分的外交事务权。

前两年，中国商人在冰岛购买大量土地用于开发而遭到当地人抵制，其教训就是，无论是新航道还是其他资源的开发，都需要与原住民开展积极合作，兼顾其利益和感受。2010年，中国所有的吉恩加拿大矿业有限公司（Jien Canada Mining Ltd.）注资1.124亿美元开发拉格兰（Raglan）镍矿，整个项目为因纽特人创造了大量的就业机会，得到了该地区原住民的欢迎，于2012年顺利建成投产。

另外，中国还要充分利用现有的国际组织参与北极地区的活动。现在已经有很多国际公约、国际法和国际组织的功能和范围覆盖北极地区，如《斯瓦尔巴德条约》《联合国海洋法公约》、国际海事组织的相关决议、联合国粮农组织的相关条约等。《斯瓦尔巴德条约》是迄今为止北极地区第一个、也是唯一的具有国际性、政府间非军事条约。条约规定挪威“具有充分和完全的主权”，北极斯瓦尔巴德群岛“永远不得为战争的目的所利用”。《斯瓦尔巴德条约》模式确立了主权与治权分离的原则，保证了群岛的长期和平。中国于1925年签署《斯瓦尔巴德条约》，成为该条约的成员国之一。按照该条约，中国公民可以自由进入和逗留，只要不与挪威法律相抵触，就可以在这里从事生产、商业、科考等一切活动。此外，中国还是《联合国海洋法公约》的成员国，已经连续12次当选国际海事组织A类理事国。

目前，北极地区的治理已非空白，某些事务上已经开始有规可循，有法可依，但总体上看，北极治理呈现出的还是“碎片化”状态，在这种情况下，中国应该充分利用已经成为某些国际组织成员的身份，积极参与北极地区事务，在此过程中，利用自身的优势，采取“一对一”的外交谈判方式，双边性的与北极国家交往，不断加深与北极地区沿岸国的官方联系和对话机制，加强民间和商务交往，积极对该地区进行贸易投资和人员输出，由此来稳健的扩展对北极事务的参与力度，扩展在北极地区的影响力。

增强军力，必备后盾

自古以来，中国的陆地边疆，特别是三北地带就面临着少数民族和其他外部势力的威胁，北边塞防一直是中国历代封建王朝的头等要务。近代以来，中国又面临着西方海洋强国和日本的海上侵略，致使1874年清政府内部还展开了“海防”“塞防”之争。在新中国建立之后，中国也没能摆脱这种两面受压的局面。建国之初我们即面临着美国的海上封锁，中苏关系恶化以后，北部边疆再次面临着苏联百万大军的威胁。直到苏联解体之后，中国与陆地邻国基本达成了和平、稳定、友好的关系，中国陆上边界出现了难得的相对安全与稳定的局面。

与此同时，中国又是一个海洋大国，有着漫长的海岸线、广阔的海域和众多的海岛。根据《联合国海洋法公约》，属我管辖的海域面积多达300万平方千米。伴随中国经济的高速增长，中国的海洋经济迅速发展，近20年来我国海洋经济年增长率在20%以上，是中国国民经济新的增长点。同时，中国的贸易进出口与能源进口也大幅依靠海洋运输，海洋对于今日的中国不仅是经济资源宝库，更是战略通道和生命线。2013年中国已成为世界最大的贸易国，海上通道畅通和安全是保证其巨量出口和进口的重要条件，中国必然在不断崛起中提升海洋战略的重要性。

自20世纪末以来，从东海问题到南海岛屿争端，中国漫长的海岸线经受着一系列的纷争与冲突，海上潜在安全隐患和威胁成为威胁中国国家安全的重要问题。21世纪是海洋世纪，中国的安全和发展更依赖于海洋，党的十八大报告明确提出："提高海洋资源开发能力，发展海洋经济，保护海洋生态环境，坚决维护国家海洋权益，建设海洋强国。"所谓的海洋强国，是指拥有开发海洋、利用海洋和控制海洋的综合性海上力量，能够通过运用其海上优势最大限度地维护国家利益，并为本国发展提供强大的战略空间和战略资源的国家。

中国要想成为海洋强国，首先必须要大力维护海权。中国海权，主要是指一个国家在海洋空间的能力和影响力，其涉及的"权利"部分主要包括"海洋权利"和"海洋权益"两部分。海洋权利主要是指涉及《联合国海洋法公约》规定和国际法认可的主权国家享有的各项海洋权利。海洋权益主要是指由海洋权利产生的各种经济、政治、文化利益，这部分权利随不同国家在不同时期的经济、政治和文化的变化而变化，属于海权中变化较大的部分。海洋权利对于每一个国家是同样的，但是海洋权益却因主权国家政治、经济、文化等方面的不同而存在差异。

中国的海权是中国拥有与自己的海洋空间利益相适应的能力和影响力，它对中华民族伟大复兴的影响是历史性和战略性的。面对愈演愈烈的海洋冲突和对中国国家安全形成的巨大挑战，中国必须拥有强大的海权，以有效地确保对海洋资源、能源的正常利用，确保海上航道的畅通与安全，确保必要时能实施有效的海洋控制。海权的维护，需要中国海上力量的发展与强大。

中国在《2008年中国的国防》中提出，军事战略指导的重心从遏制战争前移至遏制危机。危机处置得当，可以因化解而逐步转向和平；危机失控，则可能因升级而迅速走向战争。应对危机，要特别关注安全威胁的不确定性，高度重视那些潜在的、非传统的和非常常态的威胁。随着中国发展与世界发展的关联度空前增强，中国的安全利益正在从领土安全向海洋、太空和电磁空间安全延伸，从国土安全向海外利益安全延伸，从传统安全向非传统安全延伸。军事战略必须以增强打赢信息化条件下局部战争能力为核心，加强各种非战争军事行动能力建设。军事战略还要将安全合作、军事交流和建立军事互信等纳入自己的视野，努力营造有利于国家和平发展的安全环境。

十八大为中国军队建设提出了总体战略目标，即“建设与我国国际地位相称、与国家安全和发展利益相适应的巩固国防和强大军队”。2013 年 4 月，中国发布了新一期的国防白皮书——《中国武装力量的多样化运用》，书中强调，坚定不移地把军事斗争准备基点放在打赢信息化条件下局部战争上，统筹推进各战略方向军事斗争准备，加强军兵种力量联合运用，提高基于信息系统的体系作战能力。其中，在系统阐述中国武装力量多样化运用的政策和原则时，将“立足打赢信息化条件下局部战争，拓展和深化军事斗争准备”单列出。

除了强调“军事斗争准备”之外，十八大还首次单独列出“维护海洋权益”“建设海洋强国”的任务，强调坚决维护国家海洋权益，是人民解放军的重要职责。此份国防白皮书中，强调“建设海洋强国”“建设强大海军”正是中国意识到与世界海洋强国相比还有很大差距，表明中国未来会更加重视海军建设，为维护海洋权益、维护海外利益、维护国际海上通道安全提供坚强保障。国务院先后批准实施了《全国海洋经济发展规划纲要》《国家海洋事业发展规划纲要》，并且提出了海洋强国的战略目标和总体规划。

海上力量是国家海洋战略的实施者和保障者，是海权的重要支撑。中国的海上力量主要包括海军力量、海警力量及商船、科考船、渔船等船队和海上民兵，其中海上的主体力量是海军。

近些年来，中国海军的力量突飞猛进，海军实力和作战能力大幅提高，中国人民解放军海军军事研究所的李杰研究员曾撰文指出，中国要想成为海洋强国，就需要先成为地区性的海军强国。未来中国海军力量今后可逐渐向以下两个方面重点发展：一是加快建设迈向中远海海域、能广泛实施较远海域海上震慑和作战任务、并能担负日益增多的多样化行动任务。二是加紧构建主要在近海海域担负维护海洋权益，捍卫海峡通道安全、实施基地防御，执行反恐反海盗，乃至护渔护航等任务。相比而言，前者更具发展性与代表性，是目前中国海军建设与发展的重中之重。

李杰研究员还指出，为尽快缩小差距，中国海军可以按照“两大计划、三个阶段”战略步骤予以实施。“两大计划”即“两个100年”：建党100周年（2021年）和建国100周年（2049年）。到2049年，我国海军力量通过30多年的发展，将在东亚乃至西太地区首屈一指，届时将迈进世界海洋强国之列。“三大阶段”，即从现在起到2049年，大致分为3个阶段，具体来说就是要分3步走：第一阶段（2013—2021年），我国依然处于海空军等武器装备的加速发展阶段，海军仍将通过重点研制与发展新型航空母舰、核潜艇、宙斯盾战舰、新型舰载机、反潜巡逻机及巡航导弹、反舰导弹等。第二阶段是（2021—2035年），这一阶段是实现海洋强国质的突破，海军综合能力、武器装备数量和技术水平都将占有一定优势。此阶段，我国初步具备了建设海洋强国海军方面的硬件。第三阶段（2035—2049年），这是一个飞越阶段。将有一些高性能装备加入海军，届时我国在海上的威慑力和海上打击能力会更强。

中国的发展，特别是我们争取的这种和平发展，离不开一个稳定的周边环境。在未来十五年内，促进东海和南海局势的缓和，尤其是通过和平协商的途径使问题逐步得到妥善解决，为中国经济的持续发展赢得和平稳定的周边环境，最符合中国的国家利益。中国要重视海洋发展战略，除了增强海军力量外，还需要进一步提高国民的海洋国土意识、海洋战略观念、海洋产业和海洋经济发展，同时加速推进“科技兴海”，加快海洋开发和发展海洋经济的步伐。在争议海域和海岛问题上，要通过海洋科技、海洋经济开发这种软实力的较量，提高我们的发言权。同时，要争取通过外交谈判和协商的方式或利用国际司法程序逐步解决存在的争议和分歧。

总而言之，作为中国国家战略的一部分，中国海洋战略与中国和平发展战略息息相关。以实力求和平则和平存，只有有效维护中国海洋权益，促进海洋经济发展，增强海上力量，中国的和平发展才更有保障，中国的国家安全才能得到有力保障，而涉及中国重要战略利益的广泛河流河口权益才会得到有效的维护。

主要参考文献

1. 何大明，等．中国国际河流可持续发展研究［J］．地理学报，增刊号，1999.
2. 朱德祥．国际河流研究的意义与发展［J］．地埋研究，1993（04）.
3. 何岩，等．图们江地区水资源现状、潜力及其对区域开发的影响［J］．地理科学，1997.
4. 韩德麟．额尔齐斯河流域开发战略及实施途径［M］．北京：科学出版社，1991.
5. 朱德祥．苏联境内额尔齐斯河流域的开发利用问题［M］．北京：科学出版社，1991.
6. 杨针娘．中国冰川水资源［M］．兰州：甘肃科学技术出版社，1991.
7. 汤奇成，熊怡．中国河流水文［M］．北京：科学出版社，1998.
8. 洛桑，灵智多杰．青藏高原环境与发展概论［M］．北京：中国藏学出版社，1996.
9. 董玉祥，等．雅鲁藏布江流域土地沙漠化现状与成因初步研究［J］．地理科学，1999.
10. 杨明．云南国际河流现状及问题［J］．云南地理环境研究，1998.
11. 丁为民．澜沧江—湄公河国际航道发展与流域环境保护［J］．云南地理环境研究，1996.
12. 布拉马普特拉河—雅鲁藏布江，中国水利：国际合作与科技网，http：//www. chinawater. net. cn.
13. 康民军．试析中印边界问题的历史与现状［J］．南亚研究季刊，2006（1）.
14. 黄想平．中印边界问题研究综述［J］．南亚研究季刊，2005（3）.
15. 吴永年．中印两国边界争端内幕：曲折中的艰难进展［J］．环球杂志，2003－11－10.
16. 康民军．试析“麦克马洪线”问题的来龙去脉［J］．首都师范大学学报，2002（6）.
17. 李怀岩．中国聚焦：中缅油气管道中国境内段开工［N］．新华网，2010.
18. 舒源．论中缅输油管道建设的必要性与作用［J］．云南行政学院学报，2008（3）.
19. 任佳，陈利君．孟中印缅之间的区域经济合作［J］．当代亚太，2004（1）.
20. 任佳．中印缅孟地区经济合作的战略意义［J］．南亚研究，2003（1）.
21. 王崇理，任佳，陈利君．孟中印缅地区经济合作的回顾与展望［N］．云南日报，2004－12－22.
22. 徐长文．中国与孟、印、缅经贸发展的回顾与展望［J］．云南国际贸易研究，2005.
23. 杨晓辉．中缅泰印孟五国油气合作构想［J］．西部论丛，2004（8）.
24. 刘庆．“珍珠链战略”：印度的认知与应对［J］．南亚研究季刊，2010（2）.
25. 刘庆．“珍珠链战略”之说辨析［J］．现代国际关系，2010（3）.
26. 薛力．“马六甲困境”内涵辨析与中国应对［J］．世界经济与政治，2010（10）.

27. 廖新年，李玉华．大国争夺中的马六甲海峡［J］．当代世界，2005（03）．
28. 赵宏图．“马六甲困局”与中国能源安全再思考［J］．现代国际关系，2007（6）．
29. 李国亭．马六甲海峡与中国经济安全：困境及对策思考［J］．国际技术经济研究，2007（1）．
30. 李新民．中国石油落子西南破解能源“马六甲困局”［N］．西部时报，2010－09－17．
31. 杨晓辉．从孟加拉湾油气开发破解中印区域经济合作缓慢的“瓶颈”［J］．亚太经济，2005（05）．
32. 马静．俄国要待下去——美俄争夺越南［J］．东南亚纵横，2001（6）．
33. 仁立．何去何从金兰湾［J］．现代兵器，2002（4）．
34. 罗洁．金兰湾：风云再起？［J］．中国周边，2010（22）．
35. 海风．金兰湾的明天．知识天地［J］．现代军事，2009（9）．
36. 侯鹤翔．越南还会出租金兰湾吗［J］．今日世界，2002（4）．
37. 张锡镇．中国参与大湄公河次区域合作的进展、障碍与出路．南洋问题研究［J］．2007（3）．
38. 王新谦．重返金兰湾　美国人的宿愿——兼论美国战略重心向亚太地区的转移［J］．安阳工学院学报，2005（4）．
39. 张锡镇．中国参与大湄公河次区域合作的进展、障碍与出路［J］．南洋问题研究，2007（3）．
40. 何胜．大湄公河次区域经济合作态势及面临问题［J］．亚非纵横，2008（3）．
41. 陈丽晖．澜沧江—湄公河整体水分配［J］．经济地理，2001（1）．
42. 毕世鸿．冷战后日本的大湄公河次区域政策及其行动选择研究［J］．东南亚研究，2009（3）．
43. 潘一宁．非传统安全与中国—东南亚国家的安全关系——以澜沧江—湄公河次区域水资源开发问题为例［J］．东南亚研究，2011（4）．
44. 姚东．论大湄公河次区域经济发展与区域刑事司法合作——从湄公河惨案谈起［J］．亚太经济，2012（1）．
45. 万霞．澜沧江—湄公河次区域合作的国际法问题［J］．云南大学学报，2007（4）．
46.《东游纪程》光绪二十年正月二十九日条［M］．中华书局，2007．
47. 李秀敏，陈才．东北亚经济区与我国东北国际河流的合作开发和协调管理［J］．地理学报，1999（6）．
48. 龙玉坤，向阳．北仑河口守护神——万尾国防民兵哨所［J］．国防，2002（6）．
49. 贲海凤．防城港：打造北部湾绿色生态屏障［J］．广西林业，2012（1）．
50. 江淮．北仑河口思绪飞扬［J］．生态环境学报，2011（6）．
51. 陈波，董德信，邱绍芳，等．北仑河口海岸地貌特征与环境演变影响因素分析［J］．广西科学，2011（1）．

52. 唐立达．着眼维护边境海防安全稳定，积极组织民兵参与管边控海［J］．国防，2011（4）．
53. 李勇．中越边境边防检查站信息网络系统防雷工程的设计［J］．气象研究与应用，2012（1）．
54. 李锦发．中国中越边境民族地区社会发展制约因素与对策探讨——以云南省为例［J］．红河学院学报，2012（6）．
55. 李从先，张桂甲．河流输沙与中国海岸线变化［J］．第四纪研究，1996（3）．
56. 周彦伶．浅谈海南红树林的现状及保护［J］．海南广播电视大学学报，2012（4）．
57. 罗琳，程敏．越南边境贸易政策体系、演变及其影响［J］．云南财经大学学报：社会科学版，2011（1）．
58. 李碧华．越南边境口岸经济政策的实施及其影响［J］．东南亚纵横，2010（3）．
59. 陈明宝．南中国海区域渔业资源合作开发机制研究［J］．亚太经济，2012（3）．
60. 冯彦，何大明．多瑙河国际水争端仲裁案对我国国际河流开发的启示［J］．长江流域资源与环境，2002（10）．
61. R．施塔德勒，陈桂蓉，张兰．多瑙河流域跨界管理［J］．水利水电快报，2009（9）．
62. 胡文俊，陈霁巍，张长春．多瑙河流域国际合作实践与启示，2010（7）．
63. 我国最北面的出海口［J］．海洋世界，2002（4）．
64. 江淮．图们江——我国最北面的出海口［J］．世界知识，2009（10）．
65. 窦博．北冰洋通航与中国图们江出海战略探讨［J］．东北亚论坛，2012（5）．
66. 金祥波，王禹．双赢战略：中朝图们江区域合作与开发［J］．延边大学学报（社会科学版），2012（8）．
67. 吴昊，马琳．图们江区域开发合作20年：愿景何以难成现实？［J］．吉林大学社会科学学报，2012（11）．
68. 王丽娟．图们江出海方案探讨［J］．科技信息，2010（10）．
69. 图们江出海权的“百年”徘徊［J］．东北之窗，2009（12）．
70. 陈慧，李宝奇．穆克登碑文中的“土门”即今图们江［J］．学术交流，2006（11）．
71. 江淮．鸭绿江口 眺望黄海［J］．世界知识，2009（12）．
72. 江淮．北仑河口 思绪飞扬［J］．世界知识，2009（1）．
73. 王郦久．北冰洋主权之争的趋势［J］．现代国际关系，2007（10）．
74. 刘中民．北冰洋争夺的三大国际关系焦点［J］．海洋世界，2007（9）．
75. 程群．浅议俄罗斯的北极战略及其影响［J］．俄罗斯中亚东欧研究，2010（2）．
76. 曾望．北极争端的历史、现状及前景［J］．国际资料信息，2007（10）．
77. 严双伍，李默．北极争端的症结及其解决路径——公共物品的视角［J］．2009（11）．
78. 陆俊元．北极地缘政治竞争的新特点［J］．现代国际关系，2010（2）．
79. 孙凯，郭培清．北极治理机制变迁及中国的参与战略研究［J］．世界经济与政治论坛，

2012（3）.
80. 赵毅．争夺北极的“新冷战”［J］．瞭望，2007（8）．
81. 贺圣达．大湄公河次区域合作：复杂的合作机制和中国的参与［J］．南洋问题研究，2005（3）．
82. 屠酥．美国与湄公河开发计划探研［J］．武汉大学学报（人文科学版），2013（3）．
83. 李志斐．中国与周边国家跨国界河流问题之分析［J］．太平洋学报，2011（3）．
84. 李志斐．国际水资源开发与中国周边安全环境构建［J］．教学与研究，2012（2）．
85. 张洁．中国周边安全形势评估（2013）［M］．北京：社科文献出版社，2013（1）．
86. 李志斐．水资源外交：中国周边安全环境新议题［J］．学术探索，2013（4）．
87. 王娟．维护国家海权·建设海洋强国［J］．决策与信息，2013（2）．
88. Peter H. Gleick, “An Introduction to global fresh water issue,” Water in crisis: a guide to the world's fresh water resources, New York: Oxford University Press, 1993.
89. Hans Petter Wolleback Toset, Nils Petter Gleditsch, Havard Hegre. Shared rivers and interstate conflict, Political Geography, 19, 2000.
90. Human Development Report 2006, Beyond scarcity: Power, poverty and the globla water crisis.
91. NuritKliot, Deborah shmueli, Development of institutional framework for the management of transboundary water resources, Int. J. Global Environmental Issues, Vol. 1, Nos. 3/4, 2001.
92. NuriKlito, Deborah Shmueli, Development of institutional framework for the management of transboundary water resources, Int. J. Global Environmental Issues, Vol. 1. Nos. 3/4, 2001.
93. Aaron T Wolf, Annika Kramer, Alexander Carius et al., 2005. *Manage Water Conflict and Cooperation.* In State of the World 2005: Redefining Global Security. The World Watch Institutes. Washington D. C.
94. ACADEMIE DEL EAU and International Network of basin Organization, Implementation of efficient structures concerning the shared water management, a contribution to the Hague Conference World Water Vision.
95. WWAP, water: A Shared Responsibility (N. Y.: Berghahn Book, 2006).
96. Nantana Gajaseni, Oliver William Heal and Gareth Edwards - Jones, “The Mekong River Basin: Comprehensive Water Governance,” in Matthias Finger, Ludivine Tamiotti and Jeremy Allouche (eds), The Multi-Governance of Water-Four Case Studies (Albany: State University of New York Press, 2006).
97. WWAP, Water: A Shared Responsibility, N. Y.: Berghahn Books, 2006.
98. TinoMenniken, “China's Performance in International Resource Politics Lesson from the

Mekong", Contemporary Southeast Asia, Vol 29, No 1, 2007.

99. Aaron T. Wolf Annika Kramer, Alexander Carius et a. l, Manage Water Conflict and Cooperation, In State of the World 2005: Redefining Global Security, Washington D. C.

100. Evelyn Goh. "The Hydro-Politics of the Mekong River Basin: Regional Cooperation and Environmental Securi-ty". Non-traditional Security Issues in Southeast Asia. 2001.

101. Chheang Vannatith. "An Introduction to Greater Mekong Subregional Cooperation". CICP Working Paper, No. 34. 2010.

102. Final Report of Strategic Environmental Assessment of Hydropower on the Mekong Mainstream.

103. UN World Water Development Report3, Water in a Changing World. 2009.

104. Aaron T. Wolf. "The Importance of Regional Cooperation on Water Management for Confidence – Building: Lessons Learned". From ConflictPotential to Cooperation Potential: Water for Peace. 2002.

105. Keokam Kraisora-phong. "Water Regime Resilience and Community Rights to Resource Access in the Face of Climate Change". Asia Se – curity Initiative Policy Series, Working Paper No. 6. 2010.

106. Evelyn Goh. "The Hydro-Politics of the Mekong River Basin: Regional Cooperation and Environmental Securi-ty". Non-traditional Security Issues in Southeast Asia. 2001.

107. Jessop B . "The Rise of Governance and the Risks of Failure: The Case of Economic Development". Interna-tional Social Science Journal. 1998.

108. OCLC. OCLCAnnualReport2008/2009. http: //www. oclc. org/news/publications/ annualreports/2009/2009. pdf. 2010.

109. Gerlak A. One basin at a time: the global environmental facility and governance of transboundary waters. Global Environmental Politics. 2004.

110. Ortolano L, Kao Cushing K, Contributing Authors. Grand Coulee Dam and the Columbia Basin Project, USA. the World Commission on Dams. 2000.

111. US Department of Energy. "Brazil Country Analysis Brief". http: //www. geni. org/globalenergy/library/national_ energy_ grid/brazil/BrazilCountryAnalysisBrief. shtml. 2003.

112. Winrock International. "Electricity on Demand: Reaching Two Billion Cheaply With Renewable Energy". http: //www. winrock. org/REEP/PDF_ Pubs/finalrep. pdf. 1998.

113. Amornsakchai S, et al. Pak Mun Dam, Mekong River Basin, Thailand. Case study prepared as an input to the World Commission on Dams, Cape Town. www. dams. org. 2000.

114. International Hydropower Association. "Hydropower: A Key Tool for Sustainable Development,". http: //www. hydropower. org/DownLoads/Hydro – Development. pdf.

115. Kudlavicz, M. "Porto Primavera Dam in Rio Parana,". Submission to the World Commis-

sion on Dams.

116. World Bank. Resettlement and Development: The Bankwide Review of Projects involving Involuntary Resettlement. 1994.

117. World Commission on Dams. Dams and Development: A New Framework for Decision-Making. 2000.

118. World Bank. World Development Report, 1992: Development and the Environment. 1992.

主要参考网站

世界银行：http：//www. worldbank. org. cn/
亚洲开发银行：http：//www. adb. org/
湄公河委员会：http：//www. mrcmekong. org/
国际河流网：http：//www. guojiheliu. org/
新华网：www. xinhuanet. cn
百度：www. baidu. com
搜狐网：www. sohu. com
新浪网：www. sina. com. cn
网易：www. 163. com
水信息网：www. hwcc. gov. cn
中国改革开放论坛网：http：//www. chinareform. org. cn/open/
BBC 网站：www. bbc. com
中外对话网：www. Chinadialogue. net
美国中文网站：www. sinovision. net
路透网：www. reuters. com
世界观察研究所网站：www. worldwatch. org
亚洲时代在线：www. atimes. com
悉尼大学：www. sydney. com
联合国水中心：www. unwater. org
国际河流网站：www. guojiheliu. org
世界水理事会：www. worldwatercouncil. org
中国水利网：www. cws. net. cn